F. Paul Schwakenberg

Tatort Bonn – Stunde Null

F. Paul Schwakenberg

Tatort Bonn – Stunde Null

Zeitgeschichte zum Schmunzeln

K. H. Bock

Die Deutsche Bibliothek – CIP-Einheitsaufnahme

F. Paul Schwakenberg
Tatort Bonn – Stunde Null, Bad Honnef : Bock
2001
ISBN 3-87066-839-3

ISBN 3-87066-839-3

© 2001 by Verlag Karl Heinrich Bock, Bad Honnef
Alle Rechte vorbehalten
Gedruckt in der Tschechischen Republik

Inhaltsverzeichnis

1. Vorwort 7
2. Die ersten Schritte 10
3. Von Zockern und Kanalarbeitern 18
4. Ming Stadt am Rhing 24
5. Die feine Gesellschaft 32
6. Von „Wohnhosen" ... und durchgelatschten Schuhen 41
7. Die stille Machtergreifung 45
8. Schwaben-Mafia – Alpen-Churchill 50
9. Von Einpeitschern und Strippenziehern 59
10. Dritte Weltmacht Presse 72
11. Wenn Majestäten Schlange steh'n 81
12. Im Dienst einer fremden Macht 91
13. Adenauer die Füße gekrault 105
14. Die fünfte Jahreszeit 119
15. Feind, Todfeind, Parteifreund 126
16. Hinterbank und Sommerloch 135
17. Der Papa der Nation 141
18. Die Feingeister von Bonn 146
19. Weltbürger und Gelehrter 157

20.	Die Lümmel aus der ersten Reihe	161
21.	Wohlstandssymbol und Gummilöwe	168
22.	Buhmann der Nation	172
23.	Mieten Sie sich einen MdB	176
24.	Erfinder der Klarsichthülle	184
25.	Alle Frauen lieben Willy	187
26.	Joschka und die Grünen	192
27.	Wenn den Gourmets das Tedeum erklingt ..	197
28.	Mit Walterchen am Hindukusch	211
29.	Von Nonnen beim Foul erwischt	215
30.	Ungebeten beim Staatsbankett	224
31.	Der Koloß von Oggersheim	234
32.	Andere Bonner Dino's	238
33.	Kein Ende – nur Zukunft	252

Literatur-Verzeichnis 256

1. Vorwort

Ein halbes Jahrhundert Journalist in Bonn – das war Begegnung mit gekrönten Häuptern und Präsidenten, mit Kanzlern und Diplomaten, mit ein paar hundert Ministern, mit ungezählten Abgeordneten, Beamten und Lobbyisten, mit schrägen Vögeln, die auf dem Bonner Parkett Karriere gemacht haben, mit Weltverbesserern oder der Prominenten-Wahrsagerin Buchela.

Richtig befreundet bin ich mit niemandem von ihnen gewesen. Dazu blieb keine Zeit, dazu ist ein Reporter-Leben zu unstet.

Relativ gut bekannt war ich mit vielen; mit Konrad Adenauer zum Beispiel, mit Walter Scheel, mit Klaus Töpfer und einer kompanie-starken Abgeordneten-Schar. Aber einige beargwöhnten mich auch als ihren Feind: Herbert Wehner warf mich eigenhändig aus der SPD, weil ich mir wenige Tage vor dem Tod von Erich Ollenhauer schriftlich, aber doch nicht pietätlos, Gedanken über dessen Nachfolge gemacht hatte.

Und Erich Mende sah mich eines Tages auch als seinen „Feind" an. Ich hielt ihn stets für eine Marionette, die nach der Pfeife seiner Frau Margot tanzte („Erich, steh' auf und mach' Karriere!"), doch böse Worte sind weder gesagt noch geschrieben worden – bis ich Mende aus gutem Grund einen Umfaller nannte. Von da an kannte er mich nicht mehr.

Der tägliche hautnahe Umgang mit „denen da oben", tiefe Einblicke und schließlich sogar intime Kenntnisse vom ständigen Machtgerangel schüren im Laufe der Jahre die Lust auf Teilhabe an alledem, das Verlangen, den Gang der (politischen) Dinge ein wenig beeinflussen, ja, (mit)bestimmen zu wollen – als Strippenzieher im Hintergrund.

Solche Versuchung ist groß. Ich konnte ihr nicht immer widerstehen. Wie Abgeordnete und Minister es mit der Presse treiben, so hab' ich's mit Politikern getan; ihnen Spielmaterial untergeschoben – wie Doppelagenten es tun. Nur hat es in meinem Fall niemandem Schaden zugefügt, sondern „nur" die gewünschten Ergebnisse, Grundlage zahlloser Berichte, gebracht.

Vorhang auf für das längste Staatstheater der Neuzeit! Weimar dauerte nur vierzehn, das Dritte Reich nicht 1000, sondern gottlob nur zwölf Jahre, die Rheinische Republik immerhin ein halbes Jahrhundert. Blicken Sie ein wenig mit hinter 50 Jahre Kulissenschieberei in Bonn! Viele werden sich kaum noch erinnern, viele waren noch garnicht geboren. Aber es ist Geschichte geworden.

Was ich hier niederschreibe, kann keine umfassende Darstellung und will schon gar nicht „Bilanz" der 50 Bonner Jahre sein. Und weil ich glaube, dass Anekdoten, dass ein gewisser „Human Touch" Politik und Politiker treffender zu zeichnen in der Lage sind als noch so ausführliche Sach-Darstellungen, spielen Anekdoten in diesem Buch die Hauptrolle. Dabei will ich weitgehend auf altbekannte Schwänke, die schon vor Jahrzehnten die Gazetten gefüllt haben, verzichten und statt dessen Neues berichten; über Menschen, denen ich selbst und häufig begegnet bin – ein ganz persönliches Buch also. So kommt der eine oder andere sehr bekannte Politiker bei mir überhaupt nicht vor, der andere, nicht ganz so bekannte, aber umso ausführlicher.

Und bedenken Sie bitte auch: Alles konnte nicht in meinem Kopf haften bleiben. Dafür hat sich während eines halben Politik-Jahrhunderts zu vieles ereignet. Allzu viele Menschen sind während dieser Zeit gekommen und wieder gegangen – manche schneller als ihnen lieb war. Und schließlich denkt der 18 oder 20 Jahre junge Journalisten-Hüpfer meist auch noch nicht daran, dereinst ein Buch schreiben zu wollen. Mit dem Bau eines „Denkmals" beginnt man erst später. ...

2. Die ersten Schritte ...

Die meisten hatten die Schnauze noch gestrichen voll. Der schreckliche Krieg. ... Aber einige begannen doch schon wieder nachzudenken, was der Bevormundung durch die Besatzungsmächte wohl entgegenzusetzen sei, wie erste Ansätze einer eigenständigen deutschen Nachkriegs-Politik aussehen könnten.

Die Fabriken waren entweder zerbombt oder sie wurden von den Alliierten ab- und in deren Heimat wieder aufgebaut. Demontage all-überall.

Ganz Deutschland hamsterte damals. Der Schwarzmarkt blühte. Überall wurde Alt gegen Alt getauscht (rheinisch: „gemaggelt"), und Joseph Kardinal Frings von Köln hatte nichts gegen Mundraub einzuwenden. Folglich wurde „ge-frings-elt" (Kohlenklau von langsam fahrenden Güterzügen).

Viele hungerten damals. Im März 1947 zum Beispiel versprachen Lebensmittelkarten jedem Bürger für die nächsten vier Wochen 600 g Fleisch, 500 g Fisch, 500 g Zucker, 125 g Butter, 75 g Margarine und 62,5 g Käse – wenig genug schon, doch den Endverbraucher erreichte nicht einmal das.

Zu Weihnachten wurden die Rationen nicht erhöht, sondern gekürzt. 222 Fälle von Hungerödemen mußten 1947 allein in Bonn registriert werden.

Gefroren wurde damals auch in der Wohnung. Die Kohlezuteilung war so gering, dass die meisten damit nur stundenweise zur Kochenszeit die Küche beheizen konnten.

Hochkonjunktur hatten sehr schnell wieder die Jahrmärkte. Sie gab es schon 1945 wieder. Die Schausteller reparierten ihre vom Krieg zerstörten Buden notdürftig oder fügten sie aus mehreren Resten neu zusammen. Das Bedürfnis der Menschen nach ein wenig Vergnügen war nach dem schrecklichen Krieg besonders groß.

Stattfinden konnte der Jahrmarkt-Rummel aber nur tagsüber, denn die zugeteilten Strommengen waren gering und Glühbirnen zudem absolute Mangelware. So mancher Trümmerfrau aber erleichterten die Losbuden auf den Jahrmärkten damals das Überleben, denn als Preise gab es nicht selten Schinken, Wurst oder Eier. Bezahlt wurden die Lose nicht mit wertloser Reichs-Mark, sondern mit anderen Raritäten; bevorzugt mit Zigaretten.

Ganz Deutschland glich in diesen ersten Nachkriegsjahren einem riesigen Schutthaufen. In der russischen Besatzungszone gab es damals noch keine erkennbaren Zeichen von Neuanfang. In der französischen Zone ging alles nur sehr schleppend voran. Auch Amerikaner und Engländer erlaubten den Menschen in ihren Herrschaftsgebieten noch keine großen Freiheiten; aber die Kriegsgegner von vor kurzem erst durften sich doch schon wieder versammeln und auch wieder politisch diskutieren.

Erste Zugeständnisse allerdings waren nicht Zeichen später Zuneigung zu jenen, die den furchtbarsten aller Kriege angezettelt hatten; nein, Engländer und Amerikaner erkannten nur schneller als andere die Gefahr, die vom Osten, vom einstigen Verbündeten UdSSR, ausging. Vielleicht würden Deutsche ja schon bald auf der Seite der Freiheit streiten, und vielleicht würde das Land dann strategisches Aufmarschgebiet zwischen Ost und West sein.

In einer solchen Situation an Erneuerung deutscher Politik denken? Wer konnte dies tun, und wer waren die Menschen, die es wirklich taten?

In der Bonner Straße in Siegburg-Mülldorf, nahe bei Bonn, betrieb Christine Weber ein *Kolonialwarengeschäft*, einen Tante-Emma-Laden, würde man heute sagen, und eine Kneipe, in der einstweilen nur „Fliegerbier" und selbstgebraute Limonade verabreicht wurden.

Hier, im heutigen Rhein-Sieg-Kreis, tagte damals einer der wichtigsten über die Zukunft entscheidenden politischen Nachkriegszirkel. Hier wurden erste Grundlagen für die kommenden Jahrzehnte deutscher Politik gelegt.

Vater, früher Direktor bei der katholischen „Kölnischen Volkszeitung", jetzt Schwiegersohn der resoluten *Kneipenwirtin*, war Gastgeber. Mit von der Partie bei Christine Weber: „der Herr Oberbürgermeister" (Konrad Adenauer), in Köln gerade von den Alliierten „wegen Unfähigkeit" geschasst, außerdem der spätere CDU-Wehrexperte Heinz Kliesing und natürlich Ortspfarrer Gottfried Salz, ein feistes Energiebündel, das mir im Religionsunterricht so manche schallende Ohrfeige verpasst hatte.

Sehr zu meinem Leidwesen ging der dicke Pfaffe bei uns ein und aus. Vater mochte ihn eigentlich auch nicht, aber er war fortan ja „Parteifreund", und – vor allem anderen – er hatte Zugang zu gutem Wein, zu echtem Messwein, damals ebenfalls Mangelware, wie fast alles, was schmeckte und gut tat.

Von der Zusammensetzung der konspirativen Gruppe her war klar, dass hier nur christliche Politik konzipiert werden konnte. Aber die Vorstellungen der Männer von damals unterschieden sich doch gravierend von dem, was 50 Jahre später als „christlich" ausgegeben wurde.

Konrad Adenauer hatte keinen anderen Gedanken, als den einfachen Menschen aus ihrer Not zu helfen und den Alliierten einen ganz kleinen Zipfel ihrer Macht wieder zu entreißen. Pfarrer Salz, beim Wein ein Fass ohne Boden, verstand sich aber auch auf's Formulieren und wurde schnell zum wahren „geistigen Vater" der Adenauerschen „Sozialehre". Parteipolitisches Denken, so wie heute, spielte damals noch keine Rolle. Während der allerersten Anfänge liefen Deutschlands Politiker noch ohne parteipolitische Scheuklappen durch's Land.

Tagte die CDU-Gründer-Crew mit Adenauer an der Spitze in Siegburg-Mülldorf, dann sorgte „Tante Emma" Christine Weber des Abends für fulminanten Imbiß. Beim Auswiegen von Mehl und Zucker verstand sie es meisterhaft, „Schmu" zu machen. Sie nahm von der Kundschaft Lebensmittelmarken entgegen („Reisemarken"), die sie dann beim Landratsamt nicht ganz korrekt abrechnete. Eine Hand wäscht eben die andere. ...

Oma nannte solches Tun „Schwund-Schinden", und zum Wohl der Familie und der neu entstehenden Adenauer-Partei war der alten Frau fast jedes Mittel recht.

Der Herr „Oberbürgermeister" und die anderen waren keine Kostverächter. So ging es meist bis spät in der Nacht hoch her, wenn in Witwe Weber's Kneipe über Deutschland nachgedacht wurde. Konrad Adenauer tat sich bei weinseligem Gesang, mit kölschem Einschlag und völlig disharmonisch, gerne hervor.

Witwe Weber indes wurde der nächtliche Sangeslärm der Parteigründer mit der Zeit zuwider, und so mußte sich die Runde eine andere Tagungsstätte suchen.

Adenauer siedelte damals gerade von Köln nach Rhöndorf um, und schnell hatte er sich den dortigen Winzermeister Wilhelm Heinen zum Freund erkoren; einmal, „weil der die besten Trauben weit und breit hatte" (neben Schokolade waren blaue Trauben die große Leidenschaft des „Alten" aus Rhöndorf gewesen), zum anderen aber auch, weil sich in Heinen's tiefem Fasskeller niemand mokierte, wenn nächtens bei politischem Nachdenken trefflich gebechert und lauthals gesungen wurde.

In einigen Büchern haben Kollegen Konrad Adenauer als Puritaner beschrieben. Dies ist jedoch unzutreffend. Schon damals, in Freund Heinen's kühlem Gewölbekeller, vertraute der Alte dem Gästebuch an: „Ärzte warnen doch nur aus Neid vor gutem Wein." ... In Vino Veritas Konrad Adenauer, und am Nikolaustag des Jahres 1947 hatten sie dort drunten, zusammen mit den späteren Ministerpräsidenten Karl Arnold (NRW, CDU) und Paul-Hinrich Kopf

(Niedersachsen, SPD) anfangs zwar künftige Politik erörtert, später dann aber, auf der Steintreppe sitzend, bis drei Uhr in der Früh' den Becher geschwenkt und dabei aus vollem Hals deutsches Liedgut traktiert. Damals ließ Adenauer einen seiner Filz-Schlapphüte – die berühmten Pepita-Hütchen gab's erst später – bei Heinen's zurück; inzwischen das wohl wertvollste Stück eines unbekannten Sammlers. ...

Besonders hoch muß es im Rhöndorfer Keller aber in jener Nacht (Datum unbekannt!) zugegangen sein, als zum erstenmal Franz-Josef Strauß zu den trinkfesten Unions-Gründern in den tiefen Keller hinabstieß. Damals, als der erste Nachkriegsjahrgang in den Fässern bitzelte und betörende Hefewolken den Keller durchwehten, überlieferte Winzer Heinen der Nachwelt diese Worte: „Nicht viel beschlossen, aber alle besoffen ...!"

An einem Abend kurz vor dem 21. Juni 1948 hatte Adenauer bei uns zu Hause angerufen. Vater, Pfarrer Salz und eine Handvoll anderer, heute noch lebender früher Parteifreunde, zogen sich ins „Vereinszimmer" von Omas Kneipe zurück. Das große Geheimnis, das zuvor von Adenauer an unser Ohr gedrungen war, verstand ich erst viel später. ...

Am nächsten Tag mußte ich mit Vater auf den Siegburger und später auch noch auf den Bonner Schwarzmarkt, wo sich Hunderte ärmlich gekleideter Menschen scheu herumdrückten, ängstlich nach Gesetzeshütern Ausschau hielten, um notfalls in Sekundenschnelle, wie vom Erdboden verschluckt, in Trümmerkellern zu verschwinden – so lange, bis die Luft wieder rein war.

Vaters neue Parteifreunde hatten am Abend zuvor in Omas „Vereinszimmer" ihr Geld gezählt und dann zu dicken Bündeln zusammengeschnürt. Am übernächsten Tag schon sollten die vielen Reichsmärker keinen Pfifferling mehr Wert sein. In Frankfurt hatte ein gewisser Ludwig Erhard, zusammen mit den Militärbefehlshabern der Tri-Zone, eine „Währungsreform" vorbereitet.

Unser Geld würde danach wieder etwas wert sein, sagte man. Damit niemand mehr große Summen gewinnbringend anlegen konnte, war alles ganz geheim vorbereitet worden. In der Nacht sollte die Währungsreform verkündet werden und am nächsten Morgen in der Zeitung stehen.

„Überraschungs-Coup" nannte Papa die Aktion, und deshalb erstanden wir jetzt auf den Schwarzmärkten der Umgebung Tausende von Zigarren, Zigaretten und viel, viel Schokolade; so viele Tafeln, wie ich in meinem ganzen Leben noch nicht gesehen, geschweige denn, gegessen hatte. 20 Mark kostete damals eine einzige Zigarette.

Mit der erstandenen Ware füllten wir Oma's Kolonialwarenschaufenster bis zur Halskrause. ...

Rechtzeitig wissend sein, bedeutet eben doch Macht. ...

Damals, in den ersten Anfängen, als sich deutsche Politik nach dem schrecklichen Krieg wieder ganz allmählich zu organisieren und zu artikulieren begann, da geschah dies alles natürlich nicht nur in Siegburg-Mülldorf und in Rhöndorf. Neben Konrad Adenauer und seinen trinkfesten rheinischen Freunden begannen auch anderswo in Deutschland Männer und Frauen über künftige Politik nachzudenken: Ein gewisser Theodor Heuss wurde im Schwabenländle aktiv, Hinrich Kopf und Kurt Schumacher in Niedersachsen, Ludwig Erhard und Helene Weber, um noch einige andere zu nennen. ...

Weber's kleine Kneipe und Heinen's Weinkeller stehen nur als Beispiel für die allerersten Anfänge am Beginn von 50 Jahren Staatstheater am Rhein.

Danach ging alles Schlag auf Schlag: Bonn wurde Sitz des Parlamentarischen Rates. Das tierkundliche Museum Koenig, vom Krieg verschont geblieben, diente den Politikern der ersten Stunde als Arbeitsplatz. Zwischen ausgestopften Vögeln und afrikanischem Großgetier („Animal Farm") schufen die „Väter" des Grundgesetzes die erste teil-deutsche Verfassung. Nicht Konrad Adenauer hatte die Stadt Bonn maßgeblich zu danken, dass sie 1949 provisorische Hauptstadt wurde, sondern vielmehr „Bonnifacius" Hermann Wandersleb, damals Ministerialdirektor in der nordrhein-westfälischen Staatskanzlei. Den Grund, der ihn damals dazu trieb, hat er mit ins Grab genommen, doch dankten ihm die Bonner mit der Ehrenbürger-Würde.

Wandersleb ließ seinerzeit ganze Journalistenscharen nach Bonn karren, um ihnen die Vorzüge der kleinen Stadt am Rhein hautnah vor Augen zu führen. Ein Notizblock, ein Stück Seife und ein Schreibstift dienten „Bonni-facius" als Bestechungsmittel für wohlwollende Schreibe zugunsten von Bonn.

Während beim Mitbewerber um die Hauptstadtwürde in Frankfurt am Main geschlafen und einfach abgewartet wurde, trieb Wandersleb die damalige Bonner Kommunal-Oberen (OB Eduard Spoelgen und Oberstadtdirektor Johannes Langendoerfer) zur Eile. Und sie bauten, als würde ihnen der Teufel im Nacken sitzen. ... Aus der ehemaligen Pädagogischen Hochschule wurde für die damals enorme Summe von 6,5 Millionen Mark das spätere Bundeshaus mit Plenarsaal. Konrad Adenauer gab die Devise aus: Ohne allzu großen Kostenaufwand in kurzer Zeit ein Provisorium schaffen – billiger als in Frankfurt oder anderswo. ...

Als die Wahl dann tatsächlich mit 33 gegen 29 Stimmen zugunsten der kleinen Rentnerstadt am Rhein ausging, da hatte die Stadtverwaltung längst an alles gedacht: Für die Abgeordneten standen ausreichend Unterkünfte in Privathäusern zur Verfügung. Komfort gab's damals zwar noch wenig – die Politiker wohnten wie Studenten zur Untermiete –, dafür verlangte die Vermieterin für die Dachstube mit Küchenbenutzung im alten Bad Godesberger Villenviertel aber auch nur 35 DM pro Monat.

Über eigene Arbeitsräume im Parlament verfügten damals nur ganz wenige Abgeordnete. Natürlich gehörte Konrad Adenauer zu den bevorzugten Ausnahmen. Dafür gab es zwischen seinem Büro und dem allgemein zugänglichen Flur aber keine abschließbare Tür. Sekretärin Elisabeth Zimmermann musste Wache schieben, um ungebetene Besucher abwimmeln zu können.

Nur wenige Abgeordnete der ersten Stunde besaßen eigene, ganze 11 Quadratmeter kleine Arbeitszimmer. Die meisten mussten sich der Schreibtische und Stühle in der Lobby des Plenums bedienen und ihre Akten auf Heizkörpern sortieren.

Es gab damals auch nur wenige Tagungsräume in Bonn. Die Fraktionen von CDU und FDP zum Beispiel mussten sich im sogenannten „Bonner Bürgerverein", dem provisorischen Stadttheater mit Kneipe, konstituieren, wo es bei der Formulierung von Gesetzesentwürfen durchaus nach Pommes und Schaschlik riechen konnte. Gelegentlich mussten sogar ein ganz gewöhnlicher Tanzsaal, der Saal Kemp in Endenich, oder die Eldorado-Bar in Poppelsdorf als Tagungsstätten früher deutscher Politik herhalten.

Stellvertretend für viele andere, die in Bonn Sitz und Stimme hatten, berichtete der CSU-Abgeordnete Hugo Karpf später in seinen „Aufzeichnungen und Erinnerungen": „Anfangs musste ich in Bad Godesberg in mitgebrachtem Bettzeug auf einer Wohnzimmercouch nächtigen ...!".

Der CSU-Mann weiter: „Die Bonner selbst waren in ihrer Beamten- und Universitätsstadt von unserer Anwesenheit niemals besonders begeistert ..." Und dennoch trauern sie ihnen nach!?

3. Von Zockern und Kanalarbeitern

Im Krieg, vor allem aber während der anschließenden Gefangenschaft, begann das Skatspiel seinen Siegeszug durch die deutsche Männerwelt. Heute frönt, statistisch gesehen, jeder vierte Mann in diesem Land dem Reizen mit Bauer und Ass. Skat ist längst zum „Volkssport Nummer 1" geworden.

Für Bonn galt dies mehr als für jede andere deutsche Stadt.

Hier hat wahrscheinlich jeder Zweite das Spiel mehr oder minder gut beherrscht. Sogar Abgeordneten-Damen mischten kräftig mit. ...

Skat, das war während 50 langer Jahre in Bonn nicht nur Spiel, sondern für viele auch bitterer Ernst. Mit Sicherheit wurde dabei sogar mehr Politik auf den Weg gebracht als bei jedem anderen Anlass – beim Sport, bei der Jagd oder auf Empfängen sowieso; mehr aber sicher auch als in so mancher Ausschusssitzung des Bundestages.

Wie im Schützengraben an der Front oder später in der Gefangenschaft des Feindes, so nahm das Skatspiel auch im politischen Bonn aus Langeweile seinen Anfang. Die Abgeordneten der ersten Stunde waren „möblierte Herren" gewesen. In der provisorischen Hauptstadt besaßen die meisten von ihnen einstweilen nur ganz bescheidene Räumlichkeiten. Am Wochenende war jedesmal Heimfahrt zu Frau oder Mutter angesagt.

Nach getanem Politiker-Werk wussten die meisten von ihnen nichts Rechtes mit sich anzufangen, und so kam ihnen die „Rheinlust" gerade recht: Eine ganz simple Eckkneipe nur, wie Tausende andere in Deutschland auch, mit eisernem Ofen noch, mit Kohle befeuert, mit antiquiertem Mobiliar, Marke Schalker Barock, und mit ausgefransten karierten Tischdecken. Da saßen sie dann und kippten sich ein Pils nach dem anderen hinter die Binde. Aber es gab hier auch leckere Sülze, deftige Bratkartoffeln wie „bei Muttern", Schnitzel vom Feinsten und Soleier en masse.

Ein Mann namens Bernhard Balkenhol, Bürgermeister im Sauerland und CDU-Abgeordneter der ersten Stunde, durfte sich als „Entdecker" der Rheinlust, nur zwei Straßenecken vom Bundeshaus entfernt, feiern. Sobald „BB" in der Kneipe auftauchte, ließ Balkenhol seinen selbstgemachten Stabreim vom Stapel: ein 12-faches B-B-B-B-B-B-B-B-B-B-B-B, das so viel heißen sollte, wie: *B*ernhard *B*alkenhol, *B*ürgermeister *B*igge-*B*rilon, *b*raucht *B*latt, *B*lock, *B*leistift, *B*ier – *b*itte *b*ald!

Die ersten Skatbrüder dieses Originals sind die späteren Minister Ernst Lemmer und Rolf Dahlgrün, Bundestagspräsident Richard Stücklen, die Journalisten Ernst Goyke, „Hobby" Bolesch, Karl-Heinz Kirchner und Willy Zirngibl gewesen. Dazu Parlamentsvize Johnny Klein, der Wehrbeauftragte Willi Berkhan, der mächtige rechte Sozi Egon Franke, Annemarie Renger, Kolumnen-Spezialist Walter Henkels, gelegentlich auch meine Wenigkeit – ich hab' damals tüchtig Lehrgeld zahlen müssen, das FDP-Fossil Wolfgang Mischnick, Regierungssprachrohr Norbert Schäfer und nicht zuletzt ein gewisser Dr. Gustav Heinemann. Sie alle waren damals bierselige Skat-Kumpane in der Bonner „Rheinlust" gewesen.

Wahre Skat-Schlachten, manchmal nicht gerade um kleine Summen, wurden dort ausgetragen, und der sonst so sanfte spätere Bundespräsident Gustav Heinemann ging beim Skat stimmgewaltig und gestenreich so richtig zur Sache. Gab er „contra" oder „re", dann pflegte der Eiserne Gustav mit der Faust den Tisch zu traktieren und lauthals festzustellen: „So Freunde, jetzt dirigiere ich …!"

Ein ganz besonders „dickes" Spiel, etwa einen Grand mit Vieren, kündigte Heinemann so an: „Zur Sache,

Freunde der Volksmusik ..." Setzte er, was höchst selten geschah, aber doch mal eines seiner Spiele in den Sand, so stöhnte Gustav beim Anschreiben: „Dieser Fall gehört eigentlich vor die Menschenrechtskommission!"

Die besten, die ausdauerndsten und wohl auch die gerissensten Spieler der 50 Bonner Jahre sind Richard Stücklen, Wolfgang Mischnick, Rolf Dahlgrün und Walter Henkels gewesen. Stücklen trainierte jede freie Minute, natürlich auch in seiner fränkischen Heimat: Ein Doktor, ein Möbelhändler und ein Werkzeugmaschinen-Vertreter waren seine bevorzugten Opfer, wenn es meist um ein „Ganzes", einen Pfennig, manchmal sogar um einen Zehner pro Auge, ging und „der Herr Minister aus Bonn" die Seinen daheim kräftig über den Tisch zog.

Stücklen selbst bestritt solches Hasard-Spiel stets und vehement: „Es ist nie so weit gekommen, dass 18 zu sagen schon Selbstmord bedeutet hätte ...!"

Nein, Herr Stücklen lebte gottlob lange, aber der viel zu früh verstorbene Johnny Klein wusste genau Bescheid über die exorbitant hohen Einsätze der Stücklen-Crew, doch gab Johnny sein Wissen stets nur andeutungsweise oder in flapsiger Form preis. Jeder konnte sich dann seinen eigenen Reim darauf machen, wenn Klein zum Beispiel kundtat: „Das Falsch- und Hasardspieler-Dezernat der nordrhein-westfälischen Kripo hat wieder mal eine Razzia durchgeführt, doch stieß die leider ins Leere. Die Herren St. (Stücklen), M. (Mischnick), D. (Dahlgrün) und H. (Henkels) hatten nur Jetons vor sich liegen und erklärten, sie spielten nur zum Spaß. ... Ein erfahrener Kriminalbeamter zog jedoch eine Bibel aus der Tasche und ließ einen nach dem anderen schwören, dass er nicht um Geld gespielt habe. Als Dahlgrün, Henkels und Mischnick in ihrer Not, dem Ansehen von Parlament und Staat keinen Schaden zufügen zu wollen, geschworen hatten, kam die Reihe schließlich auch an Stücklen. Der aber entzog sich dem Schwur durch diesen einleuchtenden Hinweis: „Ich kann doch nicht gut allein gegen mich selbst gespielt haben ...!"

Als 1953 Egon Franke, hauptamtliches Vorstandsmitglied der SPD und später gesamtdeutscher Minister, in den Bundestag einzog, da begann sich in der Bonner „Rheinlust" schnell vieles grundlegend zu verändern: Franke versammelte dort rund 100 konservative Sozis („Kanalarbeiter") um sich, von denen nur wenige Skatspieler waren. Sie nannten sich „Kanalarbeiter", weil sie nach eigenem Bekunden „für saubere Verhältnisse" in der Politik eintraten.

„Canale Grande" holte seine neuen Parteifreunde nicht von der Straße in die „Rheinlust", um ihnen dort, „fernab von Muttern", selbstlos fehlende Nestwärme zu vermitteln; nein die „Kanaler" wurden unter Einschluss von Helmut Schmidt, Willy Brandt und Annemarie Renger ausgewählt und sehr schnell zu der einflussreichsten SPD-Truppe getrimmt, die es in Bonn je gegeben hat.

Ohne die Kanalarbeiter lief bald so gut wie nichts mehr in der SPD. Hier wurden die Große Koalition Kiesinger/Brandt in die Köpfe der konservativen Sozis einzementiert und andere wichtige politische Entscheidungen festgeklopft. Begabter Organisationschef des Ganzen und Franke's rechte Hand bei diesem einmaligen Tun war der Kulmbacher Bäckermeister und spätere Staatssekretär Karl Herold gewesen.

Das jähe Ende der SPD-„Kanaler" hatte keinen politischen, sondern einen ganz profanen Grund: Als die „Rheinlust" Anfang der 70er an den Allianz-Versicherungskonzern verkauft und abgerissen wurde, da zogen Franke's Getreue in den „Kessenicher Hof" um, doch der war zu weit entfernt von Bannmeile und Dunstkreis Bundeshaus. Überdies besaß die Nachfolge-Organisation, die „IG Kanal", nicht den politischen Kopf eines Egon Franke, so dass sich der Zusammenschluss der rechten Sozis allmählich zu überleben und aufzulösen begann.

Die Skatspieler traf der Verkauf der „Rheinlust" zwar auch, aber sie hatten bereits vorher Ausweichquartiere bezogen; der Presseclub, die Parlamentarische Gesellschaft, das Bundeshausrestaurant oder die Schreibtische der Journalisten in den Pressebaracken und der Abgeordneten im Bundeshaus dienten ihnen fortan als Spielstätten.

Der Skat blieb bis zuletzt, bis zum Berlin-Umzug, „Volkssport Nummer 1" in Bonn, doch mussten sich Politiker und Journalisten zuletzt immer häufiger mit fremden Skat-Profis herumschlagen. Damit genügend Geld für wohltätige Zwecke (in Abgeordneten-Wahlkreisen) zusammenkam, ließ man zu den Skatturnieren fast jedermann zu. Selbst so spielstarke Bundestagsabgeordnete der letzten Bonner Parlamentstage wie Wolfgang Weng von der FDP oder die rheinische Frohnatur, der CDU-Ahr-Winzer Wilhelm-Josef Sebastian, mussten umherreisenden Berufszockern, Europa- und deutschen Meistern aus Landesliga- und Bundesliga-Klubs mehr und mehr das Feld überlassen. Alle fünf Jahrzehnte Bonner Politik hindurch haben sich Minister und Abgeordnete fast ausnahmslos für exzellente Skatspieler gehalten. Abgesehen von Gustav Heinemann und Karl Carstens, den beiden ehemaligen Bundespräsidenten, abgesehen auch vom langjährigen Minister und FDP-Fraktionsvorsitzenden Wolfgang Mischnick, von Ernst Lemmer, Richard Stücklen und Klaus Töpfer („Das Einzige, was ich wirklich kann, ist Skat…!") war die Masse der Bonner Politiker beim deutschen „Männersport Nummer eins" aber nie sehr viel mehr als Mittelmaß gewesen. – Ehrlich!

Wir Journalisten haben ihnen in dieser Beziehung fast immer den Schneid abkaufen können; allen voran Willy Zirngibl, ehemals Bonner Bürochef der Westdeutschen Allgemeinen Zeitung (WAZ), und der einst legendäre Kolumnen-Schreiber Walter Henkels von der FAZ, aber auch „Hobby" Bolesch, Karl-Heinz Kirchner, Carl Schopen und Ernst Goyke waren „top".

Wann immer jedoch Gerti Lacher, mehrfache Welt-, Europa- und deutsche Skatmeisterin, mittat, legte sie die politischen Spielergrößen mit leichter Hand reihenweise auf's Kreuz. ...

Dann hatten selbst Stücklen, Mischnick und die anderen selbstgekrönten Skatkönige das Nachsehen. ...

4. Ming Stadt am Rhing

Laut Herbert Wehner ist Konrad Adenauer nicht nur deshalb der leidenschaftlichste Befürworter einer deutschen Hauptstadt Bonn gewesen, weil sein Rhöndorfer Rosengarten nur einen Katzensprung entfernt lag, sondern auch, weil „der knöcherne ‚Alte' der einzige wichtige Politiker war, der dieses todbringende Klima vertragen konnte".

Ja, Wetterfühlige und Kreislaufgeschädigte haben es bei der hohen Luftfeuchtigkeit nicht leicht in Bonn. Dafür sticht hier aber auch kein brennender Industrie-Smog in die Augen.

Statt dessen herrscht in der Köln-Bonner Bucht das mildeste Klima weit und breit.

„Rheinische Riviera" nennen die Hiesigen ihre Heimat liebevoll, und das ist nicht einmal übertrieben, denn in der Tat standen die Bäume im Bonner Regierungsviertel meist schon Wochen vor Ostern in voller Blüte, und die Sekretärinnen vom Bundestag, angeblich die hübschesten Mädels weit und breit, konnten so früh im Jahr wie nur noch am Oberrhein und an der Riviera mit kurzen Röckchen wippen und ihre Reize herzeigen.

Bonn ist während der Dauer seiner Hauptstadt-Funktionen aus vielerlei Gründen verspottet worden; bevorzugt von jenen, die nie einen Blick hinter die Mauern unserer Stadt getan haben.

Der sonst so ernst zu nehmenden „New York Times" war die Uni- und Rentner-Stadt, die um Hauptstadt-Bürde und -Würde niemals gebuhlt hatte, zu klein und zu mickrig gewesen: „Halb so groß, doch doppelt so still wie der New Yorker Zentralfriedhof!", tönte es aus den Staaten.

Natürlich war Bonn niemals Weltstadt im herkömmlichen Sinne gewesen. Hier gab es keine Flanieralleen wie Unter den Linden oder den Ku-Damm. Hier gibt es auch keine endlosen Häuserschluchten und keine stinkenden Slums. Aber Bonn hat nicht nur Ludwig van Beethoven und Clara Schumann in seinen Mauern im wahrsten Sinne des Wortes beherbergt. Schon während des 14. Jahrhunderts wurde das Bonner Münster von den Kölner Kurfürsten dazu auserkoren, Krönungsstätte zweier Könige zu sein; 1314 von Friedrich, dem Schönen, und 1346 von Karl IV.

Aber zurück zur Neuzeit: Bonn besitzt, auf die Einwohnerzahl bezogen, die größte Fußgängerzone und den höchsten Frauenüberschuß in Deutschland. Hier wurden bereits „Bonner Sommer" und Beethovenfeste veranstaltet, als man das Wort „Event" in anderen deutschen Großstädten überhaupt noch nicht kannte. Die Museumsmeile mit dem Haus der Geschichte mauserte sich zum bundesdeutschen Touristen-Hit Nr. 1 und verwies den Bundestag auf Platz 2. Mehr als 100.000 Exponate zeichnen im „Haus der Geschichte" auf 4.000 Quadratmetern Fläche ein umfassendes Bild der politischen Entwicklung in Nachkriegsdeutschland. Glanzstücke der Sammlung sind zweifellos der 1937 für Hermann Göring gebaute Salonwagen, in dem Konrad Adenauer 1955 nach Moskau reiste, um die letzten deutschen Kriegsgefangenen „loszueisen", sowie Adenauers sagenhafter schwarzer Mercedes 300 mit dem amtlichen Kennzeichen SU-A 1.

Ein „elendes Provinznest" hat man Bonn während der politischen Gründerjahre geheißen, „weil die einzige ‚Dame' in Köln zur Aushilfe weilte". ... Und überhaupt: „Entweder et rähnt (regnet) oder mer es möd oder de Schranke sen erunde. ...!"

Ja, die Bahnschranken sind in der Tat in Bonn noch heute den halben Tag lang geschlossen, denn das schmale

Rheintal hat den gesamten Personen-Nord-Süd-Verkehr über nur zwei Schienenstränge zu verkraften. Verbreiterung des Bahnkörpers geht nicht, über Tieflegung hat man jahrzehntelang gestritten, doch ist sie stets unfinanzierbar gewesen.

Folglich blieb der Bonner Hauptbahnhof bis heute, was er schon in den Gründerjahren der Republik war: klein, provinziell und deshalb verspottet.

Anfangs war der Wilhelminische Bonner Bahnhof das Einfallstor für so manchen illustren Staatsgast gewesen. Zuletzt kamen sie zwar alle durch die Lüfte, aber damals, im Jahr 1954, war der äthiopische Kaiser Haile Selassi das erste Bonn besuchende Staatsoberhaupt gewesen, und natürlich traf auch der kleine Kaiser auf dem kleinen Bahnhof ein.

Dieses Bauwerk aber besaß und besitzt auch heute noch fahrgastfreundliche Vorzüge, von denen gigantische Bahnanlagen in Köln, Hamburg, München, Berlin oder Leipzig nur träumen können: In Bonn fahren alle Züge Richtung Norden auf Bahnsteig 1 ab und alle Züge in Richtung Süden besteigt man auf Bahnsteig 2. Einfacher geht's nimmer, und mehr als drei Bahnsteige (den dritten für die Fahrt auf's Land!) läßt das enge Rheintal eben nicht zu.

Auch baulich ist Bonn jahrzehntelang Provisorium gewesen. Das aber haben weder die Stadt noch der Bund verschuldet, sondern vielmehr so gewollt. Die deutsche Teilung sollte – auch baulich – nicht zementiert werden, und am Willen zur staatlichen Wiedervereinigung hielt die Mehrheit der Deutschen ja fest; am Anfang, weil man es sich nicht anders vorstellen konnte, später wohl auch ein wenig, weil so mancher Alliierte anderer Meinung war. ...

Trotzdem mußten für 25.000 Mitarbeiter der obersten Bundesbehörde, mußten auch für weitere 25.000 Menschen in der Region, die zum Funktionieren der Hauptstadt irgendwie beitrugen, Planer, Maurer und Hilfsarbeiter kräftig zulangen. So wurde in Bonn bis zum Ende des Provisoriums doppelt so viel umbauter Raum geschaffen wie in den 2.000 Jahren Stadtgeschichte davor. Allein rund 2 Millionen Quadratmeter waren Büro- und Konferenzräumlichkeiten; insgesamt eine Fläche so groß wie 110 herkömmliche Schulen oder 35 „normale" Fußballplätze.

Bei alledem waren die Verantwortlichen darum bemüht gewesen, stets den nur vorläufigen Charakter der Parlaments- und Regierungsstadt zu betonen. Nach der Wiedervereinigung würde der ganze Apparat ja ohnehin an die Spree umziehen, und dann sollten keine riesigen Bauruinen, sollte keine Geisterstadt zurückbleiben.

Der damalige SPD-Schatzmeister Alfred Nau, Bauherr der sogenannten „Parteibaracke", ließ die SPD-Zentrale vorsorglich in Platten-Bauweise errichten, um das ganze Gebäude nach dem „Tag X" wieder in seine Einzelteile zerlegen und in Berlin neu aufbauen zu können, doch schon 1974 entschied sich die SPD für einen Neubau und schenkte die alte Baracke der Arbeiterwohlfahrt in Travemünde als Erholungsheim.

48 Jahre lang waren Erich Ollenhauer-Haus I und II das gedankliche Zentrum der Sozialdemokratie gewesen. Hier wurde die Wandlung der SPD von der Klassenkampf- zur Volkspartei vollzogen, und in der Bonner „Baracke" telefonierte Willy Brandt am 28. September 1969 mit FDP-Chef Walter Scheel, um im Alleingang das sozialliberale Bündnis zu verabreden.

Der Kanzlerbungalow, vom spartanischen Ludwig Erhard errichtet, war mit 200 Quadratmetern gewollt kleiner geraten als so manche Industriellen-Villa. Offizielle Essen mit größerer Teilnehmerzahl waren dort nicht möglich. Bereits für einen kleineren Kreis mußte umgeräumt und das Musikzimmer mit einbezogen werden.

Die ersten Bonner Regierungschefs bauten sich auch kein neues Kanzleramt. Adenauer, Erhard, Kiesinger, Brandt und – bis 1976 auch Schmidt – genügte das enge Palais Schaumburg, eine Villa der Prinzessin Viktoria von Preußen und später des russischen Hochstaplers Alexander Zoubkoff, als Dienstsitz. Am ovalen Tisch aus Kirschbaum, flankiert von alten Meistern wie Lotto und Tintoretto, haben dort 2.291 Kabinettsitzungen stattgefunden. Eine wär's noch mehr gewesen, hätte Kiesinger am heißen 5. Juli 1967 nicht Tisch und Stühle in den 100.000 Quadratmeter-Park schaffen lassen, um seine Minister zur einzigen Bonner Kabinettssitzung unter eine Platane ins Freie zu bitten.

Zweimal nur in den langen Bonner Jahren wurde der Öffentlichkeit Zutritt zum Palais Schaumburg gewährt; als Konrad Adenauer dort, umgeben von seinen geliebten Rosen, aufgebahrt war, und in der letzten Stunde der Bonner Republik, am 11. Juli 1999, als sich der Bund mit einem „Tag der Offenen Tür" von den Bürgern der Stadt für 50 Jahre überaus gastfreundliches Asyl bedankte.

Eine Ecke weiter nur, in der Villa des „Zucker-Königs" Leopold Koenig, residierten 50 Jahre lang die Bundespräsidenten. Hier schritten einige Hundertschaften gekrönter Häupter, Staatspräsidenten und anderer Potentaten über den berühmtesten Teppich der Republik.

Hier ließen sich ungezählte Diplomaten aus aller Welt per Beglaubigungsschreiben akkreditieren, und hier fanden auch die meisten der sogenannten „Neujahrsempfänge" für's Diplomatische Corps statt.

Heinz Kühn, einst Ministerpräsident in Nordrhein-Westfalen, hätte nach dem Wunsch der SPD auch einmal in der Villa Hammerschmidt residieren sollen, doch lehnte Kühn eine Kandidatur für das Amt des Bundespräsidenten mit der Begründung ab, er wolle nicht „der teuerste Gefangene der Republik" sein. ...

Staatsempfänge gab es in Bonn jahrzehntelang nur während des Sommers. Der profane Grund dafür: Die einzige damals für gekrönte Häupter und andere wichtige Politiker zur Verfügung stehende angemessene Baulichkeit, das berühmte Schloß Augustusburg in Brühl, mit dem berühmten Treppenhaus von Balthasar Neumann und den Wasserspielen nach Versailler Muster, war vom Land Nordrhein-Westfalen nur angemietet und durfte in seinen wesentlichen Teilen nicht verändert werden. Um Staatsempfänge dort auch zur Winterszeit abhalten zu können, wäre aber der sehr aufwendige Einbau eines Heizungssystems erforderlich gewesen.

Beispiele für Sparsamkeit und bauliche Zurückhaltung in Bonn bis zum Abschluß der Hauptstadt-Vereinbarung im September 1975 gibt es in großer Zahl. Überall war nur so herumgeschustert, zum Teil sogar richtig gepfuscht worden. Seitdem sind inmitten einer sonst so idyllischen Stadt zahlreiche architektonische Todsünden zu beklagen: Das gräßliche Stadthaus zum Beispiel, der durch Überbauung völlig verhunzte Bahnhofsvorplatz oder auch das dunkelbraune metallene, zuletzt wie verrostet anzuschauende frühere Kanzleramt.

Die Menschen, die von auswärts zu uns gekommen waren und bis zu fünf Jahrzehnte lang in Bonn haben arbeiten müssen, sie lernten die vorwiegend liebliche, kleine Stadt der kurzen Wege überaus schätzen. Sie haben sich in einer der berühmtesten und meist besungenen Landschaften der Erde schnell eingewöhnt und wohl auch die „Bönnschen" mit der Zeit schätzen, einige vielleicht sogar lieben gelernt; jene Menschen, denen man zuweilen Oberflächlichkeit unterstellt, die manchen zu schnell mit dem vertraulichen „Du" bei der Hand sind und die ihre Unterhaltung mit einem Freund angeblich so beginnen: „Wie isset?"

„Am leevsde jood!", – „Un de Pänz?", – „Och jood!", – „Un et Auto?", – „Et lööf ...!"

Was immer man ihnen nachsagen kann: De Bönnsche han zick fuffzich Johr – Entschuldigung! – 50 Jahre lang, ein erstaunliches Maß an Toleranz im ständigen Umgang mit den „Bundes-Immis", den Zugewanderten, bewiesen. Anders als in anderen Hauptstädten reagierten sie ohne Aufgeregtheit, mehr interessiert und neugierig auf Behinderungen, auf ständige Absperrungen, und Demo's, von denen jedes Jahr immerhin rund 400 Stück – das war Weltrekord – stattgefunden haben.

Dabei waren die Demonstranten längst nicht immer friedlich gewesen: Aufrüstung, Nato-Doppelbeschluß, faule Eier gegen DDR-Funktionäre, 60.000 Bergleute, genauso viele Heimatvertriebene, die lautstark auf ihr Recht pochten. ...

Zerborstene Schaufensterscheiben und Umsatzeinbußen wurden meist mit Gelassenheit hingenommen, Demonstrationsmärsche oft mit Worten wie der Rosenmontagszug kommentiert: „Achtung, der Zoch kütt!"

Ehrenkompanien, Fahnen und Hymnen haben in einer Region, wo jedes Jahr während des Karnevals preußischer Pomp verhohnepiepelt wird, nie so recht zu beeindrucken vermocht. Was die Bonner allerdings all die Jahre über erregt hat: Daß die Demonstranten immer wieder ihre schöne Hofgartenwiese, die grüne Lunge inmitten der Stadt, niedergetrampelt haben.

Da hatte dann auch das Rheinische Grundgesetz mit seinem Artikel eins „Et kütt wie et kütt!" seine Gültigkeit verloren.

2000 Jahre lang hatten die Bonner den Umgang mit Fremden trainieren können, denn stets waren es fremde Mächte gewesen, die Glanz in ihre kleine Stadt an den Rhein gebracht hatten.

Den römischen Legionären folgten die fränkischen Grafen, die Kanoniker mit ihrem Probst aus dem berühmt-berüchtigten Hause Borgia, schließlich die Kurfürsten Clemens-August und Max-Franz von Habsburg-Lothringen.

Im 19. Jahrhundert gaben Adlige und Offiziere in Bonn den Ton an, später die Professoren der preussischen Universität und dann die Reichen aus dem Ruhrgebiet. Als 1948 unaufhörlich die neuen „Bundes-Bonner" an den Rhein zu strömen begannen, alte Palais und vornehme Villen in ihren Besitz brachten, als sie die vertraute

Idylle mit Unruhe überzogen, da verkrochen sich die Bonner nicht in ihren eigenen vier Wänden, sondern ergriffen die Chance beim Schopf und taten 50 Jahre lang kräftig mit.

Geert Müller-Gerbes, vieljähriger RTL-Moderator, urteilt nach langen Dienstjahren hier am Rhein wohl zutreffend, wenn er meint: „Bonn – das war insgesamt eine gelungene Mischung aus Bildungsbürgertum, politischer Kleinbürgerlichkeit und rheinischem Winterbrauchtum, das da während 50 langer Jahre zu einer guten Verbindung zusammengefunden hat ...!"

Und auch diese Worte über ming Stadt am Rhing lohnen, festgehalten zu werden:

„Bonn nimmt sich schon von ferne sehr heiter, sogar prächtig aus. ... Noch schöner aber ist der Anblick der Stadt, wenn man auf dem Rheine zu ihr heranschwimmt!" (Johanna Schopenhauer, Reiseschriftstellerin).

„Bonn ist eine schöne Stadt und das sie umgebende Rheintal eine herrliche Landschaft!" (Theo Waigel, ehemals Bundesfinanzminister).

„Nur wenige Regierungszentren der Welt können sich an humaner Bewohnbarkeit mit Bonn messen!" (Richard von Weizsäcker, früherer Bundespräsident).

„Mit dem Namen Bonn verbindet sich der längste freiheitliche und friedliche Zeitabschnitt unserer Geschichte." (Norbert Blüm, ehemals Bundesarbeitsminister).

5. Die feine Gesellschaft

Die „feinen Leute" von Bonn haben sich nicht wirklich vergnügt. Ausgenommen vielleicht Hans-Dietrich Genscher, wenn er auf dem Jahrmarkt Achterbahn fuhr, Norbert Blüm auch, wenn er als Drehorgelspieler unverhofft bei einem Fest auftauchte, oder „Hotte" Ehmke, zu dessen Grillparties sogar „Normalbürger" Zutritt hatten. ...
Als der Parlamentarische Rat Bonn 1948 zur Hauptstadt auf Zeit machte, da konnte diese Stadt auf keine große Tradition zurückgreifen. Eine richtige „Gesellschaft" hatte es seit Kurfürst Clemens August nicht mehr gegeben, und zudem lag – kriegsbedingt – noch vieles darnieder: das reiche Bürgertum ebenso wie die stolze Alma Mater. ...
Man nehme die Regierenden, die sie Kontrollierenden, ein paar hundert der ungeliebten diplomatischen Gastarbeiter, eine Handvoll Stadtobere und wenige Glücksritter, dafür aber umso mehr Lobbyisten. ... Man werfe alles zusammen in einen großen Topf und rühre mehrfach um. ... Was dabei herauskommt, war jahrzehntelang die „Bönnsche Gesellschaft": ein wenig spießbürgerlich – zu Anfang jedenfalls –, ein wenig puritanisch auch. ...
Richtige politische Freundschaften kamen kaum zustande; Zweckfreundschaften häufiger.
Es gibt viele Gründe für die Oberflächlichkeiten beim Bonner Zusammenleben: Die meisten tonangebenden Politiker der ersten Stunde waren „unbeweibt" gewesen. Theodor Heuss und Konrad Adenauer waren Witwer, Heinrich v. Brentano, Professor Hallstein und viele andere

blieben Junggesellen. An ihnen hätte es gelegen, das Bonner gesellschaftliche Leben zu prägen.

Wilhelmine Lübke fühlte sich zu alt, um größere gesellschaftliche Aufgaben zu übernehmen. Gelegentlich mal ein Tee in der Villa Hammerschmidt für einige ausgesuchte Botschafter-Gattinnen, das war's dann. ...

Jahrzehntelang hatte es zeitweise so ausgesehen, als könne industrielle Prominenz von der Ruhr in Bonn ein gesellschaftliches Leben prägen helfen. Man ließ sich in der Bundeshauptstadt nicht selten sehen und gab häufig auch selber rauschende Feste. Zuletzt aber war auch dieser Brauch dahin. ... Die Industrie-Gewaltigen hatten während langjähriger Vorherrschaft arbeitgeberfreundlicher Politiker längst erreicht, was sie wollten, und den Rest erledigte die ortsansässige Lobby.

Und die Abgeordneten? Nur wenige von ihnen nahmen Wohnung in Bonn. Kaum hatte die Präsidenten-Glocke am Freitagmittag das Arbeits-Aus verkündet, setzte der große Run auf den kleinen Bonner Bahnhof ein. Angestellte, Studenten und Kommunale waren dann für 48 Stunden wieder unter sich.

Gesellschaftsleben? In Bonn verstand man darunter nichts anderes als die „Fortsetzung der Politik mit Messer und Gabel"; bei zahllosen Botschaftsempfängen genauso wie bei Sommerfesten, den Presseballen, bei Staatsbanketts in Gymnich, Brühl oder auf dem Petersberg. Wer's drauf anlegte, der konnte sich durchaus zweihundert mal im Jahr zum Small-talk in Schale werfen. Und richtige Profi-Party-Feierer wußten sehr genau, wo welche Leckereien zu holen waren.

Sekt, Whisky, zuweilen auch Kaviar und natürlich Sandwiches, gehörten zu allen Bonner Parties. Man stand stundenlang gelangweilt herum, ließ sich sehen und wollte gesehen werden; im schicken neuen Kleid, mit eigenwilligem Hut. Und hatte der Gastgeber bei größeren Anlässen meterlange Buffets auffahren lassen, dann stürzte sich die „feine Gesellschaft" von Bonn, einem Heuschreckenschwarm gleich, auf die Köstlichkeiten, bis ratzeputz, nur noch Trümmer übrig waren.

Das größte gesellschaftliche Ereignis des Jahres ist jedesmal der Bundespresseball gewesen. 47 davon hat es am Rhein gegeben; in Bad Honnef, im Spielcasino Bad Neuenahr und in Bonn natürlich – dort in einer Bar, in einem Zelt, in der Beethovenhalle und zuletzt im Maritim-Hotel.

Seinen Anfang nahm das später wichtigste Ballereignis der Rheinischen Republik, der größte Jahrmarkt der Eitelkeiten, im Spätherbst 1949. Damals erinnerten sich Theodor Heuss und Carlo Schmid der alten Tradition des geselligen Beisammenseins von Politikern und Journalisten und luden eine Hand voll Bekannte, privat und aus eigener Tasche, in die „Trocadero"-Bar im Bonner Stadtteil Poppelsdorf ein. Bevor es damals losgehen konnte, schleppten Bundespräsident und Parlaments-Oberer eigenhändig Holz herbei und brachten den Kamin in Gang.

Von da an hat der Bonner Bundespresseball – bis auf zwei Ausnahmen – jedes Jahr stattgefunden. 1961 fiel er dem Berliner Mauerbau und 1977 der Entführung des damaligen Arbeitgeberpräsidenten, des später ermordet aufgefundenen Hanns-Martin Schleyer, zum Opfer. Und 1983 hätte man den Ball der Superlative beinah in eine andere Stadt verlegen müssen. Ein „Feuerteufel" hatte in der Beethovenhalle, damals noch der einzigen Bonner Kongreßstätte solcher Größenordnung, einen Brand gelegt und die Halle arg zugerichtet. Die Organisatoren wollten aber unter allen Umständen in Bonn bleiben und errichteten deshalb vor der Beethovenhalle ein 1.200 Quadratmeter großes Zelt. Die Enge darin ließ Gemütlichkeit aufkommen, und so wurde dieser improvisierte Ball zur schönsten aller 47 Veranstaltungen.

Norbert Blüm hat sich fast jedesmal dort die Ehre gegeben, zusammen mit „Fall-für-Zwei"-Matula (Theo Gärtner). Willy Brandt feierte gerne und ausgiebig mit,

Strauß und Genscher auch, letzterer in Gesellschaft von Ehefrau und der Ex-Miss-Germany Petra Schürmann!

Walter Scheel war Stammgast, während sich Helmut Kohl trotz seiner 16 Bonner Amtsjahre nur ganz selten blicken ließ. ... Sein gestörtes Verhältnis zur Journaille. ...

Kam Kohl aber doch mal, dann tanzte der Koloß von Oggersheim nach Angaben von Frau Hannelore „so leicht wie eine Feder" bis zum frühen Morgen.

Den Polit-Promis ist die Glücksgöttin der Presse in all den Jahren niemals recht hold gewesen. Dafür gewann ein Ärzte-Ehepaar auf dem Presseball gleich zwei Autos, ein gewisser Herr Grundig einen Fernseher gleichnamigen Fabrikats.

Und Ball-Skandälchen hat's auch gegeben; nicht in Sachen Sex oder so, aber immerhin erklärte Curd Jürgens die rauschende Ballnacht lauthals zum „provinziellen Pressekränzchen". Der normannische Kleiderschrank hatte sich nicht genug hofiert gefühlt, und die Sängerin Eve Boswell verzichtete wütend auf ihre Gage, weil die Feiernden ihren Singsang wohl nicht so umwerfend fanden und stattdessen lieber das Tanzbein schwangen.

Eine der begehrtesten Bonner Einladungen war stets jene gewesen, bei der im Herbst zur großen Kohl-Sause im Kanzlergarten geladen wurde. Dort gab es – anders als bei den Presseballen – für jedermann alles gratis, und doch hatten die Bonner Kanzler mit ihren Sommerfesten stets Probleme gehabt. Die Zahl der Profi-Feierer bewegte sich um die 5.000.

Folglich mußten aus räumlichen Gründen jedes Jahr einige außen-vor bleiben.

Da gab's dann hinterher jedesmal Ärger. Bitterböse Demarchen von Parteifreunden, von „vergessenen Sponsoren" flatterten dann zuhauf ins Palais Schaumburg. Von „Geldhahn zudrehen" und so ähnlich war nicht selten die Rede. Zudem zertrampelten die Gäste der Kanzlerfeste jedesmal für einige zigtausend Mark die Gartenanlagen. Vor allem aber verschwand bei Kanzlerfesten aus Park und Pavillons immer wieder für viele tausend Mark Simples und Wertvolles. Teile von Kunstwerken standen hinterher genauso auf der Verlustliste wie Blumenstauden, Tafelsilber, Regenschirme, Bierseidel und Aschenbecher, Besteck, Gläser und Porzellan.

Das Wenigste davon nur ist zu Bruch gegangen. Bonns Creme-de-la-Creme war nicht wählerisch, wenn die Sammlerleidenschaft sie einmal übermannt hatte.

Der Schaden, den die „feine Gesellschaft" auf Bonner Kanzlerfesten angerichtet hat, ist so riesig gewesen, daß Kohl seine Feste – wenigstens zweimal – nur deshalb ausfallen ließ.

Die tollsten Feste überhaupt gingen während der 50 Bonner Jahre auf das Konto von drei allerhöchsten Staatsgästen: König Hassan von Marokko ließ auf dem Petersberg 40 Hammel servieren; orientalische Wohlgerüche in allen Räumlichkeiten eingeschlossen. Der Schah von Persien hatte eimerweise iranischen Kaviar von daheim mitgebracht, und Präsident Habib Bourguiba von Tunesien führte 70 leibhaftige Tänzerinnen mit im Reisegepäck – eine attraktiver als die andere.

Aber solche Feste sind doch die ganz große Ausnahme gewesen. Die meisten waren trist und öde, einige wenige aber auch originell. So lud das türkische Diplomaten-Ehepaar Iksel zum Beispiel zu einer Hula-Hup-Party ein und kutschierte seine Gäste zum Picknick ins Freie; nicht in chromstrotzenden Limousinen, sondern mit Pferdegespannen. Fernab aller hauptstädtischen Sitzkultur kam auf Heu und auf Stroh bei kreisenden Flaschen im sonst so eintönigen Bonner Feieralltag wenigstens kurzzeitig mal Freude auf.

Chinas Botschafter Mei Zhaorong beherrschte die Sprache seines Gastlandes so perfekt, daß er zu Beginn all seiner Feste aus den Werken seiner Lieblingsautoren Schiller und Goethe las und dazu sein Lieblingsgericht, Knödel mit Pilzen und Sauerkraut, servieren ließ.

Im übrigen aber waren in Bonn längst nicht alle Diplomaten gut gelitten. Zu viele von ihnen ließen geschwängerte rheinische Mädchen mit Kind, aber ohne Unterhalt, zurück. Zu viele von ihnen auch blieben Mieten, Hotel- und andere Rechnungen schuldig, so daß Anne Schlüter schließlich eine „Schutzgemeinde der Diplomaten-Geschädigten" gründete.

Zu Sommerfesten rustikalen Zuschnitts luden regelmäßig auch die Scheels ein. Auf der Rheininsel Grafenwerth ließen sie eine lupenreine Kirmes mit Blasmusik, Karussells, Schießständen, Bierbuden, Würstchenbraterei und Gulaschkanone aufbauen.

Unvergessen auch der beliebteste und ulkigste Diplomat, den Bonn je erleben durfte, den die Karnevalisten mit närrischen Auszeichnungen nur so überhäuften und der sich nicht scheute, Weihnachten in den Sommer zu verlegen.

Fünf Jahre lang wirkte Ole Kjaer Madsen für sein Dänemark am Rhein und erwarb sich dort viele gute Freunde. Und für die war Madsens alljährliches Weihnachts-Buffet mit hochedlen Fischdelikatessen und anderen Leckereien das Bonner Feier-Nonplusultra. Weil Madsen während der Adventszeit 1997 aber nicht mehr in Bonn sein durfte, sondern irgendwo anders auf dem großen, weiten Globus für sein Land Dienst tun mußte, gab er sich zum Abschied mit seinem spektakulären lukullischen Weihnachtsbuffet halt am 26. August, bei über 30 Grad im Schatten die Ehre. ...

In der Düsseldorfer Altstadt stand das teuerste und zugleich auch das vornehmste Lokal Westdeutschlands. Helmut Mattner, Deutschland-Manager des russischen Staatszirkus, schuf die „Datscha", ein russisches Stil-Lokal für piekfeine Leute mit dicker Brieftasche. Krimsekt und Champagner wurden hier aus nachgebildeten Zarenkronen geschlürft. Jeder Barhocker hatte einen Überzug aus Zobelpelz und kostete die „Kleinigkeit" von 13.000 Mark.

Insgeheim hatte Mattner auch mit der Bonner High-Society gerechnet, doch leisteten sich die feinen Leute aus der kleinen Residenz solchen Snob-Appeal nicht.

Nicht einmal in der nahegelegenen Spielbank Bad Neuenahr traf sich, was in Bonn Rang und Namen hatte. Kleine Kaufleute oder gutbezahlte Angestellte verspielten beim Ahr-Roulette ihre Tausender. Die Großen der Politik blieben stets fern. Man wollte nicht am Spieltisch gesehen werden. Der gute Ruf verpflichtete eben.

Nein, die Bonner Gesellschaft war nicht verrucht. Zwar stieg die Zahl der Nachtlokale ständig. Zeitweise existierten wohl Zwei Dutzend, aber nur wenige Politiker gab's, die dort die Sau raus ließen.

Einen von ihnen ereilte der Herzinfarkt im Schoße einer käuflichen Schönen. Die einschlägigen Lokale lebten ansonsten von der Bonner Geschäftswelt, von zugereisten Lebemännern aus der ländlichen Nachbarschaft oder von rangniedrigen Diplomaten. Man traute sich nicht in einer überschaubaren Stadt, vor den Augen der Kollegen, der politischen Konkurrenz oder den vielen Journalisten.

Wer's trotzdem nicht lassen konnte, der fuhr halt nach Köln oder ins noch verschwiegenere Düsseldorf.

Während in anderen europäischen Hauptstädten sogenannte „Salons" bestehen, wo unmoralische Spiele getrieben, wo Minderjährige von der örtlichen High-Society verführt werden, wo man auch die Partner tauscht, blieb Bonn vorbildlich und puritanisch. Nur wenige Politiker kamen in dieser Beziehung mit dem Gesetz in Konflikt. Dafür aber gab es immer mal wieder ein paar harmlose Playboys unter ihnen. Helmut Hausmann, einst liberaler Wirtschaftsminister, galt als ein solcher. Er steuerte einen feuerroten Ferrari, golfte in Monaco, ließ sich mit Tina Turner ablichten und mußte schließlich seinen Platz räumen. Für Ministerium und Partei hatte Hausmann zu wenig Zeit gehabt.

Wer absolut „in" war in Bonn, für den gab es am freien Abend über Jahrzehnte nur eine Adresse, zugleich ein absolutes Muß: Die Weinstube Maternus in Bad Godesberg galt und gilt auch heute noch als DAS Bonner Prominentenlokal schlechthin. Bei Frau Ria Alzen, geborene Maternus, gab sich allabendlich die High-Society oder das, was sich dafür hielt, ein Stelldichein. Umgeben von alten Zinnkannen, Messingleuchten und wertvollen schmiedeeisernen Arbeiten fühlte sich das politische Bonn bei „Ria" wie zuhause.

Ludwig Erhard hat hier seinen ersten Kanzler-Geburtstag gefeiert. Die Mende's kamen jede Woche mehrmals. Walter Scheel und Willy Brandt labten sich hier an Spezialitäten der renommierten Küche und des wohlsortierten Kellers.

Nicht selten saß zu später Stunde im Separe der ersten Etage noch so manche verschworene politische Gruppe beisammen. Nicht nur ein Minister ist bei Ria „geboren" worden. Kai-Uwe von Hassel's Karriere begann hier, und auch so manche Koalitionskrise hat in der Weinstube ihren Anfang genommen.

Bei Ria haben aber auch fast alle gekrönten Häupter und Regierungschefs dieser Welt getafelt.

In ihren Gästebüchern, nach dem Goldenen Buch der Stadt die wohl wertvollste deutsche Autogrammsammlung überhaupt, finden sich Hunderte berühmter Namen: de Gaulle, Kaiserin Soraya, Leonid Breschnew, Jimmy Carter undundund. ... Andererseits hat hier zu vorgerückter Stunde aber auch so mancher Politiker am Piano seine politische Karriere verspielt.

Die Prominenten-Wirtin, die fast die ganze internationale und sonstige Elite „bekocht" hat, ist zum Dank dafür auch schon mal selbst bei Prominenten zu Gast gewesen: Bundespräsident Richard von Weizsäcker lud Ria Maternus zum Essen in die Villa Hammerschmidt und Aristoteles Onassis bat die Wirtin gar zur Taufe seines Sprößlings nach Monaco.

Noch immer ist Ria mit Küsschen rechts und Küsschen links an Gästen, die ihre Freunde wurden, unermüdlich tätig. Ob sie demnächst ihre Memoiren niederschreiben wird oder dies womöglich bereits im Geheimen getan hat? Niemand jedoch muß vor Ria zittern. Stets hat sie absolute Diskretion geübt, und das wird sie auch fernerhin tun. Nur den Namen ihres allerliebsten Gastes, den gibt sie gerne preis: Rut Brandt. ...

6. Von „Wohnhosen" ... und durchgelatschten Schuhen

Wer hätte das von „Joschka" gedacht! Einst hat er im T-Shirt und auf Turnschuhen das Bonner Parlament schockiert, jetzt singen Deutschlands Modemacher Lobeshymnen auf den geläuterten Grünen: Überzeugend wechsle er zwischen schicker Freizeitkleidung und klassischem Dreiteiler aus edler Schurwolle. Mit seinen dezent feinen Anzügen und schwarzem T-Shirt darunter gab er plötzlich in Bonn die Moderichtung an. Lob auch, weil der neue deutsche Außenminister bei Auslandsbesuchen seine Krawatten farblich auf das Outfit seiner Gastgeber abzustimmen wusste.

Und auch Kanzler Schröder in seinen Luxus-Klamotten, dem Designer-Anzug von Kiton, einem 4000 Mark teuren Brioni-Cashmere-Mantel und dem erlesenen Schuhwerk aus Pferdeleder fand viel Beifall bei den deutschen Modezaren.

Fischer und Schröder kommen, auch jetzt in Berlin, überall an und nehmen damit modisch die Top-Rolle des einstigen Kanzlers Willy Brandt ein, der stets einer der bestangezogenen Bonner Prominenten gewesen ist.

Abends, vor dem Fernseher, hüllte sich Brandt gern in Sporthemd, Strickjacke und Hausschuh', doch tat er Dienst, kam er piekfein daher – wie französische oder italienische Spitzenpolitiker im Maßgeschneiderten.

Das Londoner Fachblatt „Tailor & Cutter" schwärmte: „Politiker aller Länder, zieht euch an wie Willy Brandt".

Auch Brandt's Krawatten, stets fein auf den Edelzwirn abgestimmt, waren klasse. Das deutsche Krawatteninstitut kürte Brandt 1967 zum „Krawattenmann des Jahres", weil er einer der wenigen Bonner Politiker war, die ihre Schlipse selbst einkauften. Als Brandt wieder einmal einen Krawattenladen betrat, breitete die hübsche Verkäuferin eine Riesenkollektion vor ihm aus und erkundigte sich, ob er an etwas Spezielles denke. Willy Brandt schmunzelte: „Das könnte ich Ihnen genau sagen; nur weiß ich nicht, ob Sie meine Meinung teilen." Die Verkäuferin hauchte errötend: „Ja sicher, Herr Brandt ...!"

Doch Brandt griff modisch auch schon mal voll daneben. 1968 zum Beispiel, führte er beim Diplomatenball Ghana's hübsche Botschafterin zum Tanz. Dabei schlotterte ihm die Smokinghose um die Beine, und die Schuhe waren durchgelatscht.

Die Fotos von damals lösten eine beispiellose Welle der „Hilfsbereitschaft" für den „armen" Bonner Außenminister aus: Bürger „bombardierten" Brandt förmlich mit Schuhen und Hosenträgern, so daß die Postzustellung Sonderschichten einlegen mußte.

Frau Rut sorgte eigentlich stets für einen gut gekleideten Willy. War Brandt in ihrer Abwesenheit aber mal auf sich selbst gestellt, dann konnte der Fall „Ghana" oder auch dies passieren: Zur Vereidigung seines ersten Kabinetts erschien die gesamte Ministerriege, wie üblich, im Cut beim Bundespräsidenten; nur der Kanzler selbst kam in Cut-*Hose* und in Frack-*Jacke*.

Benimm-Dame Erica von Pappritz raufte sich die Haare, Willy Brandt hatte aber ungewollt eine neue Bonner Modevariante erfunden: den Frack-Away.

Die langjährige Bonner Protokoll-Chefin v. Pappritz brachte den Damen der Bonner Gesellschaft zum Besuch der britischen Königin nicht nur den Hofknicks bei; sie hat sich auch modisch große Verdienste erworben: Theodor Heuss machte sie klar, daß man zum Frack keine Armbanduhr trägt und der eigenwillige Herbert Wehner ließ sich von ihr zu offiziellem Anlaß widerspruchslos das Eine über's andere Mal „fein machen". ...

Stets setzten das Institut für Herrenmode und Mode-"Zar" Rudolph Moshammer der Bonner Politiker-Prominenz energisch zu, mehr auf das äußere Erscheinungsbild zu achten und ihr dunkel-eintöniges Blau-Grau-Braun durch frischere Anzug-Farben zu ersetzen. Rudolph Moshammer befand: „Mit den meisten deutschen Politikern ist wirklich kein Staat zu machen. ... Schlechter gekleidet als sie sind nur noch die Abgeordneten im Europaparlament ...!"

Mit modischer Kritik sind natürlich die Anfangs-Grünen überhäuft worden, als sie in Gammellook und in Turnschuhen das Parlament schockierten und Präsidentin Rita Süssmuth eine Zeit lang überlegte, ob sie nicht doch eine Kleiderordnung für den Bundestag erlassen sollte. ...

Modische Kritik vor allem immer wieder auch an Kanzler Kohl. Alles „Deppern" von Frau Hannelore, sein grau-blaues Anzugseinerlei zu beenden und mindestens mal durch ein Einstecktuch oder durch eine mutig bunte Krawatte zu kaschieren, verhallte stets ungehört am Kanzlerohr.

Als die deutsche Mode-Jury Helmut Kohl auf den Platz 49, den vorletzten Rang ihrer jährlichen Mode-"Hitparade", setzte und ihm empfahl, endlich den Schneider zu wechseln, da tönte Kohls damaliger Sprecher Andreas Fritzenkötter ungerührt, sein oberster Chef sei doch Kanzler und kein Fotomodell. ...

Ganz schlimme Zeugnisse haben Deutschlands Modemacher während der 50 Bonner Jahre immer wieder Johannes Rau, seiner „Wohnhosen" wegen („in denen findet eine ganze Familie Platz"), ausstellen müssen.

Franz-Josef Strauß war völlig uneitel gewesen. Vergebens bemühten sich seine Wahlkampfberater, ihn geschniegelt und in figur-freundliche modische Maßanzüge zu zwängen.

Und dann erst Hans-Dietrich Genscher! Sein „Markenzeichen", der gelbe ärmellose Pullover, modisch völlig out, konnte vor den gestrengen Augen der Modeschöpfer genau so wenig bestehen wie Genschers Anzüge „von der

Stange" – ohne Chic und ohne Sitz. Deutschlands Marathon-Außenminister kaufte gern' „besonders preisgünstig" im Ausverkauf ein; bevorzugt bei C&A. ...

Schlecht weggekommen sind bei den deutschen Modeschöpfern stets auch die Damen der Bonner Society: Marianne von Weizsäcker ihrer geblümten „Muttchenkleider" wegen, Alexandra von Lambsdorff wintertags in völlig verfehltem dottergelben Sommerkleidchen, und auch Hannelore Kohl, Angela Merkel und Claudia Nolte wußten modisch nie zu überzeugen.

Oft ist Deutschlands Mode-Jury aber auch geteilter Meinung gewesen. So feierten zum Beispiel 800 Juroren den liberalen Generalsekretär Guido Westerwelle als „bestangezogenen Politiker Deutschlands", während der schon genannte Münchner Modezar Rudolph Moshammer völlig anderer Meinung war: „Hoffentlich ist Ihre Politik nicht so farblos, wie Sie ausschauen!"

Walter Scheel kam meist wie aus dem Ei gepellt daher. Aber der „Staatsmann vom Scheitel bis zur Sohle" konnte modisch auch danebengreifen, wenn er zum Beispiel in der afghanischen Sandwüste „dunkelblau" trug oder wenn er sich bei offiziellen Anlässen statt eines „kleinen Schwarzen" des hellblauen Blazers mit Silberknöpfen bediente.

7. Die stille Machtergreifung

Die Kanzler hätten nicht regieren, das Parlament hätte die Regierenden nicht kontrollieren können, gäbe es nicht die ihnen in treuer Pflichterfüllung an die Seite gestellten Beamten.

Konrad Adenauer hatte 1949 in seiner ersten Regierungserklärung gefordert: „Hauptsache ist, daß der ministerielle Apparat so klein wie möglich gehalten wird …!"

Seitdem ist der Wasserkopf Verwaltung von Jahr zu Jahr immer weiter gewachsen. 1952 beschäftigten die Bundesorgane 9.200 Beamte, 1990 waren es 25.000 gewesen und in Berlin und Bonn zusammen sind es jetzt 35.000. ...

Zu 5.500 Gesetzen und einer Unzahl von Verordnungen haben die Beamten während der 50 Bonner Jahre vielfaches Wissen beigetragen. Egon Bahr, langjähriger Sicherheitsexperte der Sozialdemokratie, sprach gern' von einer „stillen Machtergreifung" durch die Beamten. Bahr wörtlich: „Bürokraten sind unvermeidlich. ... Die unsrigen haben eine seltene Perfektion erreicht. ... Wir sind auch da inzwischen Weltspitze. ... Beachtlich, daß sich die Beamten noch immer den Luxus erlauben, sich Abgeordnete zu halten …!"

Und Deutschlands erster Kanzler, an sich kein großes Sprachgenie, formulierte sogar schwäbisch, um die von ihm nie sehr geliebte Beamtenschaft zu charakterisieren. Konrad Adenauer: „A bissele Liab und a bissele Treu' und a bissele Falschheit ist allweil' dabei …!"

Was wären Beamte ohne den kräftig wiehernden Amtsschimmel, der zuweilen köstliches Bürokratendeutsch formulieren läßt?:

„Fahrzeugführer müssen in der Lage sein, ihr Fahrzeug auf unterschiedlichen Straßen innerhalb und außerhalb geschlossener Ortschaften am Tage und in der Nacht bei unterschiedlicher Verkehrsdichte zu benutzen ...!"

Eine andere bundesrechtliche Vorschrift befindet schnörkellos: „Stirbt der Beamte während einer Dienstreise, ist dieselbe damit beendet ...!"

Kein Wunder, daß die Beamtenwitze in Bonn so zahlreich aus dem Boden schossen wie anderenorts die Ostfriesen- oder die Blondinen-Witze:

Kennen Sie das Beamten-Mikado? Wer sich zuerst bewegt, hat verloren. ... Deshalb werden Beamte auch nicht beerdigt, sondern umgebettet. ...

„Ich weiß gar nicht, was die Leute immer gegen uns Beamte haben. ... Wir tun doch nichts ...!"

Eine junge Inspektorin behauptet, im Büro geschwängert worden zu sein. „Das ist völlig ausgeschlossen!", befindet der Staatssekretär: „Erstens gibt es keinen, der hier mit *Liebe* bei der Sache ist. ... Zweitens ist bei uns noch nie etwas mit Hand und Fuß entstanden, und drittens: Wenn hier mal wirklich was entsteht, dauert es in jedem Fall länger als neun Monate ...!"

Wahrscheinlich sind die Beamten an solchen Witzen selber schuld. Schließlich hat einer der Ihren, Ministerialrat Dr. Walther Keim, in seinem vergnüglichen Buch „Der total perfekte Beamte" die „Goldene Beamtenregel" selbst erfunden: „Deligiere die Arbeit, wo und wann es immer geht. ... Wer selbst arbeitet, fällt auf und macht zwangsläufig Fehler ..."

Für den Beamten ist alles, aber auch wirklich alles, geregelt. Wenn er keine silbernen Löffel stiehlt, hat er als einzige Berufsspezies seinen Job sicher, und der Bundesfinanzminister hat auch festgelegt, wie viel sich der Bundesbürger seine Beamten kosten lassen muß: Derzeit sind es 4.444 Mark Brutto in der Gehaltsgruppe 5, 17.034 Mark in der Höchstgruppe B 9.

Bis zum Amtsgehalt des Bundespräsidenten (rund 29.000 Mark) oder gar dem EU-Kommissar in Brüssel mit 35.000 Mark zuzüglich freier Dienstwohnung, zwei Sekretärinnen und Dienst-Mercedes mit Chauffeur, ist es zwar noch ein weiter Weg; aber immerhin, und es kommt ja auch so manche weitere Vergünstigung hinzu, über die man nicht gerne spricht: die Ministerialzulage, einst Kleidergeld aus der Schatulle vom Alten Fritz, Rabatte beim Kauf von Autos oder beim Erwerb von Mobiliar und elektrischen Großgeräten, wie sie sonst nur noch Diplomaten zuteil werden.

Der Bundesfinanzminister hat für die dienstlichen Obliegenheiten seiner Beamten fast alles und jedes festgelegt: Der Minister muß Schriftstücke mit einem grünen, der Staatssekretär mit einem roten Stift abzeichnen. Der Abteilungsleiter bedient sich dazu eines blauen, der Unterabteilungsleiter eines braunen Schreibgerätes. Dem „gemeinen Beamtenvolk" darunter verbleibt nur der gewöhnliche Kugelschreiber.

Dienstwagen, die den Beamten des morgens zum Büro und des abends wieder nach Hause bringen, stellt die Fahrbereitschaft nur vom Ministerialdirektor an aufwärts zur Verfügung.

Ministerialräte haben weder Vorzimmer noch Sekretärin. Sie müssen ihr Telefon noch selbst bedienen.

Hat's der Beamte zu was gebracht, wird er natürlich auch mit zusätzlichem Bürokomfort belohnt.

Einfache dunkle Möbel werden dann gegen freundlich-helle ausgetauscht.

Die Größe eines Beamtenbüros und seine Ausstattung; auch das ist in den Richtlinien des Bundesfinanzministers auf vielen Seiten Buchstabe für Buchstabe, Bildchen für Bildchen und Blumenvase für Blumenvase genauso festgeschrieben wie das Verbot, in öffentlichen Verkehrsmitteln Akten zu studieren – der Fahrgast-Nachbar könnte mitlesen! – oder im Büro Papierkörbe mit Unrat zu befüllen, der dort nicht hinein gehört („Papierkörbe sind für Papier da!").

Natürlich hat der Beamte per Ukas auch darauf zu achten, daß Einrichtungsgegenstände nicht durch zu starkes Begießen von Pflanzen oder gar durch das Fehlen von Untersätzen beschädigt werden. ...

Beißt der Beamte schon vor seiner Pensionierung ins Gras, dann regelt ein Erlaß selbstverständlich auch, wieviel der zu früh Verblichene seinem Arbeitgeber wirklich wert gewesen ist – im Winterhalbjahr, wenn die Blumen teuer sind, jedenfalls mehr als während der preisgünstigeren Sommerblumenzeit, und der einfache Beamte natürlich auch weniger als sein Vorgesetzter; in den frühen Bonner Jahren nur zwischen 20 und 40, später immerhin schon bis zu 150 Mark.

Der Erlaß meint jedenfalls: „Dieser Spielraum setzt die Verwaltung in die Lage, unter Beachtung der gebotenen Sparsamkeit Kränze mit Schleife in einer der Ehrung des Toten angemessenen Ausführung zu beschaffen ..."

Übertriebene Bürokratie, meinen Sie? ... Nein, der fast immer zu einem Scherz aufgelegte langjährige Bundesernährungsminister und Landwirt Ignaz Kiechle wußte genau, was übertriebene Bürokratie wäre: „Wenn ein Bauer, der zwei Kühe besitzt, beide von der Regierung weggenommen bekommt ... Wenn die Regierung die erste erschießt, die zweite melkt und die Milch dann in den Ausguß gießt. ... Das wäre übertriebene Bürokratie ...!" Nun denn. ...

Mit Humor sollte die Nachwelt auch den Streit zur Kenntnis nehmen, den einst angeblich der damalige Minister Dr. Heiner Geissler (Jugend, Familie und Gesundheit) mit seinen Kollegen Dr. Friedrich Zimmermann (Inneres) und Dr. Manfred Wörner (Verteidigung) immer über die wichtige Frage geführt hat, welches Bonner Ministerium denn nun das älteste sei. ...

Heiner Geissler, so heißt es, habe immerhin auf Adam und Eva als den ersten Menschen verweisen können und daraus den Schluß gezogen, daß folglich das Ministerium für Jugend, Familie und Gesundheit über die längste Tradition verfüge. ... Demgegenüber Zimmermann: „Nein, zuerst war das Chaos. ... Der liebe Gott sorgte für Ordnung, und dafür bin ICH als Innenminister zuständig. ... Also existiert mein Haus am längsten. ..."

Wörner zu Zimmermann: „Nein, das ist nur zum Teil richtig. ... Vor der Ordnung war zwar das Chaos. ... Aber dafür bin ICH zuständig ...!"

8. Schwaben-Mafia Alpen-Churchill ...

Gemütliche Kneipen zum Wohlfühlen, wo man auch schon mal einen über den Durst trinken und zu später Stunde ein fröhliches Lied anstimmen konnte, waren die „Rheinlust", das „Mierscheidt" und „Die Provinz" gewesen. Hier haben die Politiker während ihrer ersten Bonner Jahre schon mal so richtig die Sau rausgelassen.

Nachdem jedoch die Bagger kamen und aus Kneipen Versicherungskonzerne wuchsen, seitdem war das Bonner Regierungsviertel kneipenmäßig verödet. Die politische Feiergesellschaft zog es hinter verschlossene Türen, bevorzugt in die „Botschaften", die Vertretungen der Bundesländer.

Hier tischten die Landesfürsten den Abgeordneten auf, was gut und teuer war: Deftiges, aber auch Lukullisches wie Hummer und wie Kaviar oder Bundesland-Übliches, erlesenste Weine und Champagner. Gourmet Oskar Lafontaine holte sich sogar einen hochbezahlten Sterne-Koch von der Saar zur Kollegen-Bewirtung nach Bonn.

Die Pflege heimatlichen Brauchtums war oft nur Vorwand und sollte die Sponsoren-Gelder nur noch üppiger fließen lassen.

Lukullischer Mittelpunkt all dessen war die Schlegelstraße 2 in Bonn, wo die fast allmächtige Schwabenmafia „regierte". Saß man hier zum Trost gegen Heimweh bei Schäufele mit Sauerkraut und möglichst vielen Viertele beisammen, dann spielten Parteiunterschiede keine Rolle, dann lag sich die mächtigste aller Landsmannschaften, die jahrzehntelang die meisten Schlüsselpositionen in Bonn besetzt hielt, weinselig in den Armen.

Ein junger Abgeordneter erkundigte sich bei einem altgedienten Kollegen, wie er sich denn wohl anstellen müsse, um schneller als üblich vom „Hinterbänkler" in eine der vorderen Abgeordnetenreihen aufrücken zu können. Der erfahrene Kollege riet: „Dauert Ihnen der ‚normale' Weg des Hochdienens zu lange, dann sollten Sie schnell Schwäbisch lernen ...!"

Einen Schwaben halten die Rheinländer für gemütlich, *zwei* Schwaben gerade noch für erträglich, *drei* aber schon für eine Zumutung. ...

Und mit diesen gastgebenden Rheinländern haben sich die Bonner Schwaben immer schwer getan. Umarmungen, Küsschen und Duzen, wie's der Rheinländer mag, sind dem Schwaben fremd, manchem sogar ein Greuel.

Anders als ihre bayerischen Landsleute haben nur wenige Schwaben während der 50 Bonner Jahre am Rhein gesiedelt. Ihre Heimat war stets und ausschließlich die Schwäbische Alb, Bonn und seine Umgebung blieb den meisten verschlossen. Hatte man frei, dann wurde nicht den Rhein entlang, durchs Siebengebirge oder in der Eifel gewandert, dann schoben sie lieber im Garten des eigenen Hauses den Rasenmäher vor sich her.

Die wenigen schwäbischen Gärten am Rhein zeichneten sich dadurch aus, daß dort keine Blumen blühten, sondern Kartoffeln reiften. Die Gärten waren von Hecken umgeben, und am liebsten hätten ihre Besitzer am Eingang auch noch die Kehrordnung für Flur und Treppenhaus aufgestellt.

Die prominentesten aller Bonner Schwaben waren Theodor Heuss, Kurt-Georg Kiesinger, Eugen Gerstenmaier, Carlo Schmid, „Cleverle" Lothar Späth, Klaus Kinkel und Wolfgang Schäuble gewesen. Sie alle gehörten in Bonn zu der Kategorie „Feierwütig". Hockten sie in der Landesvertretung beisammen, dann dauerte der Abend meist länger, als Kopf und Beinen zuträglich war.

Für solche Fälle standen vor der Schwabentür aber stets auch mehr Taxen als vor dem Bonner Hauptbahnhof bereit. Der Pförtner in der Schlegelstraße 2 kannte seine Pappenheimer halt.

Verstieg sich Hans Bott, „Persönlicher" von Theodor Heuss, mit Blick auf die Uhr schon mal zu einem resoluten „Mir gehet jetz ...!", so entschied Papa Heuss regelmäßig barsch: „Noi, mir bleibet hocke ...!"

Was das Feiern anlangt, so sollten die Schwaben als die ungekrönten „Weltmeister" in die Bonner Annalen eingehen. Mit besonderer Hingabe aber schlozzten sie reichlich Wein, wenn andere zu zahlen hatten. Sonst war oft Knausrigkeit angesagt.

Lud der schwäbische Generalleutnant Albert Schnez zum Federweißen, dann waren Flaschen und hausgemachte Zwiebelkuchen meist abgezählt.

Empfing Wolfgang Schäuble Gäste, hatte man Speis und Trank so knapp geordert, dass längst nicht jedermann auch nur ein einziges Getränk ergattern konnte.

Klaus Kinkel lief gern mit aufgebügeltem Fußball-Flikken auf der Hose umher. Der Außenminister ließ so Tintenflecken verdecken, denn der sparsame Schwabe benutzte stets nur Billigkugelschreiber, und deponierte sie aus Angst vor fremdem Zugriff in der rechten Hosentasche.

Besonders arg trieb's der einstige Bundestagspräsident Eugen Gerstenmaier mit seinem Geiz: Den Bau des Abgeordneten-Hochhauses, später von Kolumnist Walter Henkels zum Ärger des kleingewachsenen Gerstenmaier „Langer Eugen" getauft, vermochte der Schwabe nur durchzusetzen, weil er das Gebäude in schon bedenklicher Billigbauweise hochziehen ließ.

Selbst auf wichtigste Sicherheitsvorkehrungen, auf Feuerleitern zum Beispiel, wurde verzichtet.

Die „Sparsamkeit" des Schwaben Gerstenmaier kam den Steuerzahler teuer zu stehen: Schon nach wenigen Jahren waren Millionen für Nachrüstung und Erneuerung erforderlich.

... Und gegenüber die Bayern. ...

Heinrich Heine hat die Bayern „Kleingeister von der großartigsten Art" genannt. Kolumnist Walter Henkels beschrieb sie so: „Niemand möchte in Bonn die Bayern missen. Sie sind das Salz im Bundestag. ... Sie sind die originellsten, die spaßigsten und die humorvollsten Vertreter aller Landsmannschaften. ... Wie arm wäre der Bonner Parlamentarismus geblieben, hätte er nicht die, die am Weißwurscht-Äquator unter weißblauem Himmel zu Hause sind ...!"

Wie recht Heine und Henkels doch hatten! In den berühmten Bierkeller des Freistaates, da gingen sie lieber hin als in die einschlägigen Bonner Lokale „Salvator" oder „Bayrische Botschaft".

Genau gegenüber dem Sitz der Schwaben-Kollegen, da gab's auch bei ihnen das ganze Jahr über reichlich Anlaß zu Ausgelassenem. Hier hockten einträchtig nebeneinander, wer sich noch Stunden zuvor im Parlament heftig beharkt und gefetzt hatte.

Im Bierkeller der Bayern-Vertretung ist während der 50 Bonner Jahre so viel gesoffen und so laut gegrölt worden wie sonst nirgendwo in der Stadt. Hier gewährte CSU-MdB Dr. Kurt Falterhauser „preußischen" Kollegen Einblick in die bayerische Mentalität: „Wenn bei uns jemand in eine handfeste Wirtshausrauferei verwickelt ist, dann wird er deshalb von niemandem als Böswicht oder gar Außenseiter betrachtet; im Gegenteil: Man zollt ihm Respekt, weil er sich getraut hat. ... Heimliche Bewunderung für einen mutigen Angreifer hält einen Bayern auch nicht davon ab, nach Kräften gegenzuhalten, sich zu verteidigen und alles zu versuchen, was Maßkrug und Schwitzkasten hergeben ...!"

Der erst kurz vor Kohls Abgang geschaßte Regierungssprecher und Urbayer Peter Hausmann hat sich in Bonn nie wohl gefühlt. Er verstieg sich sogar zu der Behauptung „Extra Bavaria non est vita!", was so viel heißt wie „Außerhalb von Bayern gibt es kein Leben!" Während

seines Bonner Daseins hat der Münchner nach seinen eigenen Aussagen täglich „innere Heimatlosigkeit" durchleiden müssen.
Ersatz für fehlendes bayrisches Lebensgefühl bot abends immer wieder der Bierkeller in der Schlegelstraße. Hier, in ihrer weiß-blauen Botschaft, feierten die Bayern von 1956 an „rheinischen Fasching", den Oktoberbier-Anstich, den „Ball der Südländer", etwas dezenter „Fränkische Abende" oder besinnliche Stunden im Advent und bei jeder sich bietenden anderen Gelegenheit auch und überhaupt. ...
Im tiefen Keller der Bayernvertretung wurde für FJS die Bezeichnung „Alpen-Churchill" erfunden. Hier sprach Franz-Josef Strauß die Worte „Geld ist nicht so zahm wie ein Reh, sondern so geil wie ein Bock!", und hier verstieg er sich vor seiner Bonner Zeit zu der Falschaussage, er werde lieber in Grönland Apfelsinen züchten als in Bonn ein Regierungsamt zu übernehmen. ...
Der Bierkeller im Tiefgeschoß der Bayern-Vertretung war zwischenzeitlich auch mal zum historischen Ort geworden. Im Oktober 1966, Ludwig Erhard war noch Kanzler, fiel hier bereits die Entscheidung über dessen Sturz und die Bildung einer Großen Koalition zwischen CDU/CSU und den Sozialdemokraten. Hier, im Bayern-Keller, schmiedeten der damalige Ministerpräsident von Baden-Württemberg, Kurt-Georg Kiesinger, sein bayrischer Kollege Alfons Goppel, Franz-Josef Strauß (damals nicht in der Regierung, aber mächtiger CSU-Boß) und SPD-Oberstratege Herbert Wehner das Komplott gegen den ahnungslosen Erhard.
Die Bayern, sonst ja bekanntermaßen gottesfürchtige Leut', vermag selbst die Fastenzeit nicht von Feier-Exzessen abzuhalten. Staatsministerin Ursula Männle gab in ihrer Bonner Residenz die Losung aus: Es sei völlig falsch, die Fastenzeit nur mit Askese und Abstinenz zu verbinden. Die Wochen zwischen Aschermittwoch und Ostern hätten – dank sei den Mönchen! – durchaus auch angenehme Seiten.

Und der Prior von Kloster Andechs, Pater Anselm Bilgri, ergänzte: „Die Benediktiner umgingen das Verbot, sich Vierbeiniges einzuverleiben, indem sie ihre Ferkel bei der Geburt einfach ‹Karpfen› oder ‹Forelle› tauften!" Im übrigen hätten die Mönche in bayrischen Klöstern schon im 15. Jahrhundert als probaten Ersatz zum kargen Speiseplan der Fastenzeit das Starkbier erfunden.

Solch klare Worte fanden bei den Politikern in Bonn natürlich nur Wohlgefallen. Fortan frönten sie denn auch unerschrocken der bayrischen Klosterregel: „Flüssiges bricht das Fasten nicht", und gesundheitliche Bedenken gegen's Biertrinken ließen die wackeren Polit-Streiter vom Isar-Strand auch nicht aufkommen. Bernd Posselt, einer der Ihren, wußte ja schließlich: „Die Gefahren des Alkohols sind dort am geringsten, wo es einen vernünftigen und moderaten Bierkonsum gibt, und der ist in Bayern nun mal maßvoll ... Deshalb nennt man bei uns ja auch den Krug aus dem wir Bier trinken, eine Maß ...!"

Nicht Franz-Josef Strauß, nicht Ignaz Kiechle, nicht Richard Stücklen oder wer auch immer, sind in den 50 Bonner Jahren die urigsten, die originellsten bayerischen Abgeordneten gewesen. Nein, diese Ehrenbezeichnung gebührt Franz-Xaver Unertl, Gastwirt, Viehkaufmann und langjährigem CSU-MdB aus dem niederbayerischen Rottal.

Acht Jahre lang hat Unertl im Bundestag bravourös für bayrische Lebensart, für die Gastwirte, für den Viehhändlerbund, vor allem aber für bayrisches Bier, gekämpft; stets in freier Rede, einfach wie ihm der Schnabel gewachsen war.

Bei einer Debatte über die Umweltverträglichkeit von Kühlschränken stellte Unertl zum Beispiel fest, was in einem solchen Kühlschrank alles drin sein müsse: Bier und nochmals Bier, eisgekühlt und natürlich aus Bayern.

Unertl spottete im Bundestag über den damaligen Justizminister Gustav Heinemann, als dieser die 0,8-Promillegrenze einführen wollte: „Bei so schmalen Leuten wie dem Heinemann, der außer Milch und Selters nichts anderes an Feuchtigkeit zu sich nimmt, da wird es nach drei Bieren natürlich kritisch ...!"

Unertl aus Birnbach ist es auch gewesen, der bayrischen Gerstensaft und Weißwürscht im Bundeshausrestaurant auf die Karte setzen ließ. ...

Eigentlich hätten Geselligkeit, Bier und Schlemmereien in den Bonner Landesvertretungen nur eine Nebenrolle spielen sollen. Eigentlich war ihnen die Aufgabe zugeteilt, Arbeitsstätten für den Bundesrat, jenes eigenartige Parlament, zu sein, in dem die Landesfürsten verlesen, was ihnen die Referenten als Manuskript in die Hand drücken, für das es keinen Applaus gibt und wo Zwischenrufe genauso selten vorkommen wie Beifall.

Auch schallende Heiterkeit hat es im Bundesrat – ganz im Gegensatz zum Bundestag – während all der Jahrzehnte nur selten gegeben; zum Beispiel jedoch damals, als NRW-Innenminister Meyers eine Attacke gegen einen Gesetzestext ritt, der mit nebulösen Formulierungen Unterschiede aufzuzeigen bemüht war zwischen Eiscreme und Cremeeis, Rahmeis und Sahneeis, zwischen Einfacheis und Einfachcremeeis ... Heute, 40 Jahre später, sind solche Formulierungen leider selbstverständlich und die meisten finden es nur noch zum Heulen, wenn sie solcherart belehrt werden: „Bei Seelotsen gilt das erforderliche Hörvermögen als vorhanden, wenn auf dem dem Untersucher zugewandten schlechteren Ohr Flüstersprache auf drei Meter Entfernung oder auf fünf Meter Entfernung beim besseren Ohr verstanden wird ..."

Obwohl der Bundesrat den meisten vom Bundestag verabschiedeten Gesetzen zustimmen muß, bevor sie in Kraft treten können, hat die Öffentlichkeit jahrzehntelang nur wenig Notiz von der Zweiten Kammer genommen.

Bis weit in die 70er Jahre haben sich Bundesrat und Länder von den wirklich Regierenden, den Kanzlern und Bundesministern, stets schlecht informiert, ja, sogar ignoriert gefühlt.

Karl Arnold, einst CDU-Ministerpräsident in Nordrhein-Westfalen, stellte deshalb Ende der Fünfziger seinen Parteifreund Konrad Adenauer zur Rede: „Wir fühlen uns regelmäßig schlecht von Ihnen behandelt, Herr Bundeskanzler!"

Und was tat Adenauer? „Herr Ministerpräsident, da haben Sie ausnahmsweise einmal recht!", sprach's und ließ seinen Parteifreund einfach stehen. ...

Vor einiger Zeit hat sich das Verhältnis Bundestag-Bundesrat umgekehrt. Seitdem behindert und blockiert der Bundesrat mit seiner jeweiligen Mehrheit die Politik des Bundes, und das war von den geistigen Vätern, nicht den Mitgliedern des Parlamentarischen Rates, sondern vielmehr von den damals noch wirklich bestimmenden westlichen Alliierten, auch so gewollt.

Amerika, England und Frankreich hatten untereinander vereinbart, ein neuer westdeutscher Staat müsse unter allen Umständen daran gehindert werden, sich noch einmal zentralistisch, d.h., mit zu viel Machtfülle in einer Hand, zu organisieren.

Carlo Schmid, damals SPD-Fraktionsvorsitzender im Parlamentarischen Rat, erinnerte sich später: „Im übrigen wollten die Besatzungsoffiziere der Westmächte endlich einen Staat verwirklichen, den sie bei sich zu Hause nicht realisieren konnten; einen mit deutlich eingeschränkten Rechten für die Zentralregierung ... Deshalb wurden der Bundesregierung schwere Bleigewichte ans Bein gehängt ..."

Eines dieser „Bleigewichte" ist der Bundesrat der Länder mit weitreichenden Kompetenzen auf vielen Gebieten. Und dieses Bleigewicht schmerzt auch heute noch vor allem dort, wo fehlende Bundeskompetenz zu föderalistischem Durcheinander führt; im Kulturellen, in Schulfragen vor allem.

Der uns Deutschen von den Besatzungsmächten aufgezwungene Föderalismus treibt bis auf den heutigen Tag vielerorts seltsame Blüten, vor allem aber verschlingt er jedes Jahr Hunderte von Milliarden Mark, die sicherlich sinnvoller als für föderative Kleinstaaterei, für Mini-Bundesländer oder gar für publicity-süchtige Regierungspräsidenten Verwendung finden könnten.

9. Von Einpeitschern und Strippenziehern

Den Menschen draußen im Land sind sie so gut wie nicht bekannt. Sie halten auch kaum mal eine Rede im Bundestag, sprechen nur kurz zu Anträgen und Änderungen der Tagesordnung, und doch besitzen sie ein hohes Maß an Einfluß.

Ganz früher hatte jede Fraktion nur *einen* Parlamentarischen Geschäftsführer, später schon mal *zwei*, heute müssen es bei Union und Sozialdemokraten deren *vier* sein: Die Zahl der Sitzungen hat in jeder Legislaturperiode zugenommen. Noch nie zuvor gab's im Bundestag so viele Abgeordnete, so viele Ausschüsse und so viele Probleme.

Gestreßt wie kaum jemand anderes, hasten sie kreuz und quer durch die Abgeordneten-Reihen: Hier ein kurzes Gespräch mit dem politischen Gegner, dort ein Flüstern ins Parteifreunde-Ohr, dann ein Telefonat und schnell hinauf zum Präsidentenpult.

Die Flure hin zum Restaurant durchqueren sie nur im Laufschritt, bevor dann ihr fordernder Ruf erschallt: „Los, Kameraden, schnell zur Abstimmung ...!"

Obwohl die rastlosen Einpeitscher der Fraktionen viel für die eigenen Leute tun, sind sie bei denen nicht besonders gelitten. Ist der Zeitplan durcheinandergeraten, und das geschieht häufig, dann führen die „Parlamentarischen" ein besonders strenges Regiment, dann müssen sie die Rede des Kollegen schon mal abwürgen oder ihn bitten, das Produkt vielstündiger intensiver Vorbereitungen einfach in den Papierkorb zu werfen.

Verfasser der im Parlament gehaltenen oder auch nicht gehaltenen Reden sind meist die „Assis", die Assistenten der Abgeordneten. Sie sind für alles und jedes im Politiker-Alltag verantwortlich.

Sie feilen an politischen Grundsatzpapieren, spielen zuweilen aber auch Babysitter bei „ihrem" Abgeordneten, schmieren Brötchen und kochen Kaffee, sie buchen Reisen und sind, wie CSU-MdB Hermann Fellner einmal formulierte, „zu g'scheit, um selbst Politiker zu werden". ...

Die Hilfskraft beim Abgeordneten gibt es seit 1969. Damals angesichts immer größer werdender Papierberge, genehmigten sie sich die sogenannte „Mitarbeiter-Pauschale". Sie ermöglicht ihnen die Einstellung eines „Assi", ohne dadurch das eigene Einkommen schmälern zu müssen.

Zuerst waren es Sekretärinnen gewesen. Später kamen wissenschaftliche Mitarbeiter hinzu. Zuletzt wirkten und werkten 1.250 meist kluge Köpfe für die Abgeordneten im Bonner Parlament.

Abgeordnetenmitarbeiter müssen vorplanen, mitdenken, koordinieren, allzu lästige Mitmenschen gelegentlich auch schon mal abwimmeln. Sie sind wandelnde Terminkalender, Denkfabriken, auf jeden Fall auch gute Geister. Die meisten von ihnen haben studiert, oft kommen sie aus dem Wahlkreis des Chefs, einige dürfen ihren MdB sogar duzen.

Und ihr Tun wird im Schnitt nicht schlecht bezahlt. 630-Mark-Verträge sind die Ausnahme, bis 8.000 Mark brutto durchaus möglich. Hinzu kommen Vergünstigungen der verschiedensten Art.

Der oder die Abgeordnete nimmt den Assi häufig mit zu Empfängen oder anderen Veranstaltungen, Karten fürs Konzert oder für die Oper fallen ab, vor allem aber sind nach einigen Jahren die vielen guten Kontakte ein wichtiges Pfund, mit dem der Mitarbeiter im Bewerbungsfall wuchern kann.

Nicht wenige Abgeordnetenmitarbeiter wechseln nach einigen Dienstjahren für den MdB auf die andere Seite;

ins Lager der Lobbyisten, jener Menschen, die sich auf Empfängen, beim Politiker-Skat, auf der Jagd, beim Tennis, beim Golfen, bei allen sich bietenden Gelegenheiten, auf leisen Sohlen an die einflußreichsten Politiker heranmachen, um sie für Pläne und Absichten ihrer Auftraggeber zu gewinnen oder um sie bei einem anstehenden Gesetz in der einen oder anderen Richtung zu beeinflussen.

Je erfolgreicher ihr Tun, desto höher die Gehälter und desto längerfristig auch die Verträge der Lobbyisten. Einige von ihnen stehen am Monatsende besser da als der Kanzler – unbare Vorteile nicht eingerechnet. ...

Das Wort „Lobby" stammt aus dem Englischen. Ursprünglich bedeutete es „Vorzimmer", jetzt aber bezeichnet man so die Wandelhalle im britischen Unterhaus, im Capitol in Washington oder auch im Deutschen Bundestag.

Daraus abgewandelt ist das Wort Lobbyismus. Es meint Informationsbeschaffung und Einflußnahme auf staatliches Handeln, auf Parlamentarier und Regierungsmitglieder, oft ein wenig am Rande der Legalität. ...

Seit dem Jahr 1972 werden die Interessenvertreter am Sitz des Deutschen Bundestages registriert. Das Parlament wollte damals wissen, mit wem man es zu tun hatte. Immerhin waren in Bonn zuletzt 1.600 Lobbyisten tätig. Hinzuzunehmen sind fast 10.000 Mitarbeiter, meist genauso gewieft und ausgebufft wie ihre Chefs; nur daß sie nicht registriert und nicht namentlich bekannt sind. Sie bleiben meist im Hintergrund.

Lobbyisten gibt's für den „Verein Traubensaft", für den „Zweckverband organisch-mineralische Düngemittel", für den „Fußgängerschutzbund", aber auch von 33 verschiedenen Ärzte-Organisatoren, von 29 Ingenieurs-Verbänden oder 16 Lehrer-Vereinigungen.

Wer allerdings glaubt, die Lobbyisten würden das schreckliche deutsche Vereinsmeier- und Verbandshuberwesen völlig abdecken, der irrt gewaltig: Der Deutsche

Fußball-Bund zum Beispiel verzichtete lange Zeit auf eine Bonner Lobby und ließ sich erst für die WM-Bewerbung 2006 am Rhein nieder, weil auch die mächtige Sportabteilung des Innenministeriums nicht mit nach Berlin ging. Auch Karnevalisten, Skatbünde, Sterngucker-Vereinigungen, Laienspielscharen oder Spaziergänger-Lobbyisten waren in Bonn nicht, sind aber bei der Europäischen Gemeinschaft in Brüssel registriert.

Brüssel stellt die Zahl der Bonner Lobbyisten übrigens noch weit in den Schatten. Dort soll es fünfmal so viele wie in Bonn geben, und Bestechungsgelder fließen bekanntermaßen in Brüssel nicht zu knapp. Am Sitz der Europäischen Union geht es für die Wirtschaftsmächte USA, Japan, China und Korea allerdings auch um Sein oder Nichtsein, um hunderte von Milliarden Dollar.

Kaum ein Anlaß, bei dem die Lobbyisten nicht die Gunst der Stunde und vor allem der Medien für ihre Zwecke nutzten.

Als seinerzeit die Brandt-Scheel-Regierung antrat, da schickte die deutsche Schuhwarenindustrie an Kanzler und Vizekanzler nicht nur je ein Paar „Lauflernschuhe" als „Starthilfen" für die neue Regierung, sondern zur Übergabe auch einen Fotografen.

Die Bilder gingen damals um die ganze Welt und der Hersteller, sein Markenzeichen war auf den Fotos zu sehen, konnte mit Kanzler und „Vize" kostenlos werben ... 1998, bei Schröder und Trittin, das gleiche noch einmal. ...

Nicht Verpackungskünstler Christo, nein, Gardinenhersteller aus dem sächsischen Vogtland kamen nach Bonn, um Helmut Kohl in die längste Gardine der Welt zu wickeln.

Kohl und Genscher fanden eines Tages auf ihren Schreibtischen Päckchen, prall gefüllt mit Präservativen, vor. Schrieb die Verhütungsmittelindustrie dazu: Beide Spitzenpolitiker sollten sich des Beiliegenden reichlich bedienen, damit die Wiedergeburt des „roten Zeitalters" noch möglichst lange auf sich warten lasse. ...

Auch mit Protesten sind Lobbyisten schnell bei der Hand. Empfiehlt das Bundesgesundheitsministerium zur Weihnachtszeit, Süßigkeiten nur in Maßen zu konsumieren, stehen die Vertreter der Zucker-und Süßwarenindustrie sogleich auf der Matte.

Geißelt ein Politiker den Arzneimittelmißbrauch, melden sich Ärzteschaft und Pharma-Industrie zu Wort. Empfiehlt eine Broschüre „Fit in die Zukunft", nur frische Lebensmittel zu verwenden, ruft das die Konservenhersteller auf den Plan.

Der langjährige Bonner Ernährungsminister Josef Ertl war mal auf einem Pressefoto zu sehen, auf dem ihn eine Kuh am Hinterteil leckte. ... Der Minister angesichts der vielen Lobbyisten-Wünsche, die der hohen landwirtschaftlichen Subventionen wegen immer an ihn herangetragen wurden: „So wie dieser Kuh soll es jedem ‚Rindvieh' gehen, das zu viel von mir will ...!"

Die meisten Lobbyisten allerdings arbeiten inzwischen mit den Politikern eng und vertrauensvoll zusammen. Von Bestechungsversuchen, wie sie in den Bonner Anfangsjahren an der Tagesordnung waren, ist schon lange nicht mehr die Rede. Die meisten Lobbyisten, die Verbände und Wirtschaftsgruppen die letzten Jahrzehnte über nach Bonn geschickt hatten, waren hochkompetente Fachleute, deren spezielles Wissen für die Politik hilfreich und bei zahllosen Hearings zur Vorbereitung von Gesetzen und Verordnungen gefragt war.

**

Schon die römischen Potentaten nahmen sich Redenschreiber, wenn sie das „gemeine Volk" mit wohlgesetzten Worten einzulullen trachteten.

Die Pariser Schriftsteller des 19. Jahrhunderts beschäftigten sogenannte „Lohnschreiber".

Ohne sie hätte der damalige Literaturbetrieb nicht funktioniert.

Heutzutage sind Spitzenpolitiker zu sehr beschäftigt, um ihre Reden noch selbst formulieren zu können. Helmut Kohl hat während seiner 16 Kanzlerjahre mehr als 2.000 mal vor Publikum gesprochen.

Ohne hochbezahlte „Ghostwriter" („Geisterschreiber"), deren Identität meist im Dunklen bleibt, hätte sich ein Bundespräsident Heinrich Lübke wahrscheinlich nicht nur einmal bis auf die Knochen blamiert. Ohne sie wäre Politik in Deutschland und anderswo heutzutage nicht mehr möglich.

Inzwischen werden die meisten Politiker-Reden in ihren Kernaussagen von Fachreferenten verfaßt. Den besonderen Touch, der eine Rede gelegentlich zum ganz großen Wurf werden und sie Schlagzeilen machen läßt, gibt ihr dann der Ghostwriter.

Thilo von Trotha, langjähriger Berater von Helmut Schmidt, ist einer der besten Redenschreiber gewesen. Heute sitzt er in Bonn-Bad Godesberg, vermittelt seine „Rent a Ghost"-Dienste an zahlungskräftiges Publikum, vor allem aus der Wirtschaft, und verdient sich „dot und dusslich".

Andere tun's ihm gleich. Einige beschäftigen ganze Heerscharen von Lohnschreibern in regelrechten Schreiber-Werkstätten. Gelegentlich zählen auch heute noch Spitzenpolitiker zu von Trothas Kunden – besonders dann, wenn die Rede wie eine Bombe einschlagen muß.

Ghostwriter haben dafür gesorgt, daß sich eine ganze Menge deutscher Politiker bei der Formulierung ihrer geistigen Ergüsse nicht in jenem Maße blamieren mußten, wie dies der amerikanische Präsident George Washington tat, bevor seine Gedanken vom späteren Nachfolger Thomas Jefferson zu Papier gebracht wurden.

Theodor Heuss hat einen Ghostwriter stets abgelehnt. Aber er ließ sich seine selbst gefertigten Reden doch von einem Mitarbeiter „entheussen", d.h., so vereinfachen, daß sie von jedermann verstanden wurden.

Ähnliche Probleme hatte Walter Scheel. Auch seine Schreibe war für den „Normalbürger" zu „barock".

Willy Brandt verfügte über einen ganzen Schreiberstab, doch formulierte er hinterher an deren Texten so vieles um, daß sich diese schon glücklich schätzen durften, wenn sie ihren Entwurf am Ende überhaupt noch wiedererkannten.

Ob wahr oder nur Bonmot; auf jeden Fall ist diese kleine Geschichte von einem langjährigen Minister, der sich seine Reden stets vorbereiten ließ, das Manuskript aber dann doch niemals benutzte, sondern stets frei daher redete, gut erfunden. ...

Nur einmal, als er sich nicht so sehr wohlfühlte, wollte der Minister auf das Manuskript seines Redenschreibers zurückgreifen, doch standen da auf Seite 3 statt eines ausführlichen Textes nur die Worte: „Du hast das vorbereitete Manuskript bisher nie benutzt; hilf Dir deshalb auch jetzt selber ...!"

Ja, Helfer ihrer Chefs sind sie alle; die mit den 630-Mark-Jobs genauso wie die Männer aus den Brain-Trusts, die für die Ranghöchsten der Politik zu schaffen die Ehre haben.

Die Großkopfeten jedweder Colour verstanden es stets und ohne Ausnahme, sich mit grauen Eminenzen zu umgeben, die in Bonn in den Vorhallen der Macht fast geräuschlos agierten.

Da ist zunächst vor allem Adenauer-Staatssekretär Hans Globke zu nennen. Jeden Nachmittag, den der liebe Gott werden ließ, unternahmen der Kanzler und er einen fast einstündigen Spaziergang durch den herrlichen Park des Palais Schaumburg. Adenauer hatte diese Art von „Arbeitsgang" erfunden, weil er nur da sicher war, nicht von ungebetenen Zuhörern belauscht zu werden.

Adenauer und Globke wickelten die meisten ihrer Staatsgeschäfte im Garten ab – unter vier Augen. Großer Vorteil: Es gab keine Zeugen, aber auch Notizen über das Besprochene standen nie zur Verfügung. Deutschlands erster Kanzler hat die meisten seiner wichtigen politischen Entscheidungen, an denen überhaupt eine zweite Person mitwirken durfte, im Tet-a-Tet mit Globke, dem nicht unumstrittenen Kommentator der Nürnberger Rassengesetze, getroffen.

Globke führte, nicht zuletzt seiner Vergangenheit wegen, geschickt Regie aus dem Hintergrund. Obwohl er über alle Details anfänglicher deutscher Politik wie kein Zweiter neben Adenauer informiert war; Globke gab niemals Interviews. Stand er wirklich einmal kurzzeitig im Blickpunkt der Öffentlichkeit, dann hatte ihn seine Vergangenheit wieder eingeholt. ...

Eingeweihte nannten Adenauers Kanzlerjahre nicht ohne Berechtigung die „Ära Globke".

Fast genauso viel Einfluß beim „Alten" aus Rhöndorf hatte Robert Pferdmenges, der große Schweiger und langjährige Alterspräsident des Bundestages, der während 13 langer Parlamentsjahre nur ein einziges Mal am Rednerpult gestanden hat.

Bankier Pferdmenges, der reichste aller Bundestagsabgeordneten, der Zigarillos rauchte und die Stummel vor dem Plenarsaal ablegte, um sie hinterher weiter zu rauchen, ist der einzige Mensch gewesen, mit dem sich Adenauer neben seinen Familienangehörigen duzte.

Für Deutschlands ersten Nachkriegskanzler, sonst nie besonders tolerant, hat keine Rolle gespielt, daß Pferdmenges Großonkel jener Friedrich Engels aus Wuppertal gewesen ist, der zusammen mit Karl Marx kommunistische Geschichte schrieb.

Die enge Beziehung Adenauer-Pferdmenges wird durch diese kleine Episode aus dem Jahr 1957 besonders deutlich:

Damals fragte Adenauer seinen Freund Pferdmenges, was er von Ludwig Erhard als Vizekanzler halte. Pferdmenges sagte, er habe keine Bedenken. ...

Ob man ihm, so wollte Adenauer weiter wissen, denn wohl auch den Vorsitz im Wirtschaftskabinett übertragen könne ... Auch dagegen hatte Pferdmenges nichts einzuwenden, wenn man Erhard – wie er sagte – nur nicht zu viele Vollmachten gebe. ...

Nach einer kurzen Pause insistierte Adenauer weiter: „Mal Hand aufs Herz, Pferdmenges, würdest Du dem Erhard denn Dein gutes Geld anvertrauen?" Wie aus der Pistole geschossen, kam's zurück: „Nein, Konrad, Dir aber auch nicht ...!"

Adenauers Nachfolger Ludwig Erhard hatte seinen Wirtschaftsstaatssekretär Ludgar Westrick als engsten Berater. Aber dem waren Ränkespiele um und mit der Macht genauso suspekt wie seinem Herren und Meister. Zudem erlaubte sich Westrick Eifersüchteleien mit Pressechef Hohmann, dessen gutes Verhältnis zur Presse sich allerdings auf Erhard-hörige Schreiber beschränkte.

Niemand war in Erhards Umgebung, der den Vater des Wirtschaftswunders als Kanzler managte und ins rechte Licht hätte rücken können. Kein Wunder also, daß der von Adenauer Nichtgewollte schon nach kurzer Amtszeit in eine Fülle offener Messer lief.

Kurt-Georg Kiesinger, eitel vom Scheitel bis zur Sohle, duldete niemanden mit Einfluß neben sich; schon gar keine „Graue Eminenz". „König Silberzunge", wie man ihn nannte, hat sich stets selbst als „unangreifbare graue Eminenz" betrachtet. ...

Willy Brandt, Helmut Schmidt und Herbert Wehner umgaben sich mit den größten Schlitzohren als Berater, die in all den Jahren auf der Bonner Bühne tätig gewesen sind: mit dem in höchstem Maße von sich eingenommenen „Hotte" Horst Ehmke (Losung „Egal, wohin mit mir ... ein Ehmke wird immer gebraucht!"), mit Egon Bahr, dem Vorbereiter von Brandts neuer Ostpolitik, vom Volksmund „Tricky Egon", ja, sogar „Lügen-Egon" genannt, vor allem und an erster Stelle aber mit dem stets in politischen Grauzonen operierenden Karl Wienand.

In den 70er und 80er Jahren, als es darum ging, über die DDR-Grenze hinweg, Fäden nach Ostberlin zu spinnen und mehrere tausend politische DDR-Häftlinge – manchmal wurden den Bonnern auch Kriminelle untergejubelt – gegen ein Kopfgeld von je 40.000 Mark in die

BRD freizukaufen, da legte Wienand offenbar den Grundstein für seine spätere Verurteilung durch das Düsseldorfer Oberlandesgericht, weil er nach Meinung der Richter jahrelang viele SPD-Interna und politische Lageeinschätzungen über einen Stasiführungsoffizier an die DDR verraten hatte.

Wienand erhielt damals eine hohe Geld- und Gefängnisstrafe. Dabei attestierten ihm die Richter allerdings, keine wirklichen Staatsgeheimnisse verraten, jedoch erheblichen Vertrauensbruch gegenüber seinen SPD-Freunden begangen zu haben.

In schiefes Licht geraten war Wienand schon früher in einer nie richtig aufgeklärten Waffenschieber-Affäre in „seinem" Rhein-Sieg-Kreis, wo der dortige Amtsbürgermeister und Kreisvorsitzende mit Zuckerbrot und Peitsche fast zwei Jahrzehnte lang unumstritten herrschte.

Wienand verstrickte sich auch in die sogenannte Steiner-Affäre. Bei der Abstimmung über das Mißtrauensvotum gegen Kanzler Willy Brandt im April 1972 hatte der CDU-Abgeordnete Steiner im Bundestag für Brandt gestimmt; angeblich gegen Zahlung von 50.000 Mark durch Wienand.

In einem Parlamentarischen Untersuchungsverfahren konnte sich Wienand zwar entlasten – ein Ermittlungsverfahren gegen ihn wurde eingestellt; endgültige Klarheit lieferte aber erst 1993 der Strafprozeß gegen den früheren DDR-Spionagechef Markus Wolf. Das Bestechungsgeld war dem CDU-Abgeordneten Steiner seinerzeit von der Stasi zugesteckt worden. Stasi und Wienand?! – Der Kreis schließt sich. ...

Auf Helmut Kohl, den 16 lange Jahre regierenden Bonner Rekordkanzler, hatte wohl kein Mensch so viel Einfluß wie dessen „Persönliche" Juliane Weber. Aber Kohl umgab sich stets mit einem ganzen Sack voll engster Berater.

Da war vor allem sein getreuer Ekkehard, Intimus, Souffleur und Nudel-Spezi „Carbonara Ackervater". Der mit der dicken Brille, zuletzt halbblind, ist stets auch ein wenig Freund des Helmut Kohl gewesen.

Ackermann hatte zuvor schon vier Fraktionsvorsitzenden der Union, von Heinrich Krone bis Karl Carstens, gedient. Obwohl fast 40 Jahre lang Pannenhelfer und Ausputzer, gibt es über Ackermann, den stets Loyalen, keine Skandale und keine Ausrutscher zu berichten. Nur in seinem heißgeliebten Lana in Südtirol, da konnte es ab und an schon mal passieren, daß er, des nachts voll des Weines, nicht mehr allein von der Jausenstation heim ins Bett der Pension „Villa Arnica" fand. Nicht einmal wirklich skandalöse Gerüchte wurden über Ackermann geflüstert. Der stille, zugleich aber auch unüberhörbare Kanzlerhelfer handelte stets mit großer Sachkunde und völlig uneigennützig. Wer ihm etwas anzuhängen versuchte, der hatte die Rechnung ohne Ziehvater Helmut Kohl gemacht.

Eine der „Großtaten" des Eduard Ackermann: Nachdem Kohls Gästebett in Peking dem stark übergewichtigen deutschen Kanzler nicht standgehalten hatte, wurde „Carbonara" rechtzeitig vor einem Kohl-Besuch in England in „geheimer Mission" auf die Insel geschickt, um die Tragfähigkeit der dortigen Hotelbetten durch Probeliegen zu erkunden.

Und dann hatte Helmut Kohl kurzzeitig ja auch noch seinen unvergessenen außenpolitischen Berater Horst Teltschik, von Tricksy-Genscher (FDP) allerdings schnell zu Bertelsmann nach Gütersloh weggelobt, nachdem er in Genschers Außenamt zum unerträglichen Horchposten des CDU-Kanzlers geworden war.

Teltschik ist einer der wenigen politischen Berater in Bonn gewesen, dem ein Wechsel in die Wirtschaft richtig Knete gebracht hat. Schon bei Bertelsmann Spitzenmanager mit Spitzengehalt, klingelten danach bei BMW stolze 1,6 Millionen in Teltschiks jährlicher Lohntüte – viermal so viel wie Ex-Chef Kohl zu Frau Hannelore nach Hause trug.

Gerhard Schröders unkonventionelle „Denk- und Berater-Fabrik" ist nur ganz kurze Zeit von Bodo Hombach, dem 1,92 Meter langen Schwergewicht, gelenkt worden, von Johannes Rau für die Politik entdeckt, bevor er ins Kosovo weggelobt wurde. Hombach, der am liebsten „die ganze bundesdeutsche Malefiz-Gesellschaft" reformiert hätte, gab sich gerne als der Erfinder des Rau-Wortes „Versöhnen statt spalten", doch verstand Hombach es auch blendend, seine Ellenbogen zu gebrauchen.

Während der ersten drei Bonner Jahrzehnte hatte man die Pressesprecher der Bundesregierungen auch noch zu den engsten Beratern ihrer obersten Chefs rechnen dürfen. Felix von Eckardt, Hans-Günther von Hase, Klaus Bölling und Conny Ahlers wußten, wann immer sie vor die Bonner Journalisten traten, wovon sie redeten. Sie besaßen noch wirklich das Ohr ihrer Chefs.

Was danach kam, naja. Die meisten gehörten nicht mehr zu irgendwelchen Brain-Trusts, sondern dokumentierten durch Uninformiertheit, zum Teil auch durch Hilflosigkeit, eher schon Brain-Frust. Kohl und Schmidt handelten nach der Devise: „Das bißchen, was ich mitzuteilen habe, mach' ich schon selbst ...!"

So mußten sich denn die meisten der Bonner Regierungssprecher nachsagen lassen, es sei sinnlos, ihre dreimal in der Woche stattfindenden Pressekonferenzen zu besuchen. Fast nie gingen ihre Auskünfte über vage Andeutungen oder Interpretationen der offiziellen Regierungsmitteilungen hinaus.

Und so wurden sie von der Bonner Journaille auch persönlich attackiert. Kurt Becker empfand sich schon nach kurzer Sprecher-Tätigkeit als „Fußmatte der Nation" und resignierte. Conny Ahlers betrachtete seinen Job als „Himmelfahrtskommando", Peter Hausmann, der schwergewichtige vorletzte Pressesprecher der Kohl-Ära, wußte nie Bescheid, ganz gleichgültig, was die Journalisten ihn auch fragten.

Und dann erst der „Allerletzte" der Kohl-Ära: Ebenfalls von jeglicher Kanzler-Information unbeleckt, quatschte Otto Hauser, nebenbei auch noch Bundestagsabgeordneter, munter drauflos und „verkaufte" mehr die eigene Meinung als die seines obersten Chefs. Logischerweise hüpfte Hauser von Fettnäpfchen zu Fettnäpfchen.

Als sich die miserablen Unions-Umfragen bei der Bundestagswahl 1998 schließlich bestätigten, war Hausers viermonatiger Auftritt automatisch beendet. Sein Lohn für schlecht getane Arbeit: Vorzeitiger Ruhestand mit 47 Jahren und 75 % der letzten Bezüge. ...

Mit Ausnahme von Felix von Eckardt und Hans-Günther Hase trugen alle Bonner Regierungssprecher schwere Narben davon. Aber sie trugen diese Narben stets stellvertretend für ihre Chefs, die eigentlich getroffen werden sollten.

10. Dritte Weltmacht Presse

„Wie spät wird's heute werden?" fragte Nowatscheck. „Wenn nicht noch später ...!" flachste Karl-Heinz Kirchner zurück.

Nowatscheck trug für solche Fälle den Schlafanzug direkt unter der Kellnerjacke. Er war der Lieblings-„Ober" aller Journalisten im Bundestags-Restaurant. Kirchner vertrat, zusammen mit Hermann Otto Bolesch, dem Spaßvogel aus dem Osten, das Berliner Boulevard-Blatt „BZ".

Kirchner hatte für den nächsten Tag noch nichts Rechtes „auf der Pfanne" ... Sollte alles Warten bis zum Schluß vergebens bleiben, würde sich Kirchner nachher in sein Büro in der Baracke VI zurückziehen und noch ein wenig hinzuerfinden zu seinem Thema von morgen, damit's auch schön „rund" würde: Immer vorsichtig spekulieren und formulieren, auf daß den Chefs in der Berliner Provinz nur kein Dementi auf den Tisch flattere. ...

Aber jetzt, während der Zeit der Regierungsneubildung, konnte man ohnehin fast alles schreiben: Wer mit wem, wenn und aber, keine Namen, immer hübsch die „gewöhnlich gut informierten Kreise" zitieren oder „aus der Umgebung der Unions-Führung" verlauten lassen. ... Dann konnte einem keiner, und im übrigen waren die Herren Politiker jetzt so sehr mit sich selbst beschäftigt, daß für Dementis ohnehin keine Zeit blieb. ...

Wie meinte doch Konrad Adenauer? „Is mir schnurz und piepe, wat die da zusammenschmieren ...!"

Und bei anderer Gelegenheit: „Macht Dir eine Zeitung Kummer, denk' dran: Morgen kommt 'ne neue Nummer ...!"

In den Gründerjahren der Nachkriegs-Republik zahlten die Verlage ihren Bonner Korrespondenten hundsmiserable Honorare.

Die meisten Zeitungen waren damals noch von Parteien abhängige „Lizenzblätter" der westlichen Alliierten. Viele, vor allem die der Kommunisten und der Sozis, nagten am Hungertuch. Das ist heute, angesichts gigantischer Anzeigen-Aufkommen, fast unvorstellbar, aber wahr. 300 Mark im Monat waren damals ein durchaus nicht unübliches Durchschnitts-Honorar. Auch für die Verhältnisse von damals alles andere als üppig, auf jeden Fall aber zu wenig, um sich eigene vier Wände leisten zu können. Also stand die Schreibmaschine bei nicht wenigen Korrespondenten der ersten Stunde im Büro, direkt neben Bett und Koffer. Ein wackliger Schreibtisch, Marke Vorwährungszeit, gehörte zum bundes-bereitgestellten Inventar.

In den hellhörigen Baracken gegenüber vom Bundeshaus fand so ziemlich alles statt, was hatte stattfinden können: Da wurde nicht nur telefoniert, bis die Drähte glühten, auch (Faxgeräte gab's ja noch nicht!) geschrieben wurde natürlich, aber da wurden auch zarte Bande geknüpft, nur wenig geschlafen, dafür aber zünftig gezecht. Ein leises Klopfen an der Wand des Nachbar-Büros, und der Kollege eilte – notfalls auch im Pyjama, – mit 'ner Pulle Bier oder Wein unter'm Arm – zum zünftigen Männerskat nach nebenan.

In den Pressehütten von damals – sie beherbergten zum Schluß Teile der Bundestagsverwaltung und die Bannmeilenpolizei – verloschen die Lichter, wenn überhaupt, erst spät in der Nacht. ...

Unter den Korrespondenten der ersten Stunde gab's noch echte Freundschaften. Man half sich gegenseitig, ließ den „Neuen" von nebenan auch schon mal abschreiben ... Konkurrenzkampf, wie später, vor allem dann in Berlin, spielte kaum eine Rolle.

Ihre Informationen holten sich die Bonner Korrespondenten, von Nowatscheck liebevoll betreut, damals vorwiegend am Pressetisch im Bundeshausrestaurant, durch Plüschvorhänge vom Abgeordnetenteil getrennt.

Damals waren noch Marathon- und Nachtsitzungen im Bonner Parlament üblich. So fungierte der Pressetisch im Bundestagsrestaurant von Montag bis Freitag fast rund um die Uhr als zentrale Nachrichten- und Tratschbörse. Hier, im direkten Gespräch mit den Politikern, erfuhren die Korrespondenten weitaus mehr Verwertbares als in den dreimal die Woche stattfindenden, meist zum Gähnen langweiligen Regierungs-Pressekonferenzen, die für die Agenturen und die ganz großen Blätter zwar ein Muß waren, die zum Schluß aber immer spärlicher besucht wurden; es sei denn, der Kanzler, der Oppositionsführer oder eine andere „Leuchte" gab sich wieder mal die Ehre ... Oder aber ganz besondere brisante Themen standen an.

Hans-Henning Zencke, trinkfreudiger Wirtschaftskorrespondent mit umfassendem „Zeitungs-Gemischtwarenladen", Alfred Rapp, Bonner Chef der einflußreichen FAZ, die „rote Hilde", (Purwin) von der NRZ, obwohl SPD-Mitglied, von Konrad Adenauer gehätschelt, und Willy Zirngibl, Intimfreund von Franz-Josef Srauß und anderen CSU-Größen, zudem exzellenter Skatspieler, hatten den Tisch-Treff gegründet. Auch Kolumnen-Star Walter Henkels, von Eugen Gerstenmaier und anderen Promis regelmäßig zur Jagd und ins Privathaus eingeladen, gehörte zum „Stamm".

Die Prominenz unter den Abgeordneten war in Sitzungswochen mehr an diesem Pressetisch anzutreffen als im abgetrennten eigenen „Allerheiligsten", wo man unter sich hätte bleiben müssen und wo Imagepflege natürlich nicht möglich war.

Bei Walter Henkels bettelten selbst gestandene Abgeordnete darum, auch mal Mittelpunkt einer seiner vielgelesenen Kolumnen sein zu dürfen. So manches Wohlwollen-Ründchen ließen sie dafür springen, um auf Henkels Warteliste nicht länger ganz hinten anstehen zu müssen.

Politiker sind eitel und natürlich auf eine gute Presse aus. Im Gegenzug luden sie dafür ungefragt Hintergrund-Information am Journalisten-Tisch ab; natürlich immer fein dosiert, mal diesen und mal jenen mit Exklusivem beglückend.

Die Liberalen und die CSU-Politiker sind – unabhängig von der jeweiligen Regierungs-Konstellation – stets die besten Informanten der Bonner Journalisten, stets die größten Plaudertaschen, gewesen: Richard Stücklen, Hermann Höcherl, Freiherr von Kühlmann-Stumm, Viehhändler und Original Franz-Xaver Unertl, Wolfgang Mischnick, Walter Scheel und Wolfgang Stammberger zum Beispiel.

Eine Zeit lang hatte auch Erich Mende zu den „Dauergästen" am Pressetisch gehört – bis zu jenem Tag, da Geschichten-Erzähler „Hobby" Bolesch in seiner „BZ" berichtete, Margot Mende wecke ihren Mann jeden Morgen mit den Worten: „Erich, steh' auf und mach' Karriere ...!"

Bolesch hatte dieses angebliche Zitat nicht als das gekennzeichnet, was es hätte sein sollen: Ein Jux.

„Erfolg": Mende blieb dem Journalistentisch künftig fern und Frau Margot grollte dem Zeitungsmann ein halbes Leben lang.

Ernst Majonica von der CDU war bei den Zeitungsleuten der beliebteste aller Abgeordneten. Nicht nur, daß er stets allerbeste Informationen ablieferte; Majonica verstand es auch meisterhaft, immer neue politische Witze selbst zu erfinden und so gekonnt zu interpretieren, dass die Journalisten-Schar regelmäßig in schallendes Gelächter ausbrach und Zugaben forderte: „Ernst, einer geht noch ...!"

Und Majonica kam solchen Wünschen stets gerne nach, wußte er doch nur zu genau, daß er damit am nächsten Tag wieder in zahlreichen Gazetten gedruckt werden würde.

Original-Ton Majonica: „Worin besteht der Unterschied in der Deutschland-Politik zwischen der CDU und der SPD?". ...

Antwort: „Wir von der CDU wollen zuerst Wasser ins Becken einlassen und dann den Kopfsprung wagen ...!"

Im allgemeinen bestand ein enges Vertrauensverhältnis zwischen den Politikern und Parlamentsberichterstattern. Was ihnen „unter eins" berichtet wurde, konnte beliebig verwendet werden. „Unter zwei" liefen Informationen, die nur ohne Quellenangabe veröffentlicht werden durften, und alles „unter drei" war nur zur eigenen Information, nicht aber zur Veröffentlichung bestimmt.

Was in Bonn tatsächlich geheim bleiben sollte, das blieb damals auch geheim. Ein Journalist, der sich daran nicht gehalten hätte, wäre fortan einer wichtigen Informationsquelle beraubt gewesen.

So hat die Öffentlichkeit zum Beispiel jahrelang nicht erfahren, wer von der ersten Bonner Politiker-Garde dem eigenen Geschlecht zugeneigt gewesen ist oder wer die großen Schluckspechte im Bundestag waren, die während einer Plenarsitzung bis zu einer ganzen Flasche Hochprozentigem in sich hineinschütteten.

Später, als das Fernsehen im Plenum allgegenwärtig wurde, verschwanden einige den Insidern wohlbekannte Politiker bemerkenswert oft auf die Toilette, um sich dort einen Schluck aus der Pulle zu genehmigen.

Auch als einer der ganz Prominenten am hellichten Tag einem filmenden Kamerateam rein zufällig vor die Linse torkelte, blieben Bilder und auch der Name des Betroffenen unveröffentlicht.

Der Journalisten-Tisch im Parlamentsrestaurant und die immer wiederkehrenden Regierungs-Pressekonferenzen sind natürlich längst nicht die einzigen Örtlichkeiten gewesen, wo die Bonner Journaille 50 Jahre lang ihre Informationen bezogen hat.

Da gab es zudem den exklusiven Presse-Club (Aufnahme nur, wenn drei Kollegen bürgten). Hier residierte zeitweise „Karlchen", der sagenumwobene „Go-Gärtchen"-Wirt von Sylt, als Bar-Mann. Da gab es Monika Holstein im „Bit"-Keller des Presseclubs, den Parlaments-Friseur, der von seinen Politiker-Kunden zwar manches erfuhr, meistens jedoch Diskretion übte. Da war der legendäre „Ossi" im Keller des „Wasserwerks", und da empfingen mitteilungsfreudige Politiker Zeitungsleute in ihren Appartements in der Saemischstraße oder in einem verschwiegenen Eckchen der einschlägigen Polit-Kneipen „Rheinlust" oder „Provinz". Hier tauschten Spitzenpolitiker und Zeitungsleute nicht nur Informationen aus, hier wechselte beim nächtlichen Räuber-Skat auch so mancher Hunderter seinen Besitzer. Und es gab vor allem auch bis zu 30 verschiedene Journalisten-Zirkel, deren Mitglieder von führenden Politikern regelmäßig an wechselnden Orten zu üppigem Essen, zu aufwendigen Reisen und Übernachtungen in feudalen Hotels eingeladen wurden.

An erster Stelle gehörte zu diesen exklusiven Nachrichten-Börsen Henrik Bonde-Henriksens noch aus Weltkriegszeiten stammender „Berliner Journalisten-Stammtisch". Er vereinte in seinen Reihen so renommierte Schreiber wie Henry Kergolay vom „Figaro", UPI-Chefkorrespondent Wellington Long, Stephane Roussel von „France Soir", oder Paul-Wilhelm Wenger vom „Rheinischen Merkur".

Für exzellente Hintergrund-Information ließ man sich bei monatlichen Zusammenkünften von Herbert Wehner anraunzen („Wie kann man nur so dämliche Fragen stellen?!"), weitaus lieber jedoch vom damaligen Gesamtdeutschen Minister Ernst Lemmer („Pascha Ernst") zu gastronomischen Highlights in Berlin einladen.

Die Teilnehmer profitierten nicht nur beruflich von solchen Mitgliedschaften. Zum Jahreswechsel wurden sie auch mit aufwendigen Geschenken bedacht, und der überaus eitle „Bonde" nach peinlichem Drängen vom Bundespräsidenten schon zu einem sehr frühen Zeitpunkt mit dem Verdienstorden der Republik ausgezeichnet.

Neben einigen bereits genannten Kollegen (Alfred Rapp, Walter Henkels; beide übrigens Jagd-Kumpane von Parlamentspräsident Gerstenmaier) oder auch Willy

Zirngibl war Paul-Wilhelm Wenger vom „Rheinischen Merkur" über Jahrzehnte Deutschlands bestinformierter Journalist gewesen.

Wenger brauchte nicht selbst zu recherchieren und zu telefonieren. Wenger WURDE angerufen; häufig von Konrad Adenauer, oft aber auch von anderen Spitzenpolitikern. Alle lieferten dem wohl gescheitesten deutschen Journalisten frei Haus brisante Informationen für den nächsten treffsicheren Leitartikel. Was Adenauer aus Rücksichtnahme auf Parteifreunde, anfangs auch mit Rücksicht auf die westlichen Alliierten, nicht sagen wollte oder nicht sagen konnte, das „steckte" er Wenger, und das stand dann als dessen Meinung im „Rheinischen Merkur" zu lesen.

Obwohl von dieser Wochenzeitung niemals riesige Auflagen gedruckt wurden, gehörte der „Merkur" unter Wenger zu den meist beachteten und meist zitierten Zeitschriften in Deutschland.

Wie hoch Wenger selbst im Kollegenkreis geschätzt war, stellt die Tatsache unter Beweis, daß „P.W.W." bis auf den heutigen Tag der einzige Bonner Journalist geblieben ist, dem der „Spiegel" eine Titel-Story widmete.

Das ständige Wechselspiel Politik–Journalisten hat in Bonn ganz gut funktioniert; während der ersten 20 Jahre besser als danach, als man für die Zeitungs-Korrespondenten im „Tulpenfeld" zwei moderne Pressehäuser errichten ließ.

Mit dem Auszug aus den Baracken verschwand nach und nach auch die Institution „Pressetisch" im Bundestagsrestaurant und die Kneipen rundum wurden abgerissen.

Bonn blieb nach Einschätzung bekannter ausländischer Kollegen, die zuvor schon in Washington, in Paris, in Moskau oder anderswo Dienst getan hatten, aber auch danach noch die „öffentlichste und durchlässigste Hauptstadt" (James Markham), eine für Journalisten-Arbeit besonders bequeme Hauptstadt – ihrer kurzen Wege wegen.

Trotzdem: Der intime Charakter der Gründerzeit war mit dem Auszug aus den Baracken dahin. Alles wurde hektischer, Konkurrenzkampf und Neid griffen mehr und mehr um sich, die Kontakte Politik–Journaille fanden nicht mehr vor den Augen der Öffentlichkeit, sondern nun oft genug im Dunkeln statt.

Das enge Beieinander von Politik-Gestaltern und Politik-Transporteuren hat in zahlreichen Fällen zu Kumpanei, zu Mitwisserschaft, ja sogar zu Mittäterschaft geführt. Der Sucht, durch niedergeschriebenes Wort Bewegung in die Politik bringen und den Gang der Dinge beeinflussen zu können, sind ungezählte Bonner Journalisten erlegen. Nicht wenige von ihnen schöpften aus dem millionenschweren, jeder Kontrolle entzogenen sogenannten „Reptilienfonds", aus dem zu Adenauers Zeiten, aber auch später, „treu ergebene Schreibe" fürstlich belohnt wurde.

Auch andere Verführer wurden zuhauf vor der Journalistentür niedergelegt und warteten nur darauf, eingesammelt und genutzt zu werden. Man konnte sich nebenbei als Redenschreiber verdingen, einen Abgeordneten pr-mäßig betreuen oder auch – unerkannt, versteht sich – für einen Industriekonzern oder einen interessierten Verband am Politikersitz Bonn als Horchposten fungieren.

Jeder von uns hatte die freie Wahl, ob er, wie Kollege Rudolf Strauch es formulierte, „Nachrichten-Transporteur", „Anwalt des Gemeinwohls", „Schoßhündchen der Politik", „Friseur der Wahrheit" oder etwas ähnliches sein wollte.

Hilfe bei der Wohnraumbeschaffung und großzügige Steuer-Privilegien – mehrere Jahrzehnte lang 35 statt der üblichen 15 %igen Werbekostenpauschale – halfen den Job der Bonner Korrespondenten auch von Staatswegen zu versüßen.

Napoleon war es wohl gewesen, der als erster in der Presse eine wirkliche Großmacht erkannt hatte. Die Politik trägt seitdem solcher Einschätzung weiterhin Rechnung.

Obwohl Politik die Presse für ihre Zwecke benötigt, zuweilen auch mißbraucht, legt sie weitgehend doch ein distanziertes Verhältnis zu ihr an den Tag, das zum Teil sogar von Geringschätzung und Verachtung geprägt ist:

Adenauer, Strauß und Kohl ignorierten ihnen nicht wohlgesonnene Journalisten und deren Druckerzeugnisse („Spiegel", „Stern" und andere ...) über Jahrzehnte.

Konrad Adenauer formulierte oft und gern' so oder so ähnlich: „Sie wissen doch, ich lasse mir von Ihnen nicht die Würmer aus der Nase ziehen ...!"

Helmut Schmidt befand – bevor er „Zeit"-Herausgeber wurde –: „Die Journalisten sind doch alle Wegelagerer und Indiskreteure ..."

Helmut Kohl verstieg sich zu dem Satz: „Es geht wirklich nicht mehr so weiter, daß die Presse einen derartigen Macht-Mißbrauch treiben kann!"

Konrad Adenauer sprach während der „Spiegel-Affäre" von „einem Abgrund an Landesverrat", und Franz-Josef Strauß schließlich bezeichnete die Journalisten pauschal als „Schreibtisch- und Mikro-Täter". ...

Solche Attacken waren natürlich nicht an der Tagesordnung, aber sie kamen fast regelmäßig, wenn sich einer der Korrespondenten mal wieder harsche Kritik erlaubt hatte; ob berechtigt oder nicht berechtigt, das war niemals die Frage.

Die Bonner Journalisten selbst sahen sich nicht verachtenswert und bitterböse, sondern mehr als „Hörensager", „Halbwisser", „Gerüchtemacher", „Kulissenschieber" oder „Fallensteller" wie sie in einer ihrer Festschriften zum Bundespresseball geständig formulierten.

Heinz Schweden, der langjährige Vorsitzende der Bonner Journalisten-Vereinigung „Bundespressekonferenz", formulierte die Selbsteinschätzung der Schreiber gegenüber den Politikern so: „Wenn Ihr uns schon nicht *liebt,* dann sollt Ihr uns wenigstens *fürchten* ...!"

11. Wenn Majestäten Schlange steh'n ...

Bonns gestrenge Benimm-Dame mit dem Monokel führte akribisch Buch: Wer eine Einladung erhalten hatte, der Queen also tatsächlich die Hand hätte drücken dürfen, der mußte zuvor noch bei Protokollchefin Erica von Pappritz antanzen und den perfekten Hofknicks üben.

Die Pappritz kannte kein Problem und ließ auch keine Ausnahme zu. Ganz gleichgültig, von welchem gesellschaftlichen Rang; jedes weibliche Mitglied der „feinen Bonner Gesellschaft" mußte zu einer der Übungsstunden erscheinen. Von Rut Brandt ist überliefert, daß sie sich mit dem perfekten Knicks besonders schwer tat.

Kaiser Haile Selassi von Äthiopien kam 1954 als erster hochrangiger Besucher – damals noch mit der Eisenbahn – zu einer Staatsvisite nach Bonn. Seitdem gaben sich Hunderte gekrönte und ungekrönte Häupter, Staatschefs und Ministerpräsidenten aus aller Welt am Rhein die Klinke in die Hand: Chruchtschow und Gorbatschow, der „Tenno" und Queen Elisabeth II., Charles de Gaulle und Bill Clinton, Kaiserin Sirikit und Königin Silvia von Schweden, die einstige Münchner Olympia-Hostess.

Einer kennt sie alle und besitzt auch so manches persönliche Geschenk von ihnen: Nein, nicht einer unserer Bundespräsidenten oder Kanzler, nein, dieser Mann heißt Wolfgang Zwierzynski, war Oberst der Bundeswehr, lange Zeit hindurch „oberster Leibarzt auf Zeit" und, mit zwei schweren Koffern bewaffnet, immer dabei, wenn sich wieder ein Staatsgast in Bonn einfand.

Von der Kopfschmerztablette über Blutplasma, bis hin zu Kreislauf- und Anti-Infarkt-Medikamenten führte

Zwierzynski alles mit sich, wenn er im Hubschrauber über der Staatsgastkarosse kreiste oder in der Autokolonne mitfuhr.

Zum Glück hat es in all den Jahren nie eine lebensbedrohliche Situation gegeben, die sein Eingreifen erforderlich gemacht hätte. Auch ein Attentatsversuch fand während der fünf Jahrzehnte in Bonn nicht statt.

Im Auswärtigen Amt sind stets alle Fäden für die reibungslose Abwicklung eines jeden der vielen Staatsbesuche zusammengelaufen. Was am Besuchstag selbst dann wie Routine ausgesehen hat, erforderte wochenlang zuvor jedoch Generalstabsarbeit nach genauem Plan: Zahl der Salutschüsse beim Eintreffen, rote Empfangsteppiche, Nationalhymne, Bereitstellung einer meist langen Wagenkolonne und der Motorradeskorte – 15 „weiße Mäuse" bei der Staatsvisite, aber nur sieben Kräder beim Arbeitsbesuch.

An alleroberster Planungsstelle bei allen Staatsbesuchen steht die Sicherheit der Gäste. Je nach Gefährdungsgrad wurden bis zu 5.000 Beamte aus verschiedenen Landesteilen Nordrhein-Westfalens nach Bonn verlegt und an allen kritischen Punkten der Fahrtrouten Scharfschützen mit Zielfernrohr postiert.

Aus dem jeweiligen Gastland zusätzlich eingeflogene Bodyguards hatten alle Räumlichkeiten nach „Wanzen" zu durchsuchen, „Vorkoster" am Tag des großen Staatsempfanges alle gereichten Speisen auf versteckte Gifte hin zu probieren.

Von den Sicherheitskräften am meisten gehaßt: Das von vielen Politikern so sehr genossene „Bad in der Menge", wenn Staatsgäste die getroffenen Sicherheitsvorkehrungen ignorieren, Absperrungen durchbrechen, fahnenschwenkende Kinder herzen und überglücklichen Omis die Hände schütteln oder auch schon mal einen Kuß auf die Wange drücken.

Jedes Staatsbankett erfordert eine ganz genau durchdachte Menüfolge, von der man im Idealfall sogar den

Stand der Beziehungen zwischen beiden Ländern ablesen kann, inwieweit nämlich den Vorlieben oder Abneigungen des Gastes Rechnung getragen wird: Mag er Hummer? Verschmäht er Austern oder Kaviar? Wie steht er zu Wachteln? Ist er Mohammedaner? Muß er koscher speisen oder Diätvorschriften beachten?

1878, während des Berliner Kongresses, hatte Reichskanzler Otto von Bismarck das abschließende Menü höchstpersönlich festgelegt. Die Speisenfolge Potage à la Moscovite, Straßburger Pastete, Ponche Romain, Ente auf Wiener Art, Gateaux d'Ananas a la Parisienne, Rehrücken russisch und Eisbombe türkisch ließ unzweifelhaft erkennen, daß die Verhandlungen für alle Beteiligten einen zufriedenstellenden Abschluß gefunden hatten.

Im Vorfeld von Staatsbesuchen bemühen sich die Protokollbeamten nach Kräften darum, über die deutsche Botschaft in Erfahrung gebrachte Sonderwünsche des zu erwartenden Staatsgastes nach Möglichkeit zu erfüllen.

Fast alles wird da möglich gemacht: Wenn zum Beispiel Daniel arap Moi, Präsident von Kenia, einem Eishockey-Match der Bundesliga beiwohnen möchte, wenn dem Präsidenten von Togo, General Gnassingbe Eyadema, eine Gams-Pirsch oder Japans Präsident Noboru Takeshita eine Golfpartie zur Freude gereichen würde.

Selbst dem ausgefallenen Wunsch des kleinen Königs von Jordanien, den Grenzschutzhubschrauber eigenhändig von der Staatsherberge Hotel Petersberg in den Garten des Bundeskanzleramtes steuern zu dürfen, gaben Protokoll und Sicherheit nach Bedenken und langer Diskussion schließlich nach.

König Hussein war zwar leidenschaftlicher Flieger gewesen, doch hatte er noch nie zuvor den Steuerknüppel eines „Puma"-Hubschraubers in Händen gehalten. ...

Zum Glück ging alles glatt, doch war dem damaligen Protokollchef Erhard Holtermann, der sich den königlichen Flugkünsten wohl oder übel ausliefern mußte, beim „Ritt über die Sieben Berge" mehr als mulmig gewesen.

Und auch die Frage eines Gastgeschenkes gilt es vor einem Besuch immer gründlich abzuwägen. Was schenkt man einer hochgestellten Persönlichkeit, die eigentlich ja schon alles besitzt?

Bonn als Geburtsstadt von Ludwig van Beethoven lieferte da gute Vorlagen in Form von Handschriften, Partituren, Büchern und CDs. Vasen von der Königlichen Porzellan-Manufaktur kamen gut an, beim Präsidenten von Malta durfte es aber auch eine kostbare alte, jedoch defekte Uhr sein; mit Reparaturset, versteht sich, denn des Präsidenten liebstes Hobby war das Reparieren defekter Uhren. Der malaysische König war mit einem Malkasten höchst zufrieden, den das Protokoll auf Anraten des deutschen Kunstlehrers seiner Majestät besorgen ließ.

Ganz besonders üppig jenes Mercedes Coupé 450 SL, das Willy Brandt dem sowjetischen Generalsekretär Leonid Breschnew 1973, allerdings aus eigener Tasche, geschenkt hatte, das Breschnew aber auf der Probefahrt den Petersberg hinunter schon in der ersten Kurve zu Bruch fuhr.

Auch der Staatsgast mit dem schwierigsten Namen muß von seinen Gastgebern angesprochen werden. Das war 1998 besonders schwer gefallen, als sich mit dem 60 Milliarden Dollar schweren Sultan von Brunei nicht nur der reichste Staatsgast, sondern auch der mit dem schwierigsten Namen die Ehre gab: Sultan Haji Hassanal Bolkiah Mu'izzaddin Waddaulah Ibni Al-Marhum Sultan Haji Omar 'Ali Saifuddien Sa'adul Khairi Waddien Sultan und Yang Di-Pertuan von Brunei Daressalam.

Ist nach langen Wochen der gründlichen Vorbereitung endlich der Tag X gekommen und setzt der fremde Besucher den ersten Fuß auf deutschen Boden, dann sind kleine Pannen trotzdem nicht völlig ausgeschlossen und Staatszeremonien längst nicht immer das reine Vergnügen: Da wurde Maggie Thatcher, die „Eiserne Lady von der Themse", beim Betreten des Köln-Bonner Flughafens vom Sturmwind in den roten Begrüßungsteppich eingewickelt.

Da galt es einmal auch, den obligatorischen, diesmal aber vergessenen Begrüßungsstrauß, noch in allerletzter Sekunde aus den herumstehenden Blumenkübeln zusammenzurupfen oder den König von Jordanien bei einem seiner zahlreichen Bonn-Besuche aus einer Braunkohlengrube in der Nähe von Köln zu befreien. Auf dem Flug zu seinem Hotel Schloß Gymnich hatte sich der leidenschaftliche Pilot dorthin verflogen.

Körperliche Pein hat es Königin Elisabeth II. von England sicherlich bereitet, als sie während ihres ersten Staatsbesuches 1965 in Deutschland in einer einzigen Woche mehr als 10.000 Hände schütteln und sich 98 mal ihre Nationalhymne anhören mußte.

Bundespräsident und Kanzler sind während eines Staatsbesuches schon einmal richtig unter Beschuß geraten: Beim Anflug eines Hubschraubers flogen ihnen riesige Zimmermannsnägel wie Geschosse um die Ohren. Mit den Nägeln hatten Protokollbeamte den roten Teppich für den Staatsgast nur unzulänglich befestigt.

17 Jahre lang hat das im 12. Jahrhundert von den Kreuzrittern erbaute Schloß Gymnich, eine idyllische Wasserburg mit Türmchen, Burggraben und Zugbrücke, 1971 von Walter Scheel entdeckt und für monatlich 40.000 Mark gemietet, dem Bund als Staatsherberge, gedient. Hier lustwandelten während dieser Zeit Honecker, Ceausescu, Königin Silvia, Ronald Reagan, Englands Queen und viele andere Potentaten unter seltenen Bäumen im 1,5 Millionen Quadratmeter – 53 Fußballfelder – großen Park.

Für den schwergewichtigen König von Tonga mußte auf Gymnich das Bett in der Staatssuite Nr. 1 verstärkt werden; Kaiser Haile Selassi aus Äthiopien fühlte sich hier wie zu Hause und kam mit der Familie auch dreimal privat hierher; 1978 mit der gerade Frischangetrauten, um mit ihr auf Gymnich die Flitterwochen zu verbringen.

Nachdem Helmut Schmidt den Petersberg 1979 für den Bund von der 4711-Familie Ferdinand Muelhens aus

Furcht vor DDR- oder sowjetrussischen Lauschangriffen von hier oben aus erworben hatte und das Gebäude nach langwierigen Querelen auch gründlich umgebaut worden war, fand der „Staatsgastbetrieb" nur noch auf dem 331 Meter hohen Berg oberhalb von Königswinter statt.

Schloß Gymnich ging derweil in den Besitz des japanischen Milliardärs Masao Nagaku über, doch der sah nach dem Berlin-Beschluß des Bundestages vom 20. Juni 1991 in der Edelimmobilie keine Basis mehr für ein Nobelhotel allererster Güte. So wurde nach einigen Wirren schließlich ein Mann Schloßherr auf Gymnich, der zuvor die Hälfte seines Lebens in Doppeldecker-Bussen und in Hausbooten genächtigt hatte: Bei einer Zwangsversteigerung ging Gymnich für 13,1 Millionen Mark in den Besitz der Kelly-Family über. Im Bett von Königin Elisabeth II. nächtigte von dann an Dan Kelly, Clanchef der irischen Pop-Band gleichen Namens.

Die Geschichte des Petersberges reicht bis ins 13. Jahrhundert zurück. Damals hatte dort nur ein bescheidenes Klosterkirchlein gestanden. Von weit her kamen Büßer zum Berg gezogen, und clevere Geschäftsleute begannen im Tal damit, ihnen schwere Kreuze gegen Entgelt zu leihen, die sie auf dem Rücken zuerst bergan und später wieder zum Verleiher hinab ins Tal trugen.

In den nachfolgenden Jahrhunderten hatte der „Monte Petri" zuerst Berggasthöfe, dann eine französische Weindomäne und schließlich, von 1912 an, das einstige Super-Hotel, das nun wieder in altem Glanz erstrahlen sollte, beherbergt.

1938 wohnte hier auf dem Höhepunkt der Sudetenkrise der britische Premierminister Chamberlain, der sich auf der Bad Godesberger Rheinseite im Hotel Dreesen mit Adolf Hitler traf. Wenige Tage später wurde das „Münchner Abkommen", das die Abtretung des Sudetenlandes an Deutschland vollzog, unterzeichnet.

Nach dem Zweiten Weltkrieg, von 1945 bis 1952, residierten auf dem Petersberg die Hohen Kommissare der alliierten Besatzungsmächte, die den damals noch machtlosen deutschen Kanzler Konrad Adenauer regelmäßig zum Rapport einbestellten.

Unvergessen bleibt jene Nachkriegs-Episode, als die Hohen Kommissare zur Unterzeichnung des „Generalvertrages" einen Teppich zwischen sich und den Deutschen gerollt hatten, den Adenauer eigentlich nicht betreten sollte. Adenauer ignorierte solchen Brüskierungsversuch jedoch, überwand die protokollarische Barriere mit kurzen festen Schritten und demonstrierte auf solche Weise den Beginn neuen deutschen Selbstbewußtseins.

Fast nichts, was der Petersberg in seiner langen Geschichte der Bonner Staatsbesuche nicht erlebt hätte: Tagelang durchwehte impertinenter Hammelgestank Hotel und Restaurant, nachdem König Hassan von Marokko 40 dieser Tiere zur Beköstigung seiner Gastgeber mit aus der nordafrikanischen Heimat gebracht hatte.

Wohlgerüche und Optik der allerfeinsten Art hingegen, als Tunesiens Habib Bourgiba seinem Reisegepäck 70 Tänzerinnen entsteigen ließ, und: Helle gourmetische Begeisterung, als der Schah seine Bonner Freunde mit zweieinhalb Zentner teuerstem persischen Kaviar bewirten ließ.

DEN gesellschaftlichen Höhepunkt überhaupt erlebte der Petersberg, als dort im Mai 1965 Königin Elisabeth II. von England zur Erwiderung des großen Bundespräsidenten-Empfanges auf Schloß Brühl fast 3.000 Gäste über den Dächern von Bonn bewirtete und die feine Damengesellschaft den eifrig trainierten Hofknicks vollführen durfte.

Die Queen von der Themse hatte nicht nur sechs Tonnen feinsten britischen Tafelsilbers aus dem Buckingham-Palast, sondern auch alle Speisen ihres Festmenüs, ja sogar Weine und Trinkwasser, aus London mitgebracht.

Dieter Wehr, der langjährige erste Direktor vom Petersberg, der zuvor Top-Hotels in Melbourne, in New York, Mexico-City und in Bangkok geführt hatte, kannte alle speziellen Wünsche und Marotten der ihm anvertrauten Staatsgäste: Bevor Kreml-Chef Gorbatschow und König Hussein von Jordanien im Staatsbett hoch über dem Rhein schlummern durften, hatte Wehr bereits darin „probegelegen". Yehudi Menuhin vertraute ihm an seinem Geburtstag seine kostbare Stradivari an, während er unten im Restaurant frühstückte.

Von Kaisern, Königen und Staatschefs kannte Wehr nicht nur die Lieblingsspeisen; er wußte auch, welche Zimmertemperatur oder welche Haarfarbe es für Majestät bei deutschen Damen sein mußte.

Wehr hatte ganz engen Kontakt zu den Großen dieser Welt gehabt, denn er war nicht nur für deren Bonner Hotel, sondern auch für den Prachtbau Schloß Augustusburg zwischen Bonn und Köln, wo die meisten großen Galas aus Anlaß von Staatsbesuchen stattfanden, zuständig gewesen.

GELADEN aber wurden die hohen Gäste während 50 langer Bonner Jahre stets nur zur Sommerzeit – mit einer einzigen Ausnahme, dem pompösen Besuch des österreichischen Staatspräsidenten Thomas Klestil kurz vor Weihnachten 1993.

Die Staats-Oberen sollten am Rhein neben dem hochmodernen Hotel Petersberg auch noch ein wenig kurfürstliches Flair und Pomp vergangener Tage genießen können: Deshalb die Staatsempfänge immer im Brühler Schloß mit dem wunderbaren Rokoko-Treppenhaus des Balthasar Neumann.

Veranstaltungen dort aber waren während der Heizperiode nicht möglich, weil sonst wertvoller Stuck und kostbare Wandbespannungen von Decken und Wänden gefallen wären.

Deshalb war Bonn, was wirklich üppige Staatsempfänge anbelangt, eben doch nur eine Sommerresidenz gewesen.

Beim österreichischen Staatsoberhaupt aber hat man eine Ausnahme gemacht, weil einerseits im Wahljahr 1994 kaum Zeit für Staatsempfänge geblieben wäre, der

Besuch Klestils andererseits aber bereits lange überfällig war und ohne diplomatische Verwicklungen nicht noch länger aufgeschoben werden konnte.

Den Verzicht auf's Brühler Schloß glaubte das Bonner Protokoll diesem einen Staatsgast jedenfalls zumuten zu können. Schließlich ist die österreichische Republik mit fürstlichem Pomp selbst reich gesegnet.

Fester Bestandteil der meist auf vier Tage ausgelegten Staatsbesuche am Rhein war stets auch der Eintrag ins „Goldene Buch" der Stadt Bonn, der wohl bedeutendsten Autogrammsammlung Deutschlands, mit annähernd 450 Eintragungen und inzwischen auf drei dicke Bände zu je 350 Seiten angewachsen.

Der erste Staatsbesuch überhaupt hat in Bonn 1845, während der Zeit des Kurfürsten Clemens August, stattgefunden. Damals kamen die englische Königin Victoria und ihr Gemahl Prinz Albert von Sachsen-Coburg an den Rhein.

Bevor die Stadt Bonn für die liebsten ihrer Gäste jedoch ein Goldenes Buch auflegte, wurde es immerhin 1926. Damals, am 22. März, nach der Befreiung Bonns von der französischen Besatzung, trug sich als erster der Preussische Innenminister Marx, zuständig auch für die „besetzten Gebiete", zu denen Bonn ja gehört hatte, in das erste der drei mit 23-karätigem Blattgold eingebundenen Bücher ein. Später folgte Reichspräsident von Hindenburg.

Die Päpste Pius XII. und Johannes Paul II. sind in den Büchern verewigt, Onassis, Gandhi und Tito, aber auch Mutter Teresa oder die Stargeigerin Ann-Sophie Mutter.

Bonns Ehrenbürger Konrad Adenauer durfte sich erst sehr spät auf Ratsbeschluß eintragen, Theodor Heuss ebenso. Beide Male wurde anschließend, was eigentlich unüblich war, heftig feucht-fröhlich gefetet, und „aus Versehen" trugen sich dabei auch unbedeutendere „Gäste", bis hinunter zum damaligen Bonner Stadt-Hausmeister Werner, ins Goldene Buch ein.

Die ersten Menschen auf dem Mond, Neil Armstrong, Michael Collins und Adwin Aldrin, die Besatzung von Apollo 11, stehen darin. Einen „Rekord" halten Englands Königin Elisabeth II. und Prinz Philip. Sie kamen 1965, 1978 und 1992 zu Staatsbesuchen ins Land ihrer Ahnen. Also sind ihre Namen auch dreimal im Goldenen Buch der Stadt Bonn verzeichnet.

Seit dem Jahr 2001 gehören ihre Unterschriften aus Anlaß der Botschaftseinweihung in Berlin zu den ersten Highlights im Goldenen Buch der neuen Hauptstadt.

Die Nazizeit mochten die Bonner in ihrem „Buch der Bücher" nicht dokumentiert wissen. Also beschloß der Rat der Stadt im Jahr 1946, die Unterschriften von Adolf Hitler, Joseph Goebbels, Hermann Göring und anderen Größen des Dritten Reiches mit einem Rasiermesser fein säuberlich herauszutrennen, was dann auch tatsächlich geschah.

Andere menschenverachtende Politiker der neueren Zeit jedoch „überlebten" mit ihrer Unterschrift diese Art von Vergangenheitsbewältigung: Idi Amin und Sadam Hussein zum Beispiel. ...

12. Im Dienst einer fremden Macht

Es ist wirklich das zweitälteste Gewerbe dieser Welt, denn Spionage und Verrat sind nicht erst seit Jesus und seit Judas an der Tagesordnung; nach Dokumenten der berühmten amerikanischen Yale-Universität wird gezielte Spionage bereits seit über 2000 Jahren vor Christus betrieben. Damals kundschafteten die Babylonier zwischen Euphrat und Tigris ihre Gegner mit Hilfe einer vorgeschobenen, hinter den feindlichen Linien operierenden Kavallerie aus.

Yale hat die entsprechenden Dokumente, Keilschriften aus der Zeit des babylonischen Gesetzgebers Hummurabi, in einer Dauerausstellung über „Spionage-Praktiken im Wandel der Jahrtausende" zusammengefaßt.

In der neueren Zeit galt die holländische Tänzerin Margaretha Gertruida Zelle, besser bekannt als „Mata Hari" („Auge der Morgenröte"), mindestens eine Generation lang als der Inbegriff allen ausspähenden Tuns. In Paris lagen ihr um die Jahrhundertwende die einflußreichsten Männer des Staates zu Füßen: Minister und Generäle ebenso wie die bekanntesten Industrie-Magnaten.

Die Hari traf damals den Nerv der nach Erotik gierenden Zeit und hatte es schon von daher leicht, unter ihrem Decknamen „H 21" die einflußreichsten Männer in Paris (für die Deutschen) und in Berlin (für die Franzosen) auszuforschen.

Am 15. Oktober 1917 wurde Mata Hari, von den Franzosen als vermeintliche Doppelagentin entlarvt, im Wald von Vincennes standrechtlich erschossen. Bis zuletzt allerdings hatte sie jede geheimdienstlerische Tätigkeit energisch bestritten.

Einige Jahrzehnte lang glaubte die Gesellschaft, der Fall der Mata Hari sei in seiner Tragweite einmalig in der Welt gewesen und könne sich nicht wiederholen. Da wird 1950 der Kernphysiker Klaus Fuchs als Verräter der Atombombe entlarvt. All sein Wissen, das zum Bau dieser schrecklichen Waffe nötig war, hat er an die Sowjets verraten, die dadurch beim Rüstungswettlauf um die militärische Vorherrschaft im Kalten Krieg gewaltig aufholen konnten.

Auch andere Top-Agenten spielen dem Osten während dieser Zeit hochbrisantes Material in die Hände: Die wichtigsten elektronischen Neuentwicklungen aus dem französisch-britischen Überschall-Flugzeug „Concorde" finden sich plötzlich in der sowjetischen „Tupolew TU 144" wieder.

MBB-Konstrukteur Manfred Rotsch spielt dem Osten die detaillierten Baupläne des Messerschmidt-Bölkow-Blohm-Kampfflugzeugs „Tornado" in die Hände.

Der oberste Verfassungsschützer Joachim Tiedje packt in Ostberlin aus, und im April 1974 stellt sich heraus, daß der engste Vertraute von Bundeskanzler Willy Brandt, Günter Guillaume, Mitarbeiter des DDR-Staatssicherheitsdienstes ist. Brandt tritt am 6. Mai 1974 als Kanzler zurück, Guillaume wird im Dezember 1975 zu 13 Jahren Haft verurteilt, nach 6 Jahren jedoch gegen westliche Agenten ausgetauscht.

Jahrelang hatte man den Fall Guillaume für die schwerwiegendste deutsche Spionage-Affäre der Nachkriegszeit überhaupt gehalten. Inzwischen aber weiß man, daß Guillaume längst nicht so viel gewußt hat, wie immer angenommen wurde. Sein Fall ist nicht der hochkarätigste gewesen; nur erregte er des Kanzler-Sturzes wegen die meiste Aufmerksamkeit.

Den weitaus größeren Schaden aber hat der bis auf den heutigen Tag weitgehend unbekannte, im Mai 1991 vom Oberlandesgericht Düsseldorf zu fünf Jahren Haft verurteilte Registrator J. M. G. aus dem Bonner Auswärtigen Amt angerichtet.

Er war auf dem Höhepunkt des Golfkrieges für Sadam Hussein der wichtigste aller Geheimmaterial-Beschaffer auf feindlichem Boden gewesen. J. M. G. hatte, und dies liest sich fast wie eine Schmierenkomödie, Zugang zum sogenannten „Meldezimmer" in Klaus Kinkels Auswärtigem Amt. Dort legten die Abteilungen ihre vertraulichen Dokumente zur Weiterleitung an eine der mitberatenden Abteilungen oder auch für ein anderes Ministerium ab. Den Transport dorthin besorgte Meisterspion J. M. G., meist mit Hilfe eines unscheinbaren Koffers und über den Umweg einer konspirativen Wohnung in einem Bonner Luxusviertel, wo dann schon ein als Mitarbeiter der Irakischen Botschaft getarnter besonderer Vertrauter von Saddam Hussein als dankbarer Empfänger wartete.

Der Spion aus dem Auswärtigen Amt konnte die brisanten Dokumente – mehrere Zentner kamen da zusammen – jedesmal wieder unerkannt an die „Entnahmestelle" zurücklegen, weil personelle Aufsicht oder gar Kameraüberwachung nicht stattfand.

Anfang der 70er Jahre hatte eine Gruppe von Tätern in einem süddeutschen Bundeswehrdepot eine „Sidewinder"-Rakete geklaut und per Auto nach Krefeld geschafft. Dort zersägten die Hobbyspione die Rakete in handliche Stücke und schickten sie für gutes Honorar per Post nach Moskau.

1990, die Wende stand unmittelbar bevor, da hielten die Amerikaner plötzlich den langjährigen Außenminister der Bundesrepublik, Hans-Dietrich Genscher, für ein „Sicherheitsrisiko" und bestanden darauf, daß Kohl seinen Außenminister nicht zum Gipfeltreffen mit Präsident George Bush nach Camp David mitbringe. Ostberlin hatte damals erstklassiges Material, Wortprotokolle von Geheimgesprächen, die Genscher mit Nato-Kollegen zur Vorbereitung der Wiedervereinigung und zur Bewertung von Gorbatschow's Reformen in der UdSSR geführt hatte, erhalten. Die undichte Stelle in Genschers Umgebung wurde bis heute nicht gefunden, und die Aufklärung des Falles ist durch Kohl persönlich behindert worden. Mit Rücksicht auf den bevorstehenden Bundestags-Wahlkampf wurden Erkenntnisse, die der Verfassungsschutz bereits vorliegen hatte, erst nach der Wahl an die Bundesanwaltschaft weitergegeben.

Der Judas-Lohn, den Top-Agenten für ihr Tun erhalten, reicht weit über die Millionen-Grenze hinaus. Aber Geld ist nur bei wenigen der Hauptgrund für die Spionagetätigkeit. Die meisten sind Überzeugungstäter. Romantische Hoffnung auf einen idealen Marxismus trieb sie.

Die hohe Zeit der Spionage ist natürlich die des großen Wettrüstens zwischen Ost und West, die Zeit des Kalten Krieges, gewesen. Aber auch seitdem ist verbotene Tätigkeit im Dienste einer fremden Macht nicht passé. Weltweit lodern immer neue Konflikte auf, und im Zeitalter allgemeiner Globalisierung schlägt heute die ganz große Stunde der Industriespionage.

Neuerdings geht es beim Ausspionieren weniger um militärische, als vielmehr um industrielle und damit um handelspolitische Überlegenheit im Werte nicht mehr „nur" von hunderten von Milliarden, sondern von Billionen Dollar. Auf rund 40 Milliarden Mark wird der Schaden geschätzt, den allein deutsche Firmen jährlich durch Industriespionage erleiden. Vor allem US-Geheimdienste forschen mit erheblichem Aufwand High-Tech-Unternehmen nach Informationen aus, die für die amerikanische Industrie von Interesse sind. „Freund" und „Feind" machen dabei keinen Unterschied. Mit 52 Super-Computern zapft der US-Geheimdienst NSA Telefonate, Faxe und E-Mails, die gesamte über Satelliten geleitete Kommunikation, an. Im bayrischen Bad Aibling werten rund 1.000 amerikanische Experten die Datenflut aus. Aber auch russische und französische Dienste schnüffeln in der Bundesrepublik.

Anders als deutsche Geheimdienstler, denen Wirtschaftsspionage ausdrücklich untersagt ist, kennen deren ausländische Kollegen wenig Skrupel, wenn es darum geht, ihre heimischen Unternehmen mit allen Mitteln zu unterstützen. Erst jüngst wurde auch wieder eine deutsch-russische Industriespionage-Affäre um die hochmoderne Wehrtechnologie des Jagdflugzeuges „Eurofighter" bekannt. Ein Ingenieur der DASA-Tochter „Lenkflugkörper-System GmbH" in Ottobrunn bei München hatte stapelweise Geheimunterlagen über die neuentwickelte Raketentechnik an russische Auftraggeber verkauft.

Neben den „herkömmlichen" Betätigungsfeldern der Abwehr und der eigenen militärischen Nachrichtenbeschaffung haben sich die Geheimdienste dieser Jahre verstärkt um den Handel mit radioaktivem Material, mit illegalen Rüstungsexporten oder auch mit dem Diebstahl von Technologie- oder Chemie-Know-How aus Vorstandsbüros und aus Labors zu befassen.

Die Ausübung der Spionagetätigkeit in Deutschland und anderswo ist während der letzten Jahrzehnte einem ständigen Wandel unterworfen gewesen.

Nach Kriegsende hatte man zunächst auf den „klassischen Agenten" mit Schlapphut, auf tote Briefkästen und auf Kuriere in Fernschnellzügen gesetzt. Dann, als das Zeitalter der Satelliten und der Computer anbrach, glaubte man in den Spionage-Zentralen in Ost und West auf Menschen weitgehend verzichten zu können. Riesige Antennen-Wälder waren plötzlich gegen den jeweiligen Gegner gerichtet, Satelliten spähten im Handumdrehen aus, wofür Agenten oft Jahre benötigt hätten, und die Kuriere wurden durch Computer ersetzt.

Inzwischen sind die Agentenzentralen jedoch wieder zum „guten alten Spion" herkömmlichen Zuschnitts zurückgekehrt. Die Gründe dafür liegen auf der Hand: Selbst der sicherste Computer kann inzwischen angezapft, jede Satelliten-Übertragung kann mitgesehen, jede Tonübermittlung mitgehört werden. Und Stimmungslagen in Regierungen, Armeen oder bestimmten Bevölkerungsgruppen vermag Technik ohnehin nicht zu vermitteln.

Im größten bundesdeutschen Spionage-Apparat, dem Bundesnachrichtendienst (BND), hatte man früher als anderswo erkannt, daß der Technik in diesem Gewerbe Grenzen gesetzt sind, daß es ohne Frau oder Mann vor Ort nicht geht, und auch diese Erkenntnis haben bundesdeutsche Politik und Abwehr-Strategen konsequent umgesetzt; je mehr Abrüstung stattfindet, je weniger Raketen es gibt, um so mehr Menschen sind zur Beobachtung und Überwachung all dessen vonnöten. Konsequenz: Noch nie zuvor in der Vergangenheit war der Jahresetat des BND mit 800 Millionen Mark (2000) so hoch wie gegenwärtig, und auch die Zahl der Bediensteten hat mit rund 6.000 eine neue Dimension erreicht.

Der Münchner Bundesnachrichtendienst in der Heilmannstraße im Stadtteil Pullach inzwischen zum Teil nach Berlin umgezogen, liegt in einem bewaldeten Gelände, ist von einer drei Meter fünfzig hohen und zusätzlich mit Stacheldraht gesicherten Mauer umgeben. Ein kompliziertes Ausweissystem mit Computer, Funksprechgeräten und Polizeihunden sorgt dafür, daß nach menschlichem Ermessen kein Unbefugter in das 74 Hektar große „Allerheiligste" der deutschen „Spionagestadt" vordringen kann. Die Bediensteten des BND kennen sich nur per Decknamen. Wie diese Männer und Frauen wirklich heißen und wie sie leben, bleibt unbekannt. Freundschaftliche Beziehungen mit- und untereinander sind unerwünscht.

Die BND-Chefs haben ihre Leute nie so spionieren lassen, wie es in Filmen vorgegaukelt wird. Die meisten Mitarbeiter hier sind Forscher oder andere Wissenschaftler, die mit großer Akribie alles Material gewissenhaft auswerten, bevor die Agenten an der „Beschaffungsfront" mit neuen Aufträgen versehen werden.

Die BND-Zentrale München-Pullach ist nach dem Muster eines erfolgreichen Industriekonzerns aufgebaut.

So gibt es eine „Generaldirektion", ein Funkzentrum und eine Hauptstelle für den Kurierdienst, Abteilungen für militärische, politische, technische, wirtschaftliche und „spezielle" Belange. Auch Agentenschulen sind dem „Unternehmen" angegliedert, und der Unterbau des BND besteht aus Scheinfirmen mit „Generalvertretungen", die ihrerseits wiederum jeweils bis zu fünf Untervertreter mit „Filialen" beschäftigen. Diese unterhalten dann Verbindungen zu den V-Männern jenseits der Grenzen, zu den eigentlichen Nachrichtenbeschaffern.

Meist gehören zu den Stützpunkten an der „Nachrichtenfront" jeweils zwei Funker, zwei Kuriere sowie weitere V-Männer. Oberstes Prinzip dabei ist, daß kein Angehöriger der einen Gruppe von der anderen weiß, geschweige denn ihre Namen kennt.

Der BND arbeitet eng mit dem amerikanischen und anderen befreundeten Geheimdiensten zusammen. Er hat Zugang zu den Ergebnissen des Flugaufklärungssystems Awacs und zu allen möglichen Späher-Satelliten im All. Der Telefon-, Funk-, Fax- und Fernschreibverkehr von mehr als zwei Dutzend ausländischen Botschaften in der Bundesrepublik wird nach wie vor überwacht und entschlüsselt.

Der BND ist, „wenn die Sicherheit der Bundesrepublik oder eines Nato-Partners gefährdet" erscheint, ermächtigt, mit Zustimmung der Bundesanwaltschaft das Brief- und Telefongeheimnis zu verletzen. Jährlich werden vom BND auch heute noch etwa eine Million Briefe gelesen und mehrere hunderttausend Telefonate belauscht.

Der BND behauptet, daß die Aufklärung aus dem Weltraum längst nicht ausreiche. Briefe und Telefonate vervollständigten erst das riesige Erkennungs-Mosaik. Nur mit Hilfe der so eingeschränkten Grundrechte sei es möglich, eine Deutschland oder der NATO drohende Gefahr tagesaktuell richtig einzuschätzen.

Immer wieder beim Bundesverfassungsgericht in Karlsruhe eingehende Beschwerden gegen Schnüffelaktionen der Nachrichtenbeschaffer werden dann auch regelmäßig unter den Teppich gekehrt.

Viele Jahre hindurch hat der BND als der erfolgreichste Geheimdienst aller Nato-Länder gegolten. Vor allem während der Zeit von Reinhard Gehlen sollen seine Erfolge für den Westen fast unermesslich gewesen sein. So beschäftigte der BND jahrelang einen Agenten im Zentralkomitee der SED, der überaus brisantes Material lieferte und sich gerade noch rechtzeitig vor seiner Enttarnung in den Westen absetzen konnte.

Aber auch beim überaus erfolgreichen BND ereigneten sich im Laufe der Jahre immer wieder Pannen. Zu den größten zählten vor allem, daß die Spione Felfe, Clemens und Tiebel trotz aller Sicherheitsvorkehrungen jahrelang unentdeckt als Agenten in Pullach arbeiten konnten, daß man vom Berliner Mauerbau überrascht wurde, daß der BND nichts von der bevorstehenden Abberufung Chruschtschows und auch nicht von der Zündung der ersten rotchinesischen Atombombe erfuhr.

Besonders schwerwiegend auch der Fall Geyer. Er hatte zunächst für den BND gearbeitet, war dann aber in der damaligen CSSR verhaftet und später wieder als Gegenspion in den BND eingeschleust worden. Geyer konnte schließlich eine ganze Liste im Osten arbeitender westdeutscher Agenten preisgeben. Die Folge war, daß rund 200 der bewährtesten BND-Leute verhaftet wurden.

Maßstäbe nicht nur für die Geheimdiensttätigkeit in der Bundesrepublik, sondern in der ganzen – einschließlich der östlichen – Welt hat zweifellos Generalleutnant Reinhard Gehlen, der Mann ohne Gesicht, gesetzt. Gehlen wurde 1955 an die Spitze des BND berufen, aber er hatte auch schon während des Zweiten Weltkrieges in Sachen Nachrichtenbeschaffung eine große Rolle gespielt.

1942 war Gehlen Chef der Abteilung „Fremde Heere Ost" im Oberkommando des Heeres und damit praktisch Nachfolger des sagenumwobenen Admirals Canaris geworden. Zu dieser Stunde begann die steile Karriere eines der größten Abwehr- und Geheimdienst-Spezialisten, den die Welt je hervorgebracht hat.

Gut bekannt ist vor allem noch jene Episode aus der Neujahrsnacht 1944/45, als Gehlen Adolf Hitler den entscheidenden Angriffsplan der sowjetischen Armee in allen Details vorlegen konnte. Der „größte Feldherr aller Zeiten" (GröFaZ) hielt die Vorlage jedoch für ein „Hirngespinst", legte sie achtlos beiseite, und die deutsche Armee im Osten wurde kriegsentscheidend geschlagen.

Von diesem Zeitpunkt an bis zu den ersten Nachkriegsjahren läßt sich Gehlens Tätigkeit noch genau verfolgen, doch dann taucht sie im Dunkel von V-Männern, Agenten und Spionen unter.

Nachdem der Canaris-Nachfolger mit wichtigen Geheimunterlagen des Dritten Reiches nach Bayern geflohen war, kam er dort gleich mit den Amerikanern ins Geschäft und die spuckten für ihn und seine eilig aufgebaute BND-Organisation jährlich rund 3,5 Millionen Dollar aus.

Der schlanke, mittelgroße Mann mit Glatze, weit abstehenden Ohren und blondem Schnäuzer, der stets eine dunkle Brille trug, war selbst den meisten seiner engsten Mitarbeiter unbekannt. Fotos von ihm existierten nicht. Als ein Fotograf einmal in Bonn seine Kamera auf ihn gerichtet hatte, wurde der Mann auf offener Straße zusammengeschlagen und der Film beschlagnahmt.

Trotzdem führte der BND-Chef ein „ganz normales" Privatleben. Er fuhr per Wohnwagen und Segelboot in Urlaub, doch durfte er zu seiner Tarnung stets eine ganze Reihe von Decknamen benutzen. Als einziger Deutscher besaß Gehlen die Sondergenehmigung, die Nummernschilder an seinem Fahrzeug nach Belieben austauschen zu dürfen.

Übergroße Vorsichtsmaßnahmen lehnte Gehlen jedoch ab. So duldete er auch nicht, daß man ihn mit einer eigenen Leibwache umgab, obwohl der SSD auf seinen Kopf eine Million Mark Belohnung ausgesetzt hatte, obwohl Anschläge auf sein Leben bekannt wurden und der sowjetische Geheimdienst einer jungen attraktiven Dame bereits 25.000 Mark Vorschuß für den Versuch, sich Gehlen zu nähern, gezahlt hatte.

Eine wichtige Aufgabe des Bundesnachrichtendienstes ist, zusammen mit Verfassungsschutz und Militärischem Abschirmdienst der Bundeswehr (MAD), neben der Nachrichtenbeschaffung stets auch die Überwachung und Bekämpfung der ausländischen Agenten und Spitzel gewesen, die in der Bundesrepublik – Schwerpunkt Bonn – ihren Sitz hatten.

Während der Zeit des Kalten Krieges galt Bonn als die westliche Hauptstadt mit der größten „Spionage-Dichte". Mehr als 10.000 hauptberufliche Agenten aller Nationalitäten und Schattierungen tummelten sich damals am Rhein und horchten und spähten aus, was für den Gegner von Interesse war.

Gutaussehende Männer wurden auf die Vorzimmerdamen der Minister angesetzt. Agentinnen, meist im Schnellverfahren in Ostberlin ausgebildete Studentinnen der Bonner Universität, hatten Abgeordnete und hochgestellte Beamte auszuspähen, zu verführen und dadurch erpressbar zu machen. Am Rhein sprach man damals von „Romeo-und-Julia-Werbern". Speziell die DDR richtete ihr Augenmerk dabei auch auf weniger attraktive Sekretärinnen, die mehr eine Art Mauerblümchen-Dasein führten, die aus gewisser Torschlußpanik für unerwartete Aufmerksamkeiten besonders empfänglich waren und dem adretten Agentenwerber schon bald hörig wurden. Klaus Wagner, Vorsitzender des Staatsschutz-Senats beim Oberlandesgericht Düsseldorf, hat während seiner 18jährigen Tätigkeit allein 100 Sekretärinnen verurteilen müssen. Die meisten hatten aus Liebe zu ihren Agentenführern gehandelt. Ihnen gab Wagner fast immer „Rabatt": „Das Motiv Liebe haben wir, wenn es irgendwie anging, stets strafmildernd berücksichtigt", gesteht Deutschlands oberster Agenten-Richter.

Erst nachdem der Kalte Krieg längst passé war und die einstigen Feinde in Nato und Europäische Wirtschaftsgemeinschaft aufgenommen waren, wurde der wirkliche „Abgrund von Landesverrat", so Konrad Adenauer während der „Spiegel"-Affäre, offenkundig, der damals vom Boden der Bundesrepublik, bevorzugt von Bonn, ausging.

Gauck hat hochgerechnet und ist sicher, daß neben mindestens 10.000 Agenten zudem jahrelang mindestens 20.000 „inoffizielle" Mitarbeiter der Stasi im Dienst der DDR gestanden haben.

Der CDU/CSU-Bundestagsabgeordnete Michael Teiser spricht sogar von 30.000 westdeutschen Spitzeln, die bis zum Jahr 1990 regelmäßig Judas-Lohn aus dem Osten erhalten haben.

In allen Schichten der westdeutschen Bevölkerung fand die DDR-Stasi Helfer, die bereit waren, den Westen für die SED auszuspionieren und ihr wichtige Informationen zu liefern. Ministerpräsident Stolpe soll dazugehört haben, und die tatsächliche Rolle des engsten Wehner-Vertrauten Karl Wienand in diesem Dickicht von Spionage, Geheimnisverrat und erlaubten Ostkontakten konnte auch das Gericht nicht mit letzter Gewißheit klären.

Unter dem Decknamen „Komet" lieferte der Leiter der Westberliner Pressekonferenz jahrelang Informationen nach Ostberlin. Agent „Christian", ein Diplom-Physiker, war im Kernforschungszentrum Karlsruhe tätig, Agentin „Britta" im Bundeskanzleramt.

Einige Maulwürfe arbeiteten aus politisch-ideologischer Überzeugung für Erich Mielkes Stasi-Imperium, die meisten jedoch aus Abenteuerlust oder aus Gewinnsucht.

Leonore und Heinz Sütterlin flogen 1957 als erste auf. Die Ehefrau, Deckname „Lola", hatte es im Bonner Auswärtigen Amt bereits bis in die Abteilung Geheimschutz und Chiffrierdienst gebracht.

Elke Falk wurde 1968 als engste Mitarbeiterin zweier Staatssekretäre im Bundeskanzleramt enttarnt.

Agentin Irene Schulz brachte es 1969 bis ins Vorzimmer von Gerhard Stoltenberg, der damals als Kanzlerkandidat der CDU gehandelt wurde.

Im Jahr 1979 wurden in Bonn Sekretärinnen-Agenten gleich scharenweise enttarnt. Am ärgsten traf es damals die CDU-Parteizentrale, aber auch Minister und Staatssekretäre zuckten zusammen, wenn des abends das Telefon klingelte. Jedesmal die Befürchtung, diesmal könnte auch die eigene Mitarbeiterin entlarvt sein. Das Bonner „Spio-Gate" des Jahres 1979 lieferte Karikaturisten und Karnevalisten Munition in Hülle und Fülle.

Jahrzehntelang hatte man in Bonn geglaubt, alle Beamten und Angestellten, die mit Geheimpapieren umgehen durften, sorgfältig genug ausgewählt und gründlich genug durchleuchtet zu haben. Aber es waren ja auch nicht nur Beamte und Sekretärinnen, die Bonner Geheimnisse im Auftrag meist östlicher Dienste ausforschten. Auch rein technische Mittel dienten der Spionage.

Weit effektiver als die herkömmlichen „Wanzen", die, in Telefonapparate oder in Lampen eingebaut, heute fast nur noch in Filmen vorkommen, ist lange Zeit über der Lauschangriff mit Hilfe von Parabolspiegeln und digitalen Satelliten-Empfängern gewesen. Der Himmel hing und hängt auch heute noch voll künstlicher Monde, derer sich die Spionage-Organisationen – illegal, versteht sich – bedienen. Vor allem die Satelliten Kopernikus und der TV-Sat wurden dazu benutzt. Je größer der Parabolspiegel und je günstiger der Standort, desto einfacher war es, in Konferenzsäle und Büros hineinzulauschen. Die günstigsten Standorte waren natürlich die Berge. Deshalb hatten sich Sowjets, DDR und die Chinesen auch so intensiv um den Kauf des Petersbergs in Königswinter bei Bonn bemüht, bevor Kanzler Helmut Schmidt den Ostspionen diesen Standort im Jahr 1980 für die heute vergleichsweise niedrige Summe von 17 Millionen Mark vor der Nase wegschnappen konnte.

Vom Petersberg aus hätte der Osten mit seiner ausgefeilten Lauschtechnik jedes Telefonat, das im Köln-Bonner Raum geführt wurde, glasklar mithören können. Aber auch ohne den Petersberg verfügten speziell DDR und Sowjets im Bonner Stadtgebiet über hervorragende Lauscheinrichtungen, die jede Mauer und jedes Panzerglas durchdrangen. Die Anlagen, von denen natürlich auch die Bundesregierung einige besaß, hatten eine fast unbegrenzte Reichweite.

Im Kreml fand damals keine Konferenz statt, die in Bonn nicht als Wortprotokoll vorgelegen hätte.

Am wirksamsten mitlauschen konnten die auf Bonn angesetzten Spione beim Autosprechfunk.

Hier gab es bis weit in die 90er Jahre hinein keine wirksame Sicherung. Ganz normale Decoder reichten aus. Die meisten Gespräche waren zwar verschlüsselt, doch bereitete dies den Spionageorganisationen schon nach kurzer Zeit keine wirklichen Probleme mehr. Und auch auf die wichtigsten kabelgeführten Telefongespräche hatten die Lauscher schon zu einem frühen Zeitpunkt unerkannt Zugriff. Spione nämlich saßen nicht nur in den Bonner Ministerien und Parteizentralen, sondern auch bei der Post.

1988 wurden in den Bonner Regierungsdienststellen die Sicherheitsüberprüfungen noch einmal verschärft und jede einzelne Phase des Privatlebens eines Bewerbers bis ins kleinste Detail genauestens durchforscht. Homosexuelle Beziehungen zum Beispiel galten trotz aller Liberalisierung als Erpressungsgrund und führten unweigerlich zur Ablehnung eines Bewerbers.

Jede Abteilung eines Bonner Ministeriums, vor allem im Verteidigungsressort, verfügte fortan über Panzerschränke, die selbst den erfahrensten Tresorknacker vor eine unlösbare Aufgabe gestellt hätten. Wurde ein Dokument aus einem dieser Schränke benötigt, so setzte ein sorgsam ausgeklügeltes Sicherheitssystem ein. Von jedem der Tresore existierten nur eine eng begrenzte Anzahl von Schlüsseln. Sie durften nur von besonders vertrauenswürdigen und immer wieder durchleuchteten Personen benutzt und mußten vor Dienstschluß an geheimgehaltenen Orten deponiert werden. Auch wer einen solchen Schlüssel besaß, blieb Außenstehenden unbekannt.

Des abends, wenn der Dienstbetrieb in den Bonner Ministerien zu Ende ging, lag kein auch nur halbwegs geheimes oder vertrauliches Dokument mehr in den Büros ungesichert herum. Längst bevor die Putzfrauen in Brigadenstärke erschienen, waren vereidigte Boten bereits bei der Arbeit gewesen und hatten alle Papierkörbe entleert. Was sich dort im Laufe eines Tages angesammelt hatte, wurde in Säcke verpackt und die Nacht über in besonders gesicherten Räumen aufbewahrt. Am nächsten Morgen gingen dann nicht mehr benötigtes Vertrauliches und Geheimes aus allen Ressorts, einschließlich des Kanzler- und des Präsidialamtes, in der Müllverbrennungsanlage des Bundesverteidigungsministeriums in Rauch auf.

Die Anlage auf der Bonner Hardthöhe konnte bei Temperaturen von 1.100 Grad Celsius bis zu 750 Kilogramm Papier pro Stunde in so feinen grauen Staub verwandeln, daß dieser selbst für den erfahrensten Spion nichts mehr hergab.

Von nun an blieben den östlichen Geheimdiensten spektakuläre Ausforschungs-Erfolge am Sitz der deutschen Regierung verwehrt.

13. Adenauer die Füße gekrault

Selbst als 90jährigen wollten noch immer zahlreiche Frauen Konrad Adenauer zum Traualtar führen. Als seine Sekretärin ihn einmal fragte, was mit diesen Briefen geschehen solle, sagte Adenauer trocken: „Lejen Se dat jetrost unter Nichtanjriffspakte ab ...!"

Kurz vor Vollendung seiner 14 Amtsjahre im Palais Schaumburg meditierte Adenauer vor Journalisten: „Wenn ich jetzt nicht zurücktreten müßte, würde ich eine Änderung des Wahlgesetzes vorschlagen und jeder Frau zwei Stimmen geben. Die Frauen waren schließlich meine treuesten Wähler!"

Als der Kanzler eines Tages von einer heftigen Grippe geplagt wurde, erkundigte sich ein Journalist: „Wie ist denn heute sein Zustand?" Der „Alte" befahl seiner Sekretärin: „Saren Se dem Mann, ich wär' jestern schon beerdicht worden. Dat weiß noch keiner, dat hat er exklusiv ...!"

Deutschlands erster Nachkriegskanzler hat die „Zunft der Schreiberlinge", wie er den Journalistenstand zu bezeichnen pflegte, nie wirklich gemocht. Aber der Machtmensch Adenauer wußte: Ihre Schreibe, ihr Einfluß war wichtig für ihn. Also hofierte er sie; natürlich nicht alle, im Laufe der Zeit aber immer mehr, und seine Interview- und Gesprächspartner waren längst nicht nur CDU-treue Journalisten gewesen.

Für mich und auch für einige andere junge Vertreter dieser Zunft empfand Adenauer offenbar so etwas wie Großvater-Gefühle. Er war der erste gewesen, der mich in Oma Weber's Mülldorfer Kneipe einen Schluck aus seinem Weinglas tun ließ. Er drückte mir schon mal eine Tafel Schokolade in die Hand, wenn ich auf Bonner CDU-Zusammenkünften den Türsteher mimte, und er entlohnte mich später mit Barem für treffsichere Eierwürfe gegen die Brust politischer Gegner.

Ich konnte Konrad Adenauer stets hautnah miterleben. Ich durfte zahlreiche Gespräche mit ihm führen und ihn auf Reisen begleiten. Adenauer war DER Wahlkämpfer schlechthin gewesen. Die „Flugmaschine" oder „das Ding mit den Propellern", wie es geringschätzig aus seinem Mund kam, benutze er nur höchst ungern: Adenauer litt unter chronischer Flugangst. Darauf angesprochen, pflegte er zwar immer festzustellen: „Machen Se sich man keine Sorjen ... Se wissen doch; et is noch kein Meister vom Himmel jefallen ...!" So richtig wohl fühlte er sich aber nur in der Bahn und im Auto.

Stand Adenauer an Gleis 1 auf dem Bonner Bahnhof und rollte sein Wahlkampfsonderzug endlich ein, dann frotzelte die mitreisende Journaille jedesmal: „Zurücktreten, Herr Bundeskanzler ...!" Der kniff dann genau so jedesmal sein linkes Auge zu und lachte spitzbübisch: „Dat könnte Ihnen so passen, meine Herren ...!"

Seinen größten Wahlsieg überhaupt errang Adenauer 1957. Als der Kanzler damals nach gewonnener Schlacht den Sitzungssaal seiner Unions-Fraktion betrat, meinte er lächelnd: „Jetz' muß ich doch tatsächlich an die Heilije Schrift denken; an dat Wort ,Ich sah' einen jroßen Haufen un erschreckte fürchterlich!' "

Konrad Adenauer besaß ein reichlich Maß an Affinität zu Auto und Geschwindigkeit. Tourte der Kanzler per Wahlsonderzug durch die Lande, dann war der jedesmal mit drei Autos für die Fahrt vom jeweiligen Bahnhof zur Versammlungsstätte bestückt: mit Adenauers Mercedes 300 – er ist im Bonner Haus der Geschichte ausgestellt – mit einem Porsche als Polizeifahrzeug vornweg und einem weiteren Mercedes 300 mit zivilem Begleitschutz hintennach. Adenauers Fahrer Willy Klockner (eine Million

Kilometer mit dem „Alten") und Oswald Pietsch waren stets mit Pistole und Maschinenpistole bewaffnet. Auf Autobahnfahrten hatten sie sogar Handgranaten dabei.

Kein Geschwindigkeits-Gebot, das Adenauer auf seinen Fahrten hätte schrecken können. Auch wenn die Tachonadel die polizeilich erlaubte Grenze schon längst überschritten hatte, stichelte Adenauer noch: „Sinn Se einjeschlafen oder wat is los ...? Jeben Se endlich Jas, Klockner!"

Hinterher hatte Klockner mit seinem zu Geiz neigenden Chef heftige Kämpfe auszufechten, um die erkleckliche Zahl von „Knöllchen" nicht aus seiner eigenen Tasche zahlen zu müssen.

Über Konrad Adenauer's politische Verdienste ist während der letzten Jahrzehnte mehr als genug geschrieben worden. Auch die Anekdoten über ihn füllen ganze Bücherwände. Ich beschränke mich deshalb auf wenig Bekanntes, auf bislang völlig unbekannt gebliebene Dinge und auf politische Episoden, die vielleicht doch noch zur weiteren Abrundung des Geschichts- und auch des Menschenbildes Konrad Adenauer's beitragen können.

Der Alte aus Rhöndorf hat das Spiel mit der Macht stets genossen und mit allen Tricks und Boshaftigkeiten meisterhaft beherrscht. Schon während der ersten Jahre seiner von ihm geprägten „Kanzler-Demokratie" trat er stets so selbstbewußt auf, daß die in Wahrheit noch regierenden alliierten Mächte ihre liebe Not mit ihm hatten.

Den Polizei-Gesangverein, Köln – Adenauer war da Ehrenmitglied – schickte er 1962 mit den Worten auf Tournee: „Fahrt hinaus in et Ausland, singt unsere schönen alten Lieder un verjeßt nie, daß ihr Deutsche seid ...!"

Als die Österreicher 1955 von der deutschen Bundesregierung Wiedergutmachung für Nazi-Unrecht forderten, war Adenauer wütend geworden: „Wat wollen die ...!? Denen werd' ich die Jebeine von Hitler schicken, dann haben se Wiederjutmachung!"

Seine Reden, seine Interviews und die Art, wie er im Bundestag auf Angriffe des politischen Gegners reagierte; all das war oft nicht nur witzig und ironisch, sondern meist sarkastisch, oft sogar boshaft und verletzend. Adenauer bediente sich dabei besonders gerne und auch ganz bewußt seiner rheinischen Mundart, weil harte Worte in Kölsch längst nicht so böse klingen wie in Hochdeutsch, und er simplifizierte bis zum Gehtnichtmehr, so daß sich Freund und Feind nicht selten veralbert fühlten.

In einer Parlamentsdebatte über das Petersberg-Abkommen, mit dem Westdeutschland wieder erste Souveränitätsrechte erhalten sollte, äußerte sich Adenauer besorgt darüber, daß die Demontage der Fabriken vielen tausend Arbeitern Existenz und Brot kosten würde. Den Zwischenruf eines KPD-Abgeordneten („Sehr richtig!") konterte Adenauer mit den Worten: „Einen Augenblick! Es fracht sich, ob Se gleich auch noch ‚Sehr richtich!' saren werden. Die Hauptsache kommt nämlich noch ...!"

Der KPD-Abgeordnete Heinz Renner attackierte Adenauer einmal: „Diesen Teil Ihrer Rede hat Ihnen ein Fachmann aufgesetzt ...!" Daraufhin der Bundeskanzler: „Sie sind ein neidischer Mann, Herr Renner ...!"

Als die Bonner Regierung im Parlament für den Beitritt zum Europarat warb, sagte Adenauer u.a.: „Herr Dr. Schumacher meint, wir, die Bundesregierung, seien ein Wackelkontakt. Nun, meine Damen und Herren, lieber ein Wackelkontakt als gar kein Kontakt!" – Zwischenrufe: Carlo Schmid (SPD): „Ein Wackelkontakt ist eine gefährliche Sache!" Ein KPD-Abgeordneter: „Kurzschluß!" – Adenauer: „Nein, meine Damen und Herren. Sie verwechseln Wackelkontakt mit Kurzschluß und allerhand solche Sachen ...!"

In einer wehrpolitischen Parlamentsdebatte monierte seinerseits der SPD-Vorsitzende Erich Ollenhauer, dass Regierungschef Adenauer nicht anwesend sei. Als Adenauer dies hörte, meinte er: „De will ja nur, datt ich komme. Dann würd' er mir doch nur saren, dat ich jehen soll ...!"

Adenauer verriet Journalisten ohne Umschweife:

„Wissen Se, der Herr Erhard is ja janz tüchtich, aber mögen tu' ich ihn doch nit esu richtig!"

Für ihn, seinen Kronprinzen, empfand der „Alte" regelrechte Haßgefühle. Warum, habe ich niemals herausfinden können. Auf keinen Fall war Erhard für ihn aus jenem Holz geschnitzt, aus dem man Kanzler macht. ...

Als 1962 besonders gute Meinungsumfragen über Erhard kursierten, ließ Adenauer dennoch nicht locker: „Den bring' ich trotzdem auf ‚Null'." 1966, nach Erhards Sturz, frohlockte Adenauer wie ein kleiner boshafter Junge und schlug sich dabei genußvoll auf's Knie: „Hauptsache, er is wech ...!

Un dat dürfen Sie auch schreiben ...!"

Konrad Adenauer war wie kein zweiter deutscher Nachkriegspolitiker in allerhöchstem Maße von sich selbst überzeugt, und die meisten seiner Mitarbeiter und/oder Parteifreunde hielt er für ausgemachte Dummköpfe.

Kein Wunder, daß sich Adenauer 1949 selbst zum Fraktionsvorsitzenden der CDU im Bundestag machte. Kurz entschlossen schwang er sich ans Mikro und rief hinein: „Meine Damen und Herren, Sie sind sicher damit einverstanden, daß ich den Fraktionsvorsitz übernehme!"

Im selben Jahr noch wählte sich Adenauer auch selbst zum ersten Kanzler der deutschen Nachkriegsgeschichte („Selbstverständlich habe ich mich selbst gewählt, denn wie könnte ich anderen zumuten, mich zu wählen, wenn ich zu mir selbst kein Vertauen hätte!?").

Nur die bis auf den heutigen Tag immer wieder kolportierte Story, Adenauers eigene Stimme habe bei der ersten Kanzlerwahl den Ausschlag gegeben, ist so nicht zutreffend. Adenauers eigene Stimme hätte nicht ausgereicht, wäre da nicht noch eine andere gewesen. ...

An dem Bayern-Original Franz Xaver Unertl, Viehkaufmann, Posthalter, Land- und Gastwirt, hatte Adenauer, wie man so schön sagt, „einen Narren gefressen". Ihn mochte Adenauer weniger seiner originellen Auftritte wegen, sondern vielmehr, weil er ihn für seinen „Geburtshelfer" in der Stunde der ersten Kanzlerwahl hielt.

Irgend jemand hatte Adenauer zu einem späteren Zeitpunkt „gesteckt", Unertl sei jener Abtrünnige gewesen, der ihm seine Stimme gegeben hatte. Fortan genoß Unertl bei Adenauer so etwas wie Narrenfreiheit – völlig zu Unrecht allerdings, denn Unertl hatte dem Bundestag zur Zeit der ersten Kanzlerwahl überhaupt noch nicht angehört. Er war erst vier Jahre später ins Parlament gewählt worden.

Die für Adenauer ausschlaggebende Stimme hatte 1949 vielmehr Johann Wartner, Bauer und Gemeindeschreiber in Scheibelsgrub in Bayern, abgegeben.

Häufig war gegen Adenauer der Vorwurf zu hören gewesen, er sei ein „Kanzler" der einsamen Entschlüsse". Er schere sich „einen Teufel" um die Meinung anderer und vereinbare mit seinem Freund de Gaulle in der Europapolitik heimlich Dinge, die „der liebe Gott verboten hat".

1954, Adenauer war wieder einmal aus Paris zurückgekehrt, kam dieser Vorwurf auch aus dem Mund von Oppositionsführer Kurt Schumacher. Adenauer entgegnete ohne mit der Wimper zu zucken: „Diesmal kann ich gar keine einsamen Beschlüsse jefaßt haben. Schließlich waren der Bundesaußenminister und der Herr Parteivorsitzende ja auch mit an der Seine jewesen ...!"

Schallendes Gelächter, und Adenauer hatte Kritik der Opposition wieder einmal abgebügelt: Der spitzfindige Kanzler bekleidete damals nämlich auch noch die Ämter des Außenministers und des CDU-Vorsitzenden.

Als einer seiner Parteifreunde Adenauer einmal ungehalten vorwarf: „Sie können doch nicht verlangen, daß wir immer zu allem ‚Ja' und ‚Amen' sagen". Da lächelte der Kanzler sein bekannt süffisantes Lächeln: „Nee, dat verlange ich auch jar nich. Mir jenüch et schon, wenn Sie immer schön ‚Ja' saren ...!"

Genau so selbstherrlich, wie er Sachentscheidungen zu fällen pflegte, so entschied Adenauer auch nach eigenem Gutdünken über seine politischen Mitstreiter und setzte sich über deren Wünsche, ohne mit der Wimper zu zucken, hinweg.

Adenauer hatte seiner Partei vorgeschlagen, Theodor Heuss zum ersten Bundespräsidenten wählen zu lassen, doch klerikale Bedenken aus den eigenen Reihen kamen zuhauf: Heuss sei zu liberal, hieß es. Und: Er habe sogar was gegen die Kirche ... Adenauer wischte solche Einwände beiseite und befand einmal mehr selbstherrlich: „Der Heuss hat eine christlich denkende Frau, un dat soll uns jenüjen; basta!"

War Adenauer bei guter Laune, dann konnte er sich aber auch gönnerhaft geben: Unbedingt wollte er den Abgeordneten Richard Stücklen in sein Kabinett holen. Der Kanzler: „Ich kann den Seebohm mit seiner Politik, die uns nur Ärger macht, nit mehr riechen! Sie werden sein Nachfolger als Verkehrsminister!"

Als Stücklen, damals noch etwas schüchtern, einwandte: „Eigentlich hätte ich mir aber das Postministerium vorgestellt ...!", da entschied Adenauer: „Gut, dann werden Sie eben Postminister!"

Adenauers Starrsinn wurde mit fortschreitendem Alter immer größer: Als er am 15. Oktober 1963 nach 14jähriger Kanzlerschaft aus der Hand von Bundespräsident Heinrich Lübke seine Rücktrittsurkunde entgegennahm, da tat der damals bereits 87jährige diesen Schritt noch immer nicht freiwillig. Adenauer war von seiner eigenen Partei zurückgetreten worden. ...

Viele partei- und koalitionsinterne Kämpfe, nicht zuletzt die Versuche, sich selbst zum Bundespräsidenten wählen zu lassen oder auch den ungeliebten Nachfolger Erhard mit allen Tricks zu verhindern, hatten so starken Autoritätsverfall bewirkt, daß schließlich nur noch der Rausschmiß-Rücktritt blieb.

1945 zum erstenmal von den Engländern „wegen Unfähigkeit" als Kölner Oberbürgermeister abgesetzt, war Adenauer mit Frau und Familie 40 Kilometer rheinaufwärts, nach Rhöndorf, in eine Mietwohnung gezogen. Die Siebengebirgslandschaft gefiel ihm so gut, daß er schon bald ein Hanggrundstück mit der Flurbezeichnung „Fauler Berg", später Zennisweg, erstand. Von ortsansässigen Handwerkern ließ sich Adenauer ein Haus bauen und einrichten. Kräne gab es damals nicht. Also mußte jeder einzelne Stein 58 Stufen hinauf geschleppt werden.

Adenauers Heim war nicht auf Repräsentation angelegt, sondern gutbürgerlich eingerichtet.

Schreinermeister Jakob Walkembach wurde zu einem der wichtigsten Menschen in Adenauers Umgebung. 30 Jahre lang durfte er dessen Möbel für daheim und im Palais Schaumburg fertigen; allerdings niemals, ohne dazu ganz detaillierte und auch fachlich fundierte Anmerkungen seines besten Kunden zu erhalten. Adenauer: „Ich jlaube, dat man en anderes Furnier nehmen sollte!"

„Ich find' dat jlatte Leder darauf nit esu jut!" – „Nehmen Se doch lieber wurzeljebeiztet Mahajoni ...!"

Seinen Schreibtisch verlangte Adenauer aus Myrthenwurzel, doch schickte er ihn zweimal wieder an den Meister zurück, weil er nicht ganz seinen Vorstellungen entsprach. Walkembach stöhnte damals: „Man könnte meinen, er hätte auf der Kölner Werkschule die Schreinerlehre absolviert!"

Adenauer scheute sich auch nicht, Jakob Walkembach zu nächtlicher Stunde in sein Haus zu zitieren; nur, um ein paar Nägel in die Wand zu schlagen, Bilder „probe-zu-halten" oder umzuhängen („Etwas tiefer, etwas höher, Herr Walkembach ...!").

Auch Hans Mollberg, Adenauers zweiter Schreiner, konnte ein Lied von den speziellen Wünschen des „Alten" singen: Nicht selten, daß er vom Posten des Grenzschutz-Wachkommandos, selbst sonntags in aller Herrgottsfrühe, aus dem Bett geklingelt wurde, nur um Adenauers Schuhschrank aufzuschließen. Der hatte wieder mal seinen Schlüssel verlegt und entschuldigte sich dann treuherzig: „Seien Se nich böse, aber ich kann doch nich auf Pantoffeln in et Hochamt jehen ...!"

Adenauers Affinität für die Schreinerei kommt sicherlich auch dadurch zum Ausdruck, daß er schon früh, zu Lebzeiten, nicht nur einen „schlichten Sarg aus Eiche", sondern auch ein Double für die Exerzierübungen des Grenzschutzes bei den später anstehenden Beisetzungsfeierlichkeiten vorbestellt hatte.

Der gebürtige Kölner Konrad Adenauer war zwar eine Frohnatur, doch ist er im Sinne der Berufskarnevalisten nie wirklich „jeck" gewesen. Adenauer ging nicht zu öffentlichen Veranstaltungen, doch ließ er sich gerne beim Kanzler-Karneval im Palais Schaumburg, den er übrigens aus der Taufe gehoben hat, von Tanzmariechen und Karnevals-Prinzessinnen hofieren und auch bützen.

Mit dem berühmten Kölner Mundartdichter und Liedersänger Willi Ostermann eng befreundet, erinnert sich Adenauers ehemalige Sekretärin Elisabeth Zimmermann: „Einmal haben wir sogar hier zu Hause Karneval gefeiert. Seine beiden Töchter, meine Kollegin und ich hatten uns aus Bettlaken und Gardinen Kostüme gemacht, und er selbst hatte, glaube ich, einen Morgenrock übergezogen. Er legte sich auf den Diwan, wir scharten uns um ihn, fächerten ihm Luft zu, und eine von uns mußte ihm die Füße kraulen!"

Adenauer liebte seinen Wohnort Rhöndorf, und die Rhöndorfer liebten ihren prominenten Mitbürger. Sonntagmorgens, wenn sich „der Herr Doktor" in den Frack geworfen und seinen Zylinder aufgesetzt hatte, holten sie ihn scharenweise zum gemeinsamen Kirchgang ab.

Wenn der Kanzler zur Kirche ging, stand für die Bürger von Rhöndorf nicht der liebe Gott, sondern Adenauer im Mittelpunkt, und das hatte neben nackter Neugierde auch noch einen anderen guten Grund: Adenauer unterhielt, auch noch als Kanzler, engen Kontakt zum Rhöndorfer Bürgertum.

Winzer Wilhelm Heinen besuchte er besonders häufig („der hat die besten Trauben weit und breit!"). Neben Schokolade waren blaue Trauben eine der wenigen großen Leidenschaften des alten Herrn gewesen.

Konrad Adenauer hat stets gesund gelebt, immer nur mäßig gegessen und nie geraucht. Wer ihn im Rhöndorfer Zennisweg besuchen wollte, mußte die brennende Zigarre auf der Außenfensterbank ablegen, bevor ihm Zutritt gewährt wurde. Auch für Franz-Josef Strauß und Ludwig Erhard ließ Adenauer keine Ausnahmen zu.

Seiner Haushälterin und Köchin Resi Schlief – sie mußte dem geizigen Alten eine kurze Zeit lang ihre Ausgaben in einem Haushaltsbuch nachweisen – verriet Adenauer niemals eine Lieblingsspeise, die sie hätte kochen können. Wahrscheinlich besaß Adenauer überhaupt kein Leibgericht.

Der hagere Mann lebte fast schon spartanisch. Des Morgens packte ihm die Haushälterin ein paar Butterbrote in eine frisch haltende Blechdose, und des Abends gab es ein kleines warmes Mahl – ganz leichte Kost.

Hatte er des Mittags seine Brote im Palais Schaumburg verdrückt, zog sich Adenauer aus und hielt auf der Couch des Wilhelm Walkembach ein halbstündiges Nickerchen.

Kehrte Adenauer des Abends oder auch spät in der Nacht in sein Rhöndorfer Heim zurück, dann wollte er noch immer über alle Tagesabläufe informiert werden. Tochter Libeth Werhahn: „Nichts, was den Vater nicht interessiert hätte: Welche Handwerker waren im Haus gewesen? Wie viele Eier haben die Hühner gelegt und welches Huhn hatte versagt?"

„Sid nit esu pingelich!" (kleinlich) lautete eines der berühmtesten Worte von Konrad Adenauer. Selbst war er jedoch mehr als kleinlich. So duldete er zum Beispiel nachts keine Akten auf dem Schreibtisch. Seine Sekretärinnen, daheim wie im Amt, mußten sie oft noch bis in die tiefe Nacht abheften, denn Adenauer wollte am Beginn des neuen Tages stets auch einen neuen Anfang machen.

Zu seinen Nachbarn allerdings war Adenauer stets großzügig gewesen, und er unterhielt auch engen Kontakt zu ihnen. Auf der Straße oder am Gartentor plauderte er mit jedem, der vorbei kam. Er verbat sich die Anrede „Herr Bundeskanzler" und schenkte ihnen seine kaum getragenen neuen Anzüge. Das machte in der ersten Nachkriegszeit, als es alles nur auf Bezugschein gab, natürlich besonders beliebt.

Als der Rhöndorfer Bürger Johann Schlüter einmal leicht erkrankt war, schickte ihm „Dr. med. K. Adenauer" ein ärztliches Rezept: „Rp. alcoh. Cogn. f. 10.P. 2x tägl. ein kl. Glas nach der Mahlz. f. H. M. R. Schlüter, Rhöndorf". (Im Klartext: Der Kanzler empfahl für die Genesung zwei Gläser Cognac nach dem Essen.) Die dazu notwendige „Medizin" schickte Adenauer dem Nachbarn gleich mit.

Auch zu Bäckermeister Peter Profittlich hatte Adenauer eine ganze Zeit lang ein enges freundschaftliches Verhältnis gepflegt, doch dann gerieten der Bäcker und der Kanzler ob einer geplanten Seilbahn auf das heftigste aneinander.

Nach Profittlichs Idee sollte die Bahn von Rhöndorf auf den Drachenfels führen und damit den ziemlich brachliegenden Tourismus ankurbeln helfen. Doch Adenauer war schon damals ein Befürworter des gehobenen Tourismus gewesen, und er befürchtete, vor seiner Haustür könnten sonst gröhlende Kegelklubs die Ruhe stören.

Mit allen Mitteln blockierte Adenauer Profittlichs Pläne für die Seilbahn, und der stellte dafür aus Rache die kostenlose Lieferung von Keksen ein.

Sohn Karl-Heinz Profittlich: „Adenauer kam immer nur für ‚lau'. Der drehte jeden Pfennig zweimal um; so geizig war er ...!"

Zum endgültigen Zerwürfnis zwischen der Bäcker-Dynastie und dem Alten kam es dann, als Peter Profittlich ein Schützenfest ausrichtete und Adenauer trotz persönlicher Einladung nicht erschien. Profittlich schickte daraufhin Adenauers Sohn mit dem Götz-Zitat nach Hause: „Sach dingem Vatter, er künnt mich ens...!"

„Stellen Sie sich vor", verriet Adenauer einmal im kleinsten Kreise, „da jehe ich am Abend janz allein im Rosenjarten spazieren un überleje mir eine verzwickte Sache. Wat soll ich Ihnen saren; am nächsten Morjen steht dat alles haarjenau in der Zeitung...!"

Ja, Rosen, das waren ihm die liebsten Blumen. In Rhöndorf hegte und pflegte er sie – eine Lederschürze umgebunden, auf dem Kopf einen breit-krempigen Strohhut oder auch jenes Pepita-Hütchen mit dem er sonst alljährlich in Cadenabbia am Comer See seinen Boccia-Urlaub zelebrierte.

Nur wirklich „gezüchtet" hat Adenauer seine Rosen nie: („Dafür müssen Sie ja studiert haben...!"), und das hatte sein Gärtner Otto Berns, der sich jedoch nicht allzu lang der Gunst seines Arbeitgebers Adenauer erfreuen durfte. Des Morgens arbeitete Berns regelmäßig „bei den Rieses", den Besitzern der Penaten-Creme-Fabrik; kam er dann am Nachmittag zu Adenauer, dann war Berns dem anspruchsvollen Hobby-Gärtner „ze abjeschlafft on ze möd...!"

Als Adenauer am 14. September 1955 von Moskau nach Bonn zurückkehrte und an der Moskwa 10.000 deutschen Kriegsgefangenen die Heimkehr förmlich mit Alkohol erkämpft hatte, da überreichte die Lufthansa-Stewardess ihm seinen wohl schönsten und verdientesten Rosenstrauß. Adenauer hatte seine Moskauer Gesprächspartner damals förmlich weich-trinken müssen, um schließlich die Heimkehr der Gefangenen zu bewirken.

Damit er die Vielzahl der Wodka-Gelage im Kreml überhaupt durchstehen konnte, konsumierte der deutsche Kanzler damals vor jeder Besprechung reinstes Olivenöl. Adenauer nach seiner Rückkehr: „Glauben Sie mir, so viel Alkohol, wie ich in den letzten Tagen für

Deutschland schlucken mußte, hab' ich zuvor mein janzes Leben lang nich jetrunken ...!" Obwohl: Mit Wein, auch mit Mengen davon, wußte Adenauer sehr wohl umzugehen!

In seiner Freizeit betätigte sich Adenauer, schon von frühester Jugend an, aber auch noch während der Kanzlerschaft, als eifriger Tüftler.

Seine erste Erfindung war ein beleuchtetes „Stopfei" gewesen, mit dessen Hilfe Strümpfe stopfende Hausfrauen die schadhaften Stellen schneller auffinden sollten. Adenauers Pech: Ein ähnliches Instrumentarium war bereits vorher von einem anderen Tüftler zum Gebrauchsmusterschutz angemeldet worden.

Adenauer beschrieb schon sehr früh eine Vorrichtung, mit der die Abgasentwicklung bei Automobilen eingeschränkt werden sollte. Seinen Vorschlag unterbreitete er den Adler-Werken, die allerdings ablehnten.

Ein Patent dagegen erhielt Adenauer für sein „Notbrot" aus Mais, Gerste und Reismehl. Außerdem erfand er eine spezielle Gärtner-Gießkanne, mit der das Wasser, auf die jeweilige Pflanze zugeschnitten, speziell dosiert werden konnte.

Erfolglos war Adenauer hingegen mit einer Blendschutzbrille für Kraftfahrer und für Fußgänger gegen das grelle nächtliche Licht von Autos.

Ein elektrischer Insektentöter wiederum wurde Adenauer patentiert, doch fand sich dafür kein Hersteller. Mit einer elektrisch geladenen Bürste, die an der Rinde von Bäumen entlang zu streichen war, wollte der prominente Erfinder Würmer und Larven töten. Die Schädlinge sollten dann, „wie vom Blitz getroffen", tot zu Boden fallen. Doch manche Insekten husteten dem Erfinder was: Nur bei der Spezies Mehlwürmer war Adenauers Rezept erfolgreich.

Postum allerdings kam Deutschlands erster Nachkriegs-Kanzler auch noch einmal zu Erfinder-Ehren: Bäckermeister Profittlich backt das Schrot-Gesundheitsbrot des

„Alten" aus Mais, Gerste, Kleie und Weizen inzwischen mit großem Erfolg nach. Kanzler-Sohn Dr. Georg Adenauer hat ihm das Recht am Original-Rezept verkauft.

14. Die fünfte Jahreszeit

Immer wenn die Oberen besonders herrisch waren, wenn sie die Daumenschrauben ganz besonders fest anzogen, dann übergoß das mutige Völkchen der Rheinländer sie mit Spott und Hohn – es „verhohnepipelte" die Regierenden.

Das war im 18. Jahrhundert so, und es ist bis auf den heutigen Tag so geblieben:

Während der Franzosen-Herrschaft, als es zur Karnevalszeit eine eigene Polizeiverordnung gegen „närrische Umtriebe" gab, als jedes Kostüm mit Steuer belegt wurde und extra genehmigt werden mußte, verbargen die vermeintlichen „Narren" ihr Antlitz aus Furcht vor staatlichen Häschern hinter gräßlichen Masken.

Als das Rheinland durch Wiener Kongreß-Beschluß an Preußen gefallen war und Friedrich Wilhelm III. den Karneval schließlich vollkommen verbot, da trieben die Rheinländer eine Puppe mit dem unverkennbaren Antlitz des Regenten durch die Straßen und tauften sie „Hanswurst". ...

Mitte des 19. Jahrhunderts lockerten die Preußen zwar das Verdikt gegen Karneval und Narretei, doch den Rheinländern blieb das überlaute Dschingderassassa des gedrillten Militärs ein Dorn im Auge. Also erfanden sie als bissige Persiflage ihre „Funken" und „Garden" mit männlicher Marketenderin und ließen das ganze „Schmölzje" karnevalistisch heiter, völlig unakkurat und oftmals geradezu chaotisch auf der Bühne agieren.

Die attraktiven Tanzmariechen heute haben wir Adolf Hitler zu verdanken. Er verfügte 1936 aus Angst vor Homosexualität und Transvestitentum, daß keine Frau mehr von einem Mann dargestellt werden dürfe.

Die Kölner allerdings scherten sich nicht um diese Anordnung und ließen in ihrem „Dreigestirn" aus Prinz, Bauer und Jungfrau auch weiterhin einen Mann die weibliche Rolle verkörpern. Während der Nachkriegszeit, als der Karneval von keinem der jetzt demokratischen Regenten mehr unterdrückt oder auch nur behindert werden konnte, da empfand sich die rheinische Narretei dennoch nicht als überflüssig.

Die Politiker aller Couleur boten auch die letzten Jahrzehnte über mehr als zur Genüge Anlaß, um mit beißender Kritik auf's Korn genommen zu werden.

Als Adenauer das Kanzleramt seinerzeit nicht mehr genügte und er sich selbst auch noch zum Staatsoberhaupt krönen lassen wollte, da war schnell klar, welches das Hauptthema bei den Rosenmontagszügen zwischen Mainz und Düsseldorf sein würde.

Auch Helmut Kohl war während seiner langen Amtsjahre stets einer der Spitzenreiter in den „Hitparaden" rheinischer Narretei gewesen. Er wurde immer wieder als „Birne" oder als „Bundeslachsack" karikiert, der alle Probleme einfach aussitzt oder sie weggrinst.

Als die rheinische Frohnatur Walter Scheel in Bonn das Sagen hatte, da avancierte der bei den Karnevalisten schnell zum Lieblingskind. Scheel wurde zu einer der rheinischen Kultfiguren „Tünnes und Schääl" (Scheel). ...

Willy Brandt ist seiner hochprozentigen Vorlieben wegen als „Willy Weinbrand" und als „Whisky-Willy" veralbert worden.

Das neue rot-grüne Bündnis liefert so Vielfältiges für berechtigte Kritik (630 Mark-Jobs, Scheinselbständigkeit, Renten), daß den Karnevalisten auch hier die Munition während der nächsten Jahre kaum ausgehen dürfte: Gerhard Schröder und sein Widerpart Jürgen Trittin in **einem** Boot zwar, dennoch jeder dem anderen Ufer entgegen rudernd. ...

Aber es sind beileibe nicht nur die Spitzenpolitiker selbst, die durch ihr Tun den Karnevalisten die Giftpfeile frei Haus liefern. Sachfragen stehen den Personen in keiner Weise nach.

Seinerzeit, bei dessen Einführung, hatte das „technische Wunderwerk" Katalysator die Karnevalisten nicht ruhen lassen.

Rita Süßmuth's Eintreten für ein aidsfreies Leben mit Präservativ („Rita's Lümmeltüte") war für lange Zeit ein ganz großes Thema gewesen; die Spionageaffären um Günter Guillaume und Bonner Sekretärinnen, die in den Osten verschwanden, nicht minder. Und die ewig wiederkehrenden Spenden- und Bestechungsaffären sind es bis auf den heutigen Tag geblieben.

Zu diesem Thema steuerte im Karneval sogar ein Bundestagsabgeordneter einen viel belachten Vorschlag bei: SPD-MdB Dr. Rudolf Schöfberger aus München verlangte für sich und seine Kollegen eine neue Kleiderordnung. Danach sollte jeder Abgeordnete zur Vermeidung von Bestechungsaffären, den Fußballern gleich, ein Sponsoren-Leibchen, ein Trikot mit dem Namenszug seines Geldgebers, tragen. Schöfberger riet außerdem: „Wer den Förderer wechseln will, kommt auf eine beim Bundestagspräsidenten zu hinterlegende Transferliste und erhält, zusammen mit einer Ablöse-Bestechsumme, ein neues Sponsorenleibchen ..."

Wer die Berichterstattung in den Medien aufmerksam verfolgt, der erkennt schnell: Karnevals-Themen sind nur selten reine Phantasie, sondern meist mitten aus dem prallen Leben gegriffen, und sie bleiben oft über lange Zeitabschnitte hochaktuell. Und der Karneval ist auch längst nicht immer lustig und zum Lachen; oft genug ist er eine sehr ernste Angelegenheit; zudem häufig auch Geschmackssache.

Auf dem Höhepunkt der Barschel-Affäre zum Beispiel, da glänzte der Spitzen-Büttenredner Heinz Rech mit der Erkenntnis, daß man in der Leiche von Barschel nachträglich karnevalistisches Blut gefunden habe??? – Immerhin sei er der erste prominente Politiker, der in der Badewanne (rheinisch: „Bütt") zu Tode gekommen sei. ...

Rech bekam den Ernst des Karnevals hinterher am eigenen Leibe zu spüren. Die Vereine, die ihn und seinesgleichen für ihre Vorträge mit fürstlichem Salär entlohnt hatten, boykottierten ihn nun und entzogen ihm für den schweren Ausrutscher Barschel auf Jahre die wirtschaftliche Basis.

Zu früheren Zeiten, da machten Promis noch gemeinsame Sache mit den Narren: Ernst Moritz Arndt, Gottfried Kinkel, Karl Simrock, Ferdinand Freiligrath oder auch Heinrich Hoffmann von Fallersleben zum Beispiel.

Heute lassen sie sich nur noch die breite Brust mit Orden behängen und ihr Ego mit übertriebenem Lob beweihräuchern. Sie werden „Ehrenmitglied" in irgendwelchen unrheinischen Karnevalclubs und feiern – aktiv – höchstens mal von Freikarten-Plätzen aus mit; vorausgesetzt natürlich, die Fernsehkamera ist mit dabei und strahlt das strahlende Antlitz des Ministers hinaus ins weite Land.

Ganz wenige Politiker bildeten da rühmliche Ausnahmen: Der schon genannte Walter Scheel zum Beispiel; auch Norbert Blüm und natürlich der „Ober-Kölner" Konrad Adenauer. Sie und wenige andere nur beherrschten auch die rheinische Mundart, wichtige Voraussetzung zum Verstehen wie zum Mitmachen im Karneval.

Während der 50 Bonner Jahre hatte man erleben können, daß Bonn immer ein wenig im Schatten des hohen Kölner Doms gestanden hat; karnevalistisch wie überhaupt.

Man hatte erfahren können, daß der Dialekt in Bonn („Ich donn jähn fiere!") ein völlig anderer als im 30 Kilometer nahen Köln ist – do *dunn se feere* –.

Die „Imi's", sprich, die Zugereisten, konnten feststellen, daß „Bönnsch" nicht nur die Sprache der Bonner, sondern auch das untergärige Konkurrenz-Bier zum obergärigen „Kölsch" der Kölner ist.

Köln und Bonn, das war zwar nie „Todfeindschaft" wie Köln und Düsseldorf, doch hat jede der beiden Städte stets ihre speziellen Eigenheiten besonders hervorzukehren gewußt.

Auch der Urkölner Konrad Adenauer tat sich immer schwer mit dem eigenständigen Bonner Brauchtum. Er, der 1959 den „Kanzlerkarneval" erfand, lud dazu weniger bönnsche denn seine heißgeliebten kölschen Jecken ein. Adenauer: „Wir Kölner haben zwar nicht das Pulver erfunden, wohl aber et Juckpulver ...!"

Mittwochs, einen Tag vor der in Bonn-Beuel begründeten rheinischen Weiberfastnacht, wenn das Kabinett zu Ende getagt hatte, hielt Adenauer dann im Palais Schaumburg Hof und ließ sich auch bereitwillig eine der Insignien des Mannes, nämlich die Krawatte, abschneiden.

Adenauer war auch der erste Träger des Aachener Karneval-„Ordens wider den tierischen Ernst" gewesen, und er spendierte jeder seiner Sekretärinnen an ihrem „höchsten Feiertag" einen Pikkolo.

Überhaupt ist die Weiberfastnacht im politischen Bonn während der Adenauer-Ära am schönsten gewesen. In keinem Ministerium und auch nicht im Deutschen Bundestag wurde an diesem Tag gearbeitet; überall närrisches Treiben, bei allen Parteien jecke Pressekonferenzen, überall aber auch Techtelmechtel zwischen MinRat und Sekretärin. ...

Die Geburtenrate aufgrund von Karnevals-Beziehungen war in Bonn stets sehr ansehnlich gewesen.

32mal hat in den 40 Jahren seit Adenauers Premiere der Kanzler-Karneval im Palais Schaumburg stattgefunden.

Den sozialdemokratischen, in Norddeutschland gebürtigen Kanzlern Willy Brandt und Helmut Schmidt hätte man leichtfertigerweise ein gestörtes Verhältnis zur rheinischen Narretei unterstellen können. Dabei waren sie in Wahrheit die einzigen, die die Karnevalsempfänge ihre ganze Regierungszeit über jedes Jahr wieder stattfinden ließen.

Helmut Schmidt machte Schlagzeilen, als er 1976 das Dürener Tanzmariechen Lydia Korb auf dem „ehrwürdigen" Kabinettstisch tanzen und einen Spagat vorführen ließ.

So lange Helmut Kohl in Bonn regierte, setzte er mit seinen karnevalistischen Kanzler-Empfängen jedes Jahr einen anderen regionalen Schwerpunkt. Zu seinem Sechzigsten lud der Pfälzer Narren aus Bayern „ins Schaumburg". Er trug damit der Tatsache Rechnung, daß die Pfalz noch zu Bayern gehört hatte, als Helmut Kohl in Oggersheim nahe Ludwigshafen das Licht der Welt erblickte.

Im übrigen aber gerieten die Karnevals-Empfänge beim salbungsvollen Kohl mehr und mehr zum karnevalistischen Langweiler. Man spürte deutlich, daß Kohl nie mit Begeisterung bei der Sache gewesen ist. So nahm es auch nicht wunder, daß er den Kanzler-Karneval 1988 mit Rücksicht auf einen Flugzeugabsturz in Mülheim/Ruhr ausfallen ließ, drei Jahre später wegen des Golfkrieges ebenso, und 1993, als er keinen triftigen Grund vorweisen konnte, flüchtete Kohl zu einem „versehentlich" auf dieses Datum festgelegten Staatsbesuch nach Asien.

Jetzt, da Bonn nicht mehr Hauptstadt ist, liegt das Regierungsviertel verödet da. ... Ehemalige MinRäte sitzen bettelnd vor dem Beethoven-Denkmal und versuchen japanischen Touristen ihre Hypothek für's dahingammelnde Eigenheim anzudrehen. ... Soweit das Horror-Szenario eines Karnevalisten ... Die Wahrheit jedoch sieht anders aus: Die Bonner sind schon immer ein besonders feierwütiges Völkchen gewesen und werden es auch bleiben.

Vor 200 Jahren hatte der Kölner Kurfürst Maximilian Franz eingreifen und verfügen müssen, daß an Aschermittwoch „alles vorbei" sein solle. Die unermüdlichen Bonner Narren hatten damals die tollen Tage bis weit in die Fastenzeit ausgedehnt.

Kurfürst Max Franz ließ deshalb seine Untertanen am 1. Februar 1785 durch schriftliches Dekret wissen, daß am Fastnachtsdienstag, Schlag 24 Uhr, dem Prinzen Karneval fortan alljährlich der Garaus zu machen sei. Zwei Goldgulden würden von jedermann als Strafe fällig, der gegen diese Anordnung der Obrigkeit verstoße und weiterhin kein Ende der „tollen Tage" finden könne.

Das vergilbte Dokument dieses Dekrets ist heute eine der historischen Kostbarkeiten im Bonner Stadtarchiv. ...

15. Feind, Todfeind, Parteifreund

Eigentlich hätte es eine Hommage, ein kräftiges Dankeschön, für den scheidenden Theo Waigel sein sollen.

Was Edmund Stoiber im Januar 1999 statt dessen aber für den Vorgänger inszenieren ließ, war schon mehr Grabgesang auf einen Ungeliebten.

Öffentlich hatten sie jahrelang über sachliche Dinge wie den „Euro" oder die Autobahngebühren gestritten. In Wahrheit aber konnten sich beide auch nicht „riechen". Beide strebten danach, die absolute Nummer eins in Bayern zu werden – ausgestattet mit so viel Machtfülle wie sie einst nur Franz-Josef Strauß besessen hatte.

Als Seehofer und Strauß-Tochter Monika den Mann mit den buschigen Augenbrauen über den grünen Klee lobten, da rührte sich keine Stoiber-Hand zum Beifall. Uninteressiert, gelangweilt schweifte Stoibers Blick durch die Halle und hielt sich der Person des zu Ehrenden bewußt fern.

Vielleicht dachte Waigel in diesem Augenblick ja an Damokles, jenen von Dionysos beneideten Günstling, den er an üppig gedeckter Tafel zwar mit schwelgen ließ, über dessen Haupt er, an ein einziges Pferdehaar gehängt, aber ein scharf geschliffenes Schwert schweben ließ.

So ähnlich muß sich der langjährige Bundesfinanzminister und CSU-Vorsitzende auf jeden Fall gefühlt haben, als Stoibers Umgebung 1993 nicht davor zurückschreckte, aus naheliegenden Gründen einer neugierigen Öffentlichkeit intime Details des Waigel'schen Privatlebens preiszugeben.

Stoiber war mit solchem Tun in der Politik beileibe kein Einzelfall. Den Dolch im Gewande trugen viele, wenn es darum ging, den Konkurrenten auszuschalten oder sich noch mehr Macht zu sichern.

Politische Freundschaften sind die letzten 50 Jahre über mehr als selten gewesen. Zumeist wurde mit allen denkbar unfeinen Mitteln getrickst und aufs Allerheftigste gefochten. Unvergessen wird für immer die Brutalität bleiben, mit der der kleine Napoleon von der Saar Rudolf Scharping 1995 vom Podest des Parteivorsitzenden stieß.

Der Dauerkrach zwischen Adenauer und Erhard um mangelnde politische Führungsqualitäten des Wirtschaftsministers, vor allem aber um essentielle Sachfragen, hat jahrelang das Bonner politische Geschehen in weiten Bereichen lahmgelegt. Adenauer damals: „Nun, nageln Sie mal einen Pudding an die Wand ...!"

Erhard: „Mit diesem Mann bin ich fertig ...!"

Als 1956 die Konjunktur in Deutschland überschäumte, da wollte Erhard eine Diskonterhöhung durchsetzen, die Importe durch Zollsenkungen weiter liberalisieren und die Kredite verknappen. Adenauer selbst wußte in solchen Dingen nicht Bescheid, ließ sich beim anschließend öffentlich geführten Briefwechsel mit Erhard aber von BDI-Chef Berg die Hand führen. Ein ähnlich scharfer Briefwechsel zwischen Kanzler und einem seiner Minister ist in den Jahrzehnten danach niemals wieder geführt worden.

Adenauer erklärte die Diskonterhöhung „hinter seinem Rücken" öffentlich zur „Untergrabung der Staatsautorität", und eine Zollsenkung sei „widersinnig". Der Kanzler an Erhard: „In meiner ganzen Zeit habe ich mich noch nie so von einem Minister übergangen gefühlt – um keinen schärferen Ausdruck zu gebrauchen ... Ich möchte Ihnen dies in aller Deutlichkeit sagen".

Erhard konterte, er empfinde den Brief des Kanzlers als „im höchsten Maße kränkend".

Adenauer wäre nicht Adenauer gewesen, hätte er nicht noch ein's draufgesetzt.

Bei einem „Herrenabend" im Kölner „Gürzenich" ein paar Tage später, polterte der Kanzler los: Mit der Diskonterhöhung sei der deutschen Konjunktur ein schwerer Schlag versetzt worden ... Dieses „Fallbeil" treffe vor allem die kleinen Leute, die Erhard immer vorgebe, schützen zu wollen. ...
Adenauer warf Erhard in seiner Rede „mangelnde Kaltblütigkeit" und „verdrehtes Denken" vor.
Dies wiederum brachte beim so Gescholtenen das Faß zum Überlaufen: Rücktritt hieß seine Antwort, doch Erhard ließ sich von Staatssekretär Westrick, Adenauer hatte ihn eigentlich als Aufpasser ins Wirtschaftsministerium geschickt, zu Loyalität und Ausharren verdonnern. Allerdings hieß der „Vater des Wirtschaftswunders" im Volksmund fortan nur noch der „Gummilöwe".
Der Krieg der Streithähne dauerte fort und fand erst am Totenbett Adenauers sein Ende: Erhard war damals nach Rhöndorf in den Zennisweg gekommen, setzte sich zu Adenauer, legte dessen Hände in die eigenen und seufzte unter Tränen: „Nun ist alles vergeben ...!"
Helmut Kohl galt in Bonn 16 Jahre lang als ein Mann, dem Freundschaften nur so lange von Bedeutung waren, wie seine Partner ihm nutzen konnten. War dies nicht mehr der Fall, ließ Kohl sie, aus Angst, sein eigenes Image könnte sonst Schaden nehmen, regelmäßig wie heiße Kartoffeln fallen, und sie waren dann auch jedesmal schnell in der politischen Versenkung verschwunden.
Bestes Beispiel dafür: der frühere Bundestagsvizepräsident Philipp Jenninger, mit dem Kohl viele Jahre hindurch regelmäßig zum österlichen Fastenwandern nach Österreich aufbrach und den er einst liebevoll „seinen Don Philippo" nannte.
Nach Jenninger's Fauxpas in der berühmtberüchtigten Parlamentsrede vom 10. November 1988 gegen die antijüdischen Pogrome mußte er genauso gehen wie eine ganze Reihe anderer politischer „Männerfreunde" des 16-Jahre-Kanzlers.

Kohl war für Jenninger, mit dem er zuvor fast täglich telefoniert hatte, plötzlich nicht mehr zu sprechen. Läutete Jenninger im Kanzleramt an, dann hatte Kohl's Sekretärin Dauerauftrag, den Kanzler zu verleugnen.

Das änderte sich erst, als aus Schwäbisch-Hall, der Heimatstadt des Geschassten, die Kunde an Kohl's Ohr drang, Jenninger bereite seine Memoiren vor, und die ließen in so mancher Hinsicht an Deutlichkeit nichts zu wünschen übrig. Jenninger wurde von Kohl nun in den nobel besoldeten Botschafterstand gehoben, und um Jenninger's Memoiren ist es danach still geworden.

Richard Stücklen liebte nichts mehr als eine aufwendige Repräsentation. Wurde ihm zudem auch noch mit der Anrede „Herr Präsident" geschmeichelt, dann fühlte sich „Sir Richard" beinah' wie einst der Sonnenkönig.

Seitdem Kohl ihm 1983 zugunsten von Rainer Barzel, den er als vermeintlichen „Nebenkanzler" unbedingt aus dem Kabinett entfernen wollte, Sessel und vielfältige Würden des Parlamentspräsidenten nahm, war der seinem einstigen Chef zutiefst gram gewesen.

1986 von Kohl zum Endspiel der Fußball-Weltmeisterschaft nach Mexiko eingeladen, ließ Stücklen den Kanzler abblitzen: „Mit Dir flieg' ich nicht mehr, von Dir laß' ich mich auch nicht mehr einladen!" Und so hielt er es denn auch jahrelang. ...

Kohl's Feinde waren groß an Zahl: Kurt Biedenkopf gehörte dazu, Heiner Geißler ebenso, auch Rita Süssmuth und vor allem Lothar Späth.

1989, als das Regierungsschiff zum erstenmal deutlich ins Schlingern geraten war und Kohls Image einen ersten Tiefstand erreicht hatte, da wollten die vier Kohl gemeinsam stürzen.

Ein konstruktives Mißtrauensvotum gegen den eigenen Kanzler kam zwar nicht in Frage – jedermann scheute die offene Feldschlacht – doch sollte der Machtwechsel über den Umweg der Wahl eines neuen Parteivorsitzenden schrittweise vollzogen werden.

„Übervater" Kohl gelang es auf dem Bremer Parteitag jedoch, den Spieß umzudrehen, den Revoluzzer-Verschnitt Lothar Späth aus dem Präsidium zu kippen und auch die übrigen Kritikaster zum Schweigen zu bringen. Kohl damals geringschätzig über Späth: „Mit dem könnte man noch nicht einmal einen entlegenen Dorfgasthof stürmen ...!"
Wie so oft in der Politik, regelte sich auch in diesem Fall alles ganz von selbst.
Dank der völlig überraschend wiedererlangten deutschen Einheit konnte sich Kohl noch acht Jahre im Amt halten.
„Cleverle" Späth stolperte 1991 aus eigener Dussligkeit über diverse Abrechnungsaffären, und Querdenker Kurt Biedenkopf, von Kohl eigenhändig aus dem engsten Führungsclan eliminiert, schloß der Kanzler schon bald nach der deutschen Vereinigung wieder in die Arme; diesmal weniger, weil er ihn gebraucht hätte, sondern wohl wirklich aus einer Kohl bis dahin unbekannten Regung, aus Dankbarkeit.
Biedenkopf war durch seine schnelle Aufbauleistung in Sachsen zur wichtigsten Stütze in Kohls Wiedervereinigungspolitik geworden.
15 lange Jahre über hatte die „Männerfreundschaft" Kohl–Blüm gehalten, dann erhielt auch sie tiefe Risse, die nur deshalb nicht zum Eklat geführt haben, weil der Wähler die beiden zuvor aufs Altenteil schickte.
Blüm hatte angesichts leerer Kassen die Erhöhung des Rentenpflichtbeitrages auf 21 % des Einkommens verlangt. Als Kohl diese Absicht tagsdarauf „völlig unakzeptabel" und „wider aller Vernunft" nannte, war der Krach da und das Zerwürfnis eigentlich nicht mehr zu kitten.
Als der Arbeitsminister wenig später noch eins draufsetzte und sogar ultimativ forderte, bei der Steuerreform müsse die Erhöhung der Mehrwertsteuer zugunsten der Rentenkassen festgeschrieben werden, war Kohl fest entschlossen, Blüm zu entlassen.

Nur weil der einflußreiche Arbeitnehmerflügel der Union offen mit Kanzlersturz drohte, durfte der Mann, der den Müttern Babyjahre verschafft, den Vorruhestand für Arbeitslose erfunden, die Ost-Rentner zu Gewinnern der Einheit gemacht, der die von Bismarck begonnene Sozialpolitik in vielerlei Hinsicht komplettiert hatte, im Amt bleiben.

Feindschaft untereinander gab's in Bonn aber nicht nur in Adenauers und in Kohls Umgebung.

Theo Waigel und Volker Rühe, Duzfreunde an sich, schlugen jahrelang aufeinander ein, weil Rühe „seine" Bundeswehr durch den Finanzminister schlecht behandelt glaubte.

Strauß und Genscher beschimpften sich wie die Kesselflicker. Jeder von beiden lehnte es jahrelang ab, einen Ministerposten im Kabinett zu übernehmen, in dem auch der jeweils andere Minister geworden wäre.

Hans Apel, unter Helmut Schmidt sozialdemokratischer Finanz- und Verteidigungsminister, durfte „seine" Parteizentrale, das Bonner Ollenhauer-Haus, eine zeitlang nicht mehr betreten, nachdem er das Buch „Der Abstieg" geschrieben hatte und darin mit seinen ehemaligen Spitzenfreunden auf das Härteste zu Gericht gegangen war.

Hans Apel u.a. über Oskar Lafontaine: „Er beeindruckt alle, die nicht so genau hinhören. ... Er profiliert sich auf Kosten anderer!"

Hans Apel über den früheren SPD-Vorsitzenden Hans-Jochen Vogel, den „Oberlehrer der Nation": „Sein Führungsstil ist schlimm. Er behandelt seine Mitarbeiter wie Knechte ...!"

Wieviel eleganter rechnete da der geschaßte CDU-Generalsekretär Heiner Geißler mit seinem ungeliebten Parteivorsitzenden Helmut Kohl ab!

In dem Buch „Zugluft" nannte Geißler nicht ein einziges mal den Namen seines Meistgehaßten, wenn er auf ihn schoß und dennoch treffsicher feststellte: „Macht war für ihn die Fähigkeit, nicht hinhören zu müssen, weil er die Macht ja schon besaß ...!"

Die zurückliegenden 50 Bonner Treibhaus-Jahre haben aber nicht nur politische Feindschaften entstehen, sondern gelegentlich auch zarte Pflänzchen der Freundschaft erwachsen sehen. Und wenn's dazu nicht reichte, dann wußte so mancher Politiker doch sehr wohl zwischen parteibedingter Auseinandersetzung und persönlicher Wertschätzung zu unterscheiden. Konrad Adenauer und der Kommunist Heinz Renner waren während der ersten Bonner Parlamentsjahre verbal die wohl erbittertsten Streithähne gewesen. Nachdem Renner seinem Widersacher eines Tages jedoch völlig überraschend telefonisch zum Geburtstag gratuliert hatte, breitete Adenauer, wo immer er Renner fortan traf, die Arme aus und rief zur völligen Verblüffung aller Umstehenden aus: „An mein Herz mit ihm ...!"

Auch Helmut Kohl und Rudolf Scharping verstanden sich, so sehr sie sich im Parlament auch beharkten, persönlich ganz gut. In Debattenpausen sah man die beiden im Bundestags-Restaurant nicht nur einmal einträchtig Schulter an Schulter die Suppe löffeln oder ein Sandwich miteinander verzehren.

Und auch Kohl und sein Nachfolger Schröder saßen, im zuletzt gemeinsam genutzten Bonner Kanzler-Bungalow, mit ihren Ehefrauen, öfter mal in fast freundschaftlicher Atmosphäre beisammen.

Das Damen-Kleeblatt Rut Brandt, Mildred Scheel und Heilwig Ahlers praktizierte in Bonn jahrelang Politiker-Frauen-Freundschaft, wie es sie nicht häufig gab. Zum Tee oder zum Glas Wein trafen sie sich mindestens einmal die Woche bei der Bad Godesberger Prominenten-Wirtin Ria Maternus.

Die drei Männer telefonierten ständig und nicht nur dienstlich miteinander. Brandt erschien unaufgefordert zum Scheel-Geburtstag und umgekehrt. Urlaubten die Brandt's auf Fuerteventura, kamen Walter und Mildred Scheel hinterhergereist.

Freimut Duve, Hamburger SPD-MdB, war von seinem FDP-Kollegen Torsten Wolfgramm im Bundestag immer wieder heftig attackiert worden. Das änderte sich eines Tages schlagartig, obwohl Wolfram Duve ihn erneut ein „Großmaul" geheißen, dieser dann jedoch völlig unerwartet reagiert hatte: „Das ist ein sehr schmeichelhafter Zwischenruf, Herr Kollege! ... Weil Sie ihn, da bin ich sicher, literarisch verstehen und das Maul schließlich ja auch eine gewisse literarische Bedeutung hat; deshalb werden wir uns nicht weiter streiten, sondern wir werden beide zusammen zu Abend essen und in dieses eben von Ihnen zitierte ‚Maul' gemeinsam wunderbare Sachen hineinstopfen...!"

So geschah es, und das nicht nur einmal, sondern fortan regelmäßig.

Auch Franz Josef Strauß und Hans-Dietrich Genscher waren sich jahrelang alles andere als „grün" gewesen. Eines Tages jedoch kamen beide einander auf höchst ungewöhnliche Weise näher.

Weil die Genschers abends keine Möglichkeit mehr hatten, von Bonn aus zu einem Privattermin nach München zu kommen, flog Jet-Pilot Strauß das Außenminister-Ehepaar eigenhändig in die Isar-Metropole.

Von gereizter oder gar feindseliger Stimmung zwischen CSU- und FDP-Politiker-Paar nicht die Spur; im Gegenteil: Strauß erzählte seinem prominenten Fluggast, er sei von der FDP zwar schon oftmals enttäuscht worden; niemals jedoch so sehr wie als kleiner Bub „einmal auf der Wies'n, als er in einer Bude eine „splitternackte Seefee" in Augenschein nehmen wollte.

In der Bude hatte damals zu seiner bitteren Enttäuschung nur ein Stück Seife gelegen. Der Schausteller war Sachse gewesen und hatte Seife im Sachsen-Dialekt als „Seefee" angepriesen. ...

Die Genscher's und die Straußen's hatten einen lustigen Weiterflug, und seitdem kehrten die vier „Todfeinde" gelegentlich sogar gemeinsam bei Ria zu lukullischem Tun ein. ...

Jahrelang war das Bonner Parlaments-Provisorium „Wasserwerk" als „provinziell" verspottet worden, doch das Provisorium hat auch gutes bewirkt: Die Politiker sind sich hier, bedingt durch die räumliche Enge, menschlich ein gutes Stück nähergekommen. So manches unpersönliche „Sie" ist im Laufe der Zeit, über Parteigrenzen hinweg, dem vertrauten „Du" gewichen. Gegner, die sich einst verbal bitter bekämpft hatten, empfanden plötzlich Zuneigung, gelegentlich sogar Freundschaft, zueinander. Beispiele dafür gibt's zuhauf, und zuweilen trauten die Besucher auf der Tribüne ihren Ohren nicht, wenn sie anstelle fernseh-gewohnter Beschimpfungen plötzlich Zeugen geradezu liebevoller Zwiegespräche zweier Abgeordneter wurden, wenn z.B. der FDP-Mann Roland Kohn den „lieben Michael" (Catenhusen, SPD) unvermittelt lobte oder Ludwig Stiegler von den Sozialdemokraten seinem CSU-Widerpart Fellner vom Rednerpodium aus bescheinigte: „Alle Achtung, Hermann, Du bist heute aber besonders gut drauf ...!"

Was es zuvor im weitläufigen Bundestagsrestaurant kaum einmal gegeben hatte, wurde in der Enge der Wasserwerk-Cafeteria, zur Normalität: An den kleinen Tischen hockten bis zu sechs Abgeordnete verschiedener Couleur beieinander und ratschten; nicht politisch, sondern über Gott und die Welt, und das vertraute „Du" war plötzlich fast selbstverständlich geworden.

16. Hinterbank und Sommerloch

„Hinterbänkler" klingt ein wenig wie „Hinterwäldler", und das wollte keiner von den Parlamentariern sein. Zudem war die Chance in den vordersten Reihen ungleich größer, gelegentlich von einer Fernsehkamera eingefangen zu werden – auch wenn man sich noch keinen Namen gemacht hatte.

Also setzte jeden frühen morgens ein wahrer Run auf die vorderen Plätze, gleich hinter den Fraktionschefs und ihren engsten Mitarbeitern, ein. Zwischen halbneun und neun konnte man sich im Bonner Bundestag an die Urlaubszeit am Strand auf Mallorca oder anderswo erinnert fühlen, wenn Badehose, Handtuch und Sonnenbrille einen Liegestuhl im Sand oder am Pool reservieren halfen.

Einziger Unterschied zum beliebten Ferien-Zeitvertreib: Der Anspruch auf den Klappstuhl im Bundestag wurde nicht mit Textilien, sondern mit Zeitung und Akten belegt.

40 Jahre lang zuvor allerdings hätte sich ein Angehöriger der „Zweidrittel-Gesellschaft" der Hinterbänkler für einen unberechtigten Sprung in eine der vorderen Reihen einen schroffen Verweis durch den Fraktionschef eingehandelt.

40 Jahre lang glich in Bonn die Sitzverteilung im Parlament der Aufmarschordnung eines preußischen Regiments: Vorneweg die Späher (Parlamentarische Geschäftsführer), dann die Alleroberen und hintendran das „gemeine Volk".

Dieses sortierte man 40 Jahre lang nicht nach seiner politischen Bedeutung oder den parlamentarischen Sporen, die es sich möglicherweise schon erdient hatte, sondern akkurat und buchstabengetreu nach dem Alphabet – A vorne, Z ganz hinten –; ein Ordnungssystem, das natürlich besonders jenen missfiel, die in den Arbeitskreisen ihrer Fraktion oder gar in einem Bundestagsausschuß bereits ein gewichtiges Wort mitzureden hatten, des Namens wegen aber trotzdem hinten plaziert blieben.

Aus den hinteren Bankreihen gab es kaum ein Entrinnen, und den Fraktionschefs der großen Parteien blieb so manches Mal der Name eines der Ihren aus der Zweidrittel-Gesellschaft der Hinterbänkler jahrelang sogar völlig unbekannt.

Ein SPD-Abgeordneter, dessen Name mit dem Buchstaben „Z" begann und der deshalb schon eine ganze Legislaturperiode lang sein Politik-Leben in der allerletzten Reihe des Plenarsaals hatte fristen müssen, traf der Spott. „Hinterbänkler" zu sein, ganz besonders hart in seiner sensiblen Seele. In einem Gespräch mit Fraktionschef Herbert Wehner hoffte er auf Einsicht und schlug deshalb vor, künftig eine halbe Legislaturperiode lang die Sitzverteilung in umgekehrter alphabetischer Reihenfolge vorzunehmen.

Bullerkopp Wehner jedoch ließ den Mann aus der hinteren Reihe abblitzen: „Laß Dich in ‚Arschloch' umtaufen, dann sitzt Du künftig ganz vorne ...!"

Dem Abgeordneten mit dem „Z" blieb nur ein schwacher Trost: Auch andere, selbst solche, die dank ihres Namens ganz vorne saßen, taten sich aber trotzdem schwer, den Sprung vom „völlig unbekannten Wesen" zum hofierten „Politiker mit Einfluß" zu tun.

Lenelotte v. Bothmer zum Beispiel, für die Sozialdemokraten ins Parlament gewählt, drängte es mit aller Macht zu parlamentarischen Ehren. Wohl an die hundert mal bereitete sie sich – fast immer vergebens – auf einen glanzvollen Auftritt im Plenum vor. Allein zehnmal formulierte sie immer wieder neu ihre „Jungfernrede", um sie anschließend doch wieder nicht halten zu dürfen. Nur dreimal in elf langen Sitzungsjahren räumte ihr die allmächtige Fraktionsführung Rederecht ein.

Und auch Erhard Eppler (SPD), später sogar Minister, fiel als Abgeordneter erst wirklich auf, nachdem er für die Parlamentarier beim Fußball ein Tor geschossen hatte.

Versuche, durch eine neue Sitzordnung die Plätze unter der immer größeren Schar der Abgeordneten gerechter zu verteilen, hat es während des ersten halben Jahrhunderts neu-deutscher Parlamentsgeschichte immer wieder gegeben. Der letzte Bonner Plenarsaal trug dem bereits ein gutes Stück Rechnung, das Provisorium Wasserwerk mit seiner gemütlichen Enge allemal.

Vielleicht wird es irgendwann ja doch noch mal zum „Idealfall" kommen, wie ihn einst der Grüne Abgeordnete Gerald Häfner vorgeschlagen hatte und bei dem es überhaupt keine „Hinterbänkler" geben würde:

Häfner empfahl, den Politikern nach dem Vorbild Stadion ein riesiges Oval bauen zu lassen. In der Mitte könnten die Medien und Publikum Platz finden, und sämtliche Abgeordnete säßen einträchtig nebeneinander in der einzigen Reihe, die es gibt. Eine Bandenwerbung rundherum würde zusätzliche Millionen in die Staatskasse schaufeln.

Auf ein solches „Stadion", in dem jeder einzelne Abgeordnete dann in der ersten Reihe sitzen würde, mochten die „Jungen Wilden", die im September 1998 in bis dato nie gekannter Anzahl für alle Fraktionen ins Parlament gewählt wurden, nicht warten. Sicherheitshalber schlossen sie sich schon mal sofort zu einem fraktionsübergreifenden Bündnis zusammen, dessen einziges Ziel es ist, möglichst schnell bekannt zu werden und möglichst schnell Einfluß zu gewinnen.

Sie wollten sich auch nicht länger, wie jahrelang üblich, bei der Platzvergabe für die Bundestagsausschüsse mit dem Jugend- und Sportausschuß oder ähnlichem abspeisen lassen, sondern von Anfang an „hochpolitisch" im Auswärtigen-, dem Verteidigungs- oder dem Innenausschuß kräftig mitmischen. Und in der Tat: Seitdem sie ihre Erfahrungen in Interessen-Zirkeln austauschen und oft auch gemeinsam auftreten, bleiben ihnen Einfluß und Ämter nicht mehr so lange wie früher versperrt.

Mit zunehmendem Geschick nutzten die Youngster die sich ihnen bietenden Möglichkeiten, und dazu ist eine immer wiederkehrende Zeit im Parlamentsjahr ganz besonders geeignet:

Das Wort „Theater" entstammt bekanntlich dem Griechischen und bedeutet so viel wie „Schauplatz". Das Publikum schaut, damals wie heute, interessiert zu, was ihm da präsentiert wird: dramatisches meist; im Sommer, wenn das Volk besonders froh gestimmt, aber auch leichte Kost – Sommertheater eben.

In den schottischen Highlands, in immer noch unergründet tiefen Gewässern von Loch Ness, steht eines der berühmtesten Sommertheater der westlichen Welt. Sind die Chefs endlich von Bord, um sich am Strand von Brighton zu erholen, dann ziehen die Hinteren, Requisiteure und andere Subalterne, den Vorhang beiseite und inszenieren das immer wieder beliebte happy-end-lose Volksstück „Nessie".

Aber nicht nur in den schottischen Highlands; nein, auch in unserem sonst so aufgeklärten Land wurde alljährlich immer wieder Sommertheater geboten; bevorzugt im Bonner „Loch" und immer erst dann, wenn auch hier die Chefs von Bord waren.

Pünktlich zu den großen Ferien, mit Donnergrollen in Szene gesetzt, meldete sich das Sommerloch in schöner Regelmäßigkeit aus dem Winterschlaf zurück. Dann nutzten Politiker aller Couleur, bevorzugt natürlich die Hinterbänkler, zuletzt aber auch die cleveren „Jungen Wilden", die saure Gurkenzeit dazu, sich in der Sommer-Schmiere von Bonn mediengerecht ins Bild zu setzen und dem austrocknenden Nachrichtenfluß neuen Saft zuzuführen.

Friedrich Neuhausen, talentierter Lyriker und langjähriger FDP-Politiker, schickte dann seinen ins Sommerloch entfleuchenden Kollegen diesen Vers hinterher:

> Jetzt ist es Sommer auch in Bonn
> Ganz träge fließt der Rhein
> Das Parlament macht sich davon
> Und läßt das Bundeshaus allein
> Die einen zog es an das Meer
> Die anderen zur Alm
> Für Wochen fällt die Erinn'rung schwer
> An der Debatten Lärm und Qualm
> An Wahlerfolg und Wahlverlust
> An Kummer und Triumpf
> An Plenum, Ausschuß, Alltagsfrust
> An mieses Blatt im Spiel und Trumpf –
> Prozente her, Prozente hin
> Jetzt liegt im Sommerloch die Republik
> Und mancher fragt verschämt nach Sinn
> Und Zweck der hohen Politik.

An typischen Sommerloch-Themen war nie Mangel gewesen; getreu der Devise: Man nehme sich nur unerledigter Probleme an, für die es ohnehin keine Lösung gibt, oder man rühre in der brodelnden Suppe seit Jahren unausgereifter Dinge munter herum. ...

Was heraus kam, waren meist Eintags-Stücke, die während der Hauptspielzeit keine Chance gehabt hätten.

Ganz besonders hervor tat sich dabei stets ein Mann namens Möllemann, erst Minister, dann durch eigene Dummheit ins Abseits geraten, zuletzt aber erneut für Führungsaufgaben ambitioniert. „Das Mindeste", was ihm für die Zukunft vorschwebt, ist das „Amt des Außenministers für Wirtschaft und Justiz". ...

Vorsorglich hat Möllemann auch bereits seine Schlafgewohnheiten geändert. Er schläft neuerdings auf dem Bauch, läßt die Füße über das Bettende hinausragen und hat Gewichte an den Zehen befestigt ... Er will dadurch erreichen, daß ihm irgendwann die Kanzler-Schuhe passen.

Die Art, wie Möllemann mit Einfluß und Macht umgeht, wie er mit anderen Menschen ungeniert spielt, ließen ihn selbst zu Gespött und Spielball werden. ...

Und gespielt wurde in Bonn die ganze liebe lange Woche über – ohne Ruhetag und ohne Pause, auch wenn Titel und Themen eher dürftig waren und kaum noch gefielen.

In Jahren, wo der Sommer am Rhein besonders lange gewährt hatte, da sind den Akteuren auch schon mal die Stücke ausgegangen. Dann wurde kurzerhand Neues hinzu erfunden, denn schließlich dauerte es ja noch eine Woche, bis der Kanzler aus dem Urlaub kam, bis harte Normalität wieder Einkehr hielt.

FDP-MdB und Bundesminister Gerhart Rudolf Baum allerdings konnte man dann stöhnen hören: „Wie lange soll das Sommerloch denn noch dauern? ... Die Menschen in Sommerloch im Hunsrück – diesen Ort gibt es wirklich – beschweren sich bereits, weil sie tagtäglich in die Schlagzeilen gezerrt werden ...!"

Ja, die Lust am Sommertheater war jedes Jahr immer wieder neu und ungebrochen groß in Bonn zumindestens bei jenen, die die Stücke in Szene setzen. Und niemanden hat's gekümmert, wenn der eine oder andere mit der Zeit die Lust am Mittun verlor.

Irgendwer klatscht doch immer Beifall ... So war es früher schon bei den Griechen, und so war es 50 Sommer lang auch in Bonn.

17. Der Papa der Nation

Erika Külps wurde liebevoll nur „Külpsilein" genannt. Allen sieben hat sie treu ergeben gedient: Dem „Einmischer" Roman Herzog auch noch ein wenig; davor dem „Außenpolitiker" Richard v. Weizsäcker, Wandervogel Karl Carstens, politisch ganz besonders um strikte Parteien-Neutralität bemüht; auch dem lebensfrohen rheinischen Sänger und Selbstdarsteller Walter Scheel, dem Moralisten Gustav Heinemann, dem vielgeschmähten und oft unterschätzten Heinrich Lübke („Überall ist Sauerland...!"), vor allem aber Deutschlands erstem Bundespräsidenten. „Papa" Heuss.

Erika Külps hat den verschmitzten schwäbischen Feingeist aus Brackenheim, dem Mittelpunkt des württembergischen Weinbaugebietes Zabergau, der stets ein Herz auch für den geringsten seiner Mitarbeiter besaß, so intensiv wie kaum jemand anderes schätzen und in echter platonischer Zuneigung lieben gelernt.

Erika Külps war der erste Mensch überhaupt gewesen, der in der Bonner Villa Hammerschmidt Dienst tat; in jener Villa, in der die Jahrzehnte darauf Hunderte von gekrönten Häuptern und Staatspräsidenten über rote Teppiche schritten, wo hunderte von Diplomaten dem deutschen Staatsoberhaupt ihre Beglaubigungsschreiben überreichten, wo die Bundespräsidenten ihre Neujahrsansprachen an Volk und Welt richteten, wo sie ansonsten aber die „teuersten Gefangenen der Republik" waren und keinen wirklichen politischen Einfluß besaßen.

Ihren „Einstieg" bei Heuss hatte die Külps in der Telefonzentrale des Bundespräsidialamtes gehabt. Später wurde sie einflußreiche Sekretärin und gründete auch die hauseigene Theatertruppe „Die Heusslichen", in der sie zum großen Ergötzen des ersten deutschen Staatsoberhauptes so manches mal die „Frau Heuss" spielen durfte.

Als Theodor Heuss 1949, ein wenig widerwillig, vom Neckar an den Rhein kam, da wollte er zunächst ein Reihenhaus beziehen – als Mieter natürlich. Seinen „Persönlichen" Hans Bott forderte er damals auf: „Nur net ze teuer darf esch sei ...!" Dem damals 35 Jahre jungen Abgeordneten Erich Mende empfahl Heuss dringend, schleunigst einen Bausparvertrag abzuschließen, denn: „Sie habet jetz' Bub und Mädle. Sie müsset jetz a Häusle baue ... I' selbscht hab scho an Bausparvertrag bei Wüschteroth und wird' in Stuegert mei Häusle beziehe, wenn i hier aufhör ...!"

Und Heuss wußte auch damals schon ganz genau, wo das Häusle in Stuttgart stehen sollte; auf dem Killesberg. Adenauer bat er, ihm im Ruhestand dort mal häufiger das Alleinsein vertreiben zu helfen. Heuss einschränkend: „Nur ein Wallfahrtsort soll's nit werde ...!"

Adenauer wollte wissen: „Warum denn nich, Herr Heuss? ... Sie haben doch schon immer wat Heiliges an sich jehabt ...!" Heuss kniff die Augen ein wenig zu, strahlte über beide Wangen, schob sich seine dicke Zigarre noch ein wenig mehr in den Mundwinkel und konterte dann: „Sehen Sie, Herr Adenauer; in diesen Verdacht werden SIE niemals kommen ...!"

Weil die Bonner Regierung ihm ein mickriges Reihenhaus versagte (Heuss hätte sonst wohlmöglich noch bei der schwäbischen „Kehrwoche" mitgetan!), zog's ihn dann eben „in a kleines Schlössle", das einstige Lustschloß von Kurfürst Clemens August, in den viel besungenen schönen Bonner Stadtteil Poppelsdorf.

Doch der Staat sann auf mehr Reputation, und so wurde Heuss schon bald – widerstrebend zwar – in die Villa Hammerschmidt verfrachtet, in eine Villa des deutschen „Zuckerpapstes" Leopold Koenig, der sein Vermögen in Rußland gemacht hatte. Die damalige russische Zarin wußte Koenigs Konfekt als „das Beste der Welt" zu schätzen.

Ganz allmählich begann sich Heuss an das repräsentative Umfeld, an sein neues Domizil direkt neben dem Kanzleramt, zu gewöhnen. Seinem Referenten Bott gestand er verschmitzt: „Jetsch sin ma dem Konrad näher als dem Himmel ...!"

Die Väter des Grundgesetzes wollten, daß die deutschen Bundespräsidenten nur mit wenig politischer Macht ausgestattet würden, mit ungleich weniger zum Beispiel als sie der amerikanische Präsident besitzt und mit weniger auch als der Reichspräsident während der Weimarer Republik, wo die Präsidenten-Direktwahlen der Jahre 1925 und 1932 zu erbarmungslosen Schlachten entarteten, die das Volk in zwei feindliche Lager spalteten.

Wie alle seine Nachfolger, so durfte auch Theodor Heuss keine eigene Personalpolitik betreiben; höchstens mal einem Bundesrichter mit nationalsozialistischer Vergangenheit, wie Heinrich Lübke es 1961 tat, die Ernennung verweigern oder ein Gesetz anhalten und ihm die Unterschrift versagen.

Die deutschen Bundespräsidenten müssen für den Fall, daß einem Kanzler während der Legislaturperiode mal die parlamentarische Mehrheit verloren geht, entscheiden, ob sie eine Minderheiten-Regierung dulden oder den Bundestag auflösen und Neuwahlen ausschreiben sollen.

Im Mittelpunkt aller Präsidenten-Pflichten aber liegt das Atmosphärische, liegen Repräsentations-Funktionen nach innen und nach außen.

Der liberale Theodor Heuss versuchte als erster Nachkriegs-Präsident ganz behutsam, dem deutschen Volk nach dem geistigen Zerfall während der Hitler-Ära durch Rückbindung an beste Traditionen deutscher Geistesgeschichte wieder einen festen humanistischen Standort zu vermitteln.

Abgesehen davon, galt der Kampf des Theodor Heuss vor allem den ihn so sehr einengenden protokollarischen Vorschriften. Spät abends, wenn die Sicherheitsbeamten ihren obersten Chef längst in Orpheus' Armen wähnten, schlich sich Heuss auf leisen Sohlen aus der Villa, um seine Privatpost selbst in den Briefkasten zu stecken oder den wachhabenden Posten zu bitten: „Komm, Polizist, wirf's ein ...!"

Eingezwängt in Protokoll- und Sicherheitsbestimmungen zu sein, vor allem aber, in großem Rahmen repräsentieren zu müssen, das war Theodor Heuss stets verhaßt gewesen. So absolvierte er während seiner langen zehn Amtsjahre auch nur fünf Staatsbesuche; die allerdings mit Bravour und den besten Noten, die eine Nation vergeben könnte.

Unvergessen vor allem der riesige Erfolg seines Versöhnungsbesuchs in London. Aus Sicht einer bedeutenden englischen Zeitung der einzige Wermutstropfen dabei: Heuss, der mit militärischen Dingen nichts am Hut hatte, überwand die Front der Ehrenkompanie, die die früheren Siegermächte einem deutschen Politiker wieder hingestellt hatten, mehr stolpernd als schreitend. ...

Auch Manöver-Besuche bei der Bundeswehr absolvierte Heuss nur selten und äußerst ungern. Seine damalige Aufforderung an die Krieg übenden Soldaten „Nun siegt mal schön ...!" war mehr als ein Gag gewesen – sie war Ausdruck heuss'scher Nichtidentifikation mit allem, was militärisch und zackig. ...

Wieviel wohler fühlte sich „Papa" Heuss da doch, wenn er in kleinem Kreis, bei Literaten, Künstlern, aber auch unter einfachen Angestellten und Arbeitern, weilen durfte. Dafür nahm Heuss gern' die Strapazen von Reisen auf sich, und seinen Terminkalender ließ er sich mit solchen Begegnungen ohne Widerspruch prall füllen.

Heuss hat während seiner zehn Amtsjahre trotz Terminnot viel Politisches, Bedeutendes auch, zu Papier gebracht. Bezeichnend für sein vielfältiges Wirken abseits der ganz großen internationalen Verpflichtungen jedoch ist dieser Zweizeiler des ersten deutschen Bundespräsidenten gewesen:

> Von Stuttgart, Kiel bis Neuss:
> Keine Feier ohne Heuss!

Am 12. September 1949 war Theodor Heuss von der Bundesversammlung erst im zweiten Wahlgang mit 416 Stimmen zum ersten Nachkriegs-Staatsoberhaupt gewählt worden. Gegenkandidat Kurt Schumacher erhielt damals 312 Stimmen.

Fünf Jahre später, bei seiner Wiederwahl, hatte sich Heuss in der deutschen Bevölkerung – natürlich auch im Ausland – so großes Ansehen erworben, daß die SPD-Opposition auf einen Gegenkandidaten verzichtete und mehrheitlich dem liberalen Schwaben ihre Stimme gab.

Das stolze Ergebnis, das Heuss 1954, diesmal „natürlich" im ersten Wahlgang, erzielte, waren 871 von 987 Stimmen gewesen.

18. Die Feingeister von Bonn

Jahrzehntelang war Bonn auch in kultureller Hinsicht als „Provinznest" verschrien gewesen.

Dr. Helmut Herles, einst Kolumnist der FAZ, dann Chefredakteur beim Bonner General-Anzeiger, hat damals die meist politisch gemeinte Feststellung „Bonn ist nicht Weimar" auf das musische Flair deutscher Städte bezogen und kommentiert: „Bonn hat zwar keinen Musenhof, an dem ein Goethe zugleich Minister wäre ... Bonn ist nicht einmal wie Wolfenbüttel, wo Lessing der Bibliothekar des Fürsten war." ... Aber die Stadt sei auch nicht unmusisch. Schließlich gebe es hier eine große Zahl von „Gelegenheitsdichtern": Helmut Schmidt und Professor Carlo Schmid zum Beispiel.

Der wortmächtige Carlo Schmid, einer der „Väter des Grundgesetzes" und viele Jahre lang Bundestagsvizepräsident, brachte so manches in klassischem Versmaß zu Papier. Über Kanzler Konrad Adenauer zum Beispiel:

> ... Hoch über allem thront Konrad
> Dem sinnenden Gotte vergleichbar
> Und wie es Fürsten geziemt
> Mischt er sich selten unter's Volk. ...

Carlo Schmid schrieb nicht nur Memoiren, wie die meisten Nachkriegs-Politiker; Carlo Schmid war auch ein begnadeter Lyriker gewesen, doch damit war keine Auflage zu erzielen.

Auflage und Umsatz machten jene, die Bonn im Laufe der Jahrzehnte zur „Autorenstadt Nummer eins" in Deutschland werden ließen.

Statistiker haben herausgefunden, daß nirgendwo anders in der Bundesrepublik, weder in München, noch in Berlin oder Hamburg (berechnet natürlich auf die Einwohnerzahl), so viele Schriftsteller haupt- oder nebenberuflich wirken und so hohe Auflagen erreichen wie in Bonn.

Daran hat (natürlich) die große Zahl der Memoiren schreibenden Politiker erheblichen Anteil. Besonders die Bücher von, vor allem jedoch die vielen Bände über Konrad Adenauer, den ersten deutschen Nachkriegskanzler, schlagen in dieser Statistik deutlich zu Buche. Aber auch die meisten anderen Bonner Spitzenpolitiker der ersten Jahrzehnte überlieferten der Nachwelt ihre Gedanken und Einsichten über Begegnungen mit anderen Großen dieser Welt. Einer der wenigen, der darauf – bisher jedenfalls – verzichtet hat, war Helmut Kohl.

Voyeure sind bei der Lektüre der Memoiren westdeutscher Politiker nie auf ihre Kosten gekommen. Oft erwartete Aufklärung über schwerwiegende politische Auseinandersetzungen oder nachträgliche Einblicke ins Privatleben blieben immer aus. Auch Lafontaine's „Enthüllungen" hielten nicht, was sich manch einer davon versprochen hatte.

Fast genauso beliebt wie Memoiren sind bei den Bonner Spitzenpolitikern in letzter Zeit Kochbücher gewesen. Die Bundespräsidenten-Gattinnen taten dabei genauso als Autoren mit, wie Kanzler und deren Frauen. Großer Vorteil solcher Art Schriftstellerei: Man konnte ungeniert abschreiben. Das Rezept eines anderen war im Handumdrehen zur eigenen lukullischen Erfindung umgeändert, und die CMA („Aus deutschen Landen frisch auf den Tisch") war zur Mittäterschaft stets bereit.

Zur Nummer drei in der „Hitparade" der Bonner Schriftstellerei sind im Laufe der Jahre Kriminalromane aufgerückt. Das Autorenpaar Renate und Georg Cordt erzielte Großauflagen damit, und auch Horst Ehmke, einst Bundesjustizminister und Chef des Kanzleramtes, versuchte sich schon dreimal mit Erfolg als Krimi-Autor:

Natürlich geht es in seinen Büchern um politische Macht und um Geld. Ehmke's Erstlingswerk startet nach der Jahrtausendwende, als die rot-grüne Koalition gerade zerbrochen ist. Schwarz-Rot regiert dann, an der Spitze des Staates steht eine Bundespräsidentin, und der Kampf aller richtet sich gegen die internationale Atommafia.

Ehmke's Krimi „Global Player" folgte innerhalb von nur Jahresfrist „Der Euro-Coup", ein spektakulärer Generalangriff auf die neue Gemeinschaftswährung. Und da Ehmke, inzwischen 74jährig, noch immer wie ein Pferd arbeitet, ist nun schon sein dritter spannender Politroman erschienen. In „Himmelsfackeln" geht es in erster Linie um die Jagd nach brutalen Attentätern. Das Ganze spielt in der fiktiven politischen Landschaft des Jahres 2010, wenn angeblich noch immer die jetzige Rot-Grüne Koalition das Sagen hat.

Spannend geht's auch in dem Roman „Blavatzkys Kinder" der ehemaligen ultralinken Grünen Jutta Ditfurth beim überaus heiklen Thema Organhandel zu. Anders als im rauhen amerikanischen Thriller-Milieu, wo Präsidenten erschossen, mindestens jedoch ungeniert als kindermordende Monster dargestellt werden, hat die Bonner Schriftstellerzunft aber niemals ihr eigenes Nest beschmutzt. Streng wurden die ungeschriebenen Spielregeln beachtet, daß nämlich Spitzenpolitiker wie Bundespräsident, Kanzler und Minister, aber auch andere Persönlichkeiten, die in einem bestimmten Sinne „einmalig" sind, nicht einbezogen, schon gar nicht beim Namen genannt werden durften.

Die Bücherautoren jedoch sind beileibe nicht die einzigen Feingeister auf der Bonner Polit-Bühne gewesen. Da taten sich im Laufe der Zeit ein paar Dutzend Abgeordnete mit Gedichten, Marginalien und Aphorismen, mit Stegreif-Lyrik auch vom Rednerpult des Plenarsaals aus, hervor.

Allein Friedrich Neuhausen, bärtiger liberaler Lehrer aus Niedersachsen, verfaßte während zehnjähriger Zugehörigkeit zum Deutschen Bundestag rund 60 Gedicht-Bändchen und schmückte fast jede seiner Bundestagsreden mit Gereimtem.

1980, Neuhausen war gerade erst ins Parlament gewählt worden, gab's eine erbitterte Diskussion um den „Gläsernen Abgeordneten", der dem Wählervolk nicht nur seine gesamten Einkünfte, sondern auch viele andere private Dinge offenlegen sollte. Neuhausen's Komentar damals:

> Es kommt ein Mensch aus Glas daher
> Das ist ein Abgeordneter
> Um vom Verdacht sich zu befreien
> Zeigt willig er die Innereien
> Zeigt Lunge, Milz, sogar die Nieren
> Und will sich ebenfalls nicht zieren
> Auch Darm und Magen zu entblößen
> Um so Vertrauen einzuflößen
> Man munkelt ja von den Organen
> Sie seien Spenden-Waschanlagen
> Und obendrein zu jeder Zeit
> Hilfsmittel der Bestechlichkeit
> Doch etwas fehlt in dieser Reihe
> Den harten Hinweis man verzeihe
> Es gibt Organe noch, primäre
> Desgleichen manche sekundäre
> Behilflich selbst dem Tugendwächter
> Zur Unterscheidung der Geschlechter
> Den Wähler jäh' der Schrecken packt
> Dies ist ihm denn dann doch zu nackt. ...

Den sich häufiger mal streitenden Koalitionen schrieb der dichtende FDP-Politiker ins Stammbuch:

> Koalitionen sind oft wie Blätter,
> die der Wind irgendwo zusammentrieb
> Bis ein Häuflein liegenblieb
> Manchmal werden sie Kompost

Überstehen Schnee und Frost
Und ein reges Leben sprießt
Wenn dann neu der Frühling grüßt
Manches Blatt jedoch vergnügt
Immer mit dem Winde fliegt:
Hierhin und nach Visavis
Aber Humus wird es nie

Als Neuhausen nach 10 Jahren aus dem Parlament ausschied, resümierte er: „Wer in Bonn Thekengespräche für bare Münze nimmt, wird sich auf einen raschen Währungsverfall einstellen müssen" oder „Wer zuletzt lacht, hat in den meisten Fällen den Ernst der Lage noch nicht begriffen".

Mit Prophetie sah Neuhausen für die nächste Legislaturperiode ganze Elefanten-Schwärme am Politiker-Himmel aufziehen („Weil in Bonn doch so oft aus einer Mücke ein Elefant gemacht wird ...!")

Der Sozialdemokrat Ernst Waltemathe glänzte immer zur Jahreswende mit bissigen „Politorismen zum Nachdenken" und verschonte damit auch die eigene Partei nicht: „In der SPD gibt es immer zwei Meinungen; die richtige und die offizielle ...!" oder „Die SPD ist die älteste Partei in Deutschland, und man sieht es ihr auch an ...!"

Der CDU und dem Kanzler schrieb Waltemathe ins Stammbuch: „Viele können nicht ausstehen, was Kohl aussitzt" und die „Institution" Regierungssprecher beschrieb er so: „Bei ihnen handelt es sich um Verpackungskünstler von Luftschlössern".

Ernst Waltemathe über Politiker an sich: „Wenn Scham eine politische Tugend wäre, wären alle Politiker rot ...!" oder „Wenn Politiker zum Kotzen sind, erzeugen ihre Worte Durchfall ...!" Seiner unmaßgeblichen Meinung nach ist die Koalition „eine Verbindung von Parteien, die sich nicht leiden können" und „Wer Bundespräsident werden will, sollte sich davor hüten, von Kohl vorgeschlagen zu werden ..."

Normalerweise befaßte sich der Steuerjurist Claus Jäger aus Wangen im Allgäu mit trockener Sach-Materie. Als im Bundestag die Grünen jedoch den Zustand der Tropischen Regenwälder beklagt und auch wieder gegen die Atomenergie gewettert hatten, reimte Jäger an die Adresse seiner Öko-Kollegen:

> Hört nur, was der Grüne spricht:
> Messer, Gabel, Kernkraft, Licht
> Ist für Brasilianer nicht
> Laßt sie ihren Wald verbrennen
> und bei Kerzenschimmer pennen
> Laßt sie ihre Stauseen bauen
> Und den Regenwald versauen
> Alles dies ist einerlei
> Ist nur Kernkraft nicht dabei
> So soll jetzt am grünen Wesen
> Südamerika genesen.

Egon Lutz, mit 18 langen Jahren Erfahrungen im Bundestag, ist der Verfasssser eines ganz köstlichen Büchleins mit dem Titel „Parlaments-Stückchen". Darin plaudert der SPD-MdB aus Nürnberg mit viel Witz und Satire aus dem Alltagsleben eines Politikers und nimmt dabei sowohl sich selbst als auch seine Kollegen schonungslos auf den Arm.

Lutz zum Beispiel: „Der Sportausschuß des Bundestages fördert den Spitzensport vor allem durch persönliche Anwesenheit bei Weltmeisterschaften" oder „Der Ausschuß für Bildung und Wissenschaft hat eigentlich keine rechte Aufgabe mehr ... Da es aber einen Bildungsminister gibt, der ebenfalls keine Aufgabe hat, ergänzen sich beide prächtig".

Schon Lutz'ens Vorwort zu dem Büchlein ist Klasse: „Ich will erzählen von jenen Abend- und Nachtstunden im Plenum, bei denen der vortragende Abgeordnete seine im Saal sitzenden Kollegen noch namentlich begrüßen kann ... Das ist, wenn der Präsident nebenher über Monitor die

Übertragung einer Sportveranstaltung mitverfolgt und der Kollege nebenan seinen Whisky nur noch mäßig verdünnt und in immer schnellerer Schluckfolge genießt ...!"

Wie die Karnevalisten die Bonner Politik und ihre Köpfe während der „Fünften Jahreszeit" immer auf's Korn nahmen, so taten dies das ganze Jahr über mit großer Hingabe auch die Kabarettisten; Dieter Hildebrandt zum Beispiel im Fernsehen oder der begnadete Stimmen-Imitator Stephan Wald auf zahllosen Bühnen überall in der Republik:

Helmut Kohl lebt nicht mehr ... Die Sintflut bricht (deshalb!) über uns herein, doch eine bunt zusammengewürfelte Schar deutscher Promi's kann mit einer Bundeswehr-Transall zum Himalaya entkommen: Schröder, Scharping, Joschka Fischer, Blüm, Helmut Schmidt, Boris Becker, „Bio" und Verona, Lagerfeld, Reich-Ranicki und noch ein paar andere.

Während Verona Feldbusch dümmlich daherplappert und Gerhard Stoltenberg für jenen Politiker hält, „der in der Badewanne ertrunken ist", während Boris den Literatur-„Papst" Reich-Ranicki als Coach für seine neue Dichter-Karriere anzuheuern versucht, steht Helmut Kohl von den Toten auf und krönt sich selbst zum Abt des einzigen Klosters auf dem Nanga Parbat. ...

Aber Bonn „gebar" im Laufe der Zeit durchaus auch eigene Kabarettisten, die sich den kommentierwürdigen Geschehnissen deutscher Politik und deren Köpfe annahmen: Die inzwischen längst fernseh-bekannten „Spingmäuse" unter ihrem irischen Regisseur und „Lindenstraßen"-Darsteller Bill Mockridge oder Norbert Alich („Hermann Schwaderlappen") und sein Partner Rainer Pause vom ur-bönnschen Kabarett „Pantheon": „Der Joschka ist ja richtig dürr geworden. Wenn der auf einer Parkbank sitzt, dann füttern ihn jetzt schon die Enten!", und auch der skurrile frühere Regierungspräsident Franz-Josef Antwerpes gehört dazu: („Wie, Sie fahren nie zum Käsekuchen-Essen nach Neuseeland?", „Sie wissen nicht, daß Kaviar in der Jackentasche warm wird?").

Eine Sonderstellung nimmt der längst eingebürgerte, inzwischen sogar schon „ver-bonnte" Südtiroler Konrad Beikircher ein. Wenn er politisierende Stammtischbrüder belauscht, dann hört sich dies ungefähr so an: „Also, wat sich die Rejierung mit dem Berlin do jelapp hätt, dat paß jo op kei Kohhaut mieh ..." „Jenau! Die hätten de Mauer am besten stonn jelosse, weil: Dat kann jo kei Minsch mieh bezahl; sch-meine: Wat dat koss!"

„Andererseits es et doch schön; EIN Deutschland ...!"

„Jot, klar, ne, es schön. So jesehen, un do hätt jo och jeder andere Kanzler nüß anders maache künne, sch'meine, wor klar, in dem Moment, wies de Mauer jefallen es, dat dat Jeld koß, normal; ne, sch'meine; willste maache ..."

Aber die Abgeordneten überließen politisches Kabarett nicht nur den anderen. Sie haben selbst kräftig dabei mitgetan. Eckart Kuhlwein (SPD), Uli Höfken (CSU) und die Grüne Jella Teuchner gründeten eine überparteiliche „sechste Fraktion" und tüftelten nächtelang an politischen Gags, die sich in ihrer unmittelbaren Umgebung natürlich haufenweise auftaten. Alles und jeder bekam von den „Wasserwerkern" sein Fett ab:

> Wem ham se die Krone geklaut??
> Dem Helmut, dem Süßen
> Dem Schwarzen, dem Riesen,
> Dem ham se die Krone geklaut.
> Wer hat ihm die Krone geklaut?
> Der Schröder, der Schöne,
> Der Schicke, Mondäne,
> Der hat ihm die Krone geklaut. ...
> Was macht der Helmut denn jetzt?
> Er fastet in Gilgen,
> Um Schulden zu tilgen.
> Er hat die Union schon versetzt.

In Berlin machen die „Wasserwerker" weiter, hin und wieder geben sie aber auch noch mal ein Gastspiel in ihrer Bonner „Heimat".

Auch von anderen Musen wurden die Bonner Spitzenpolitiker, der eine mehr, der andere weniger, geküßt.

Bauernminister-Unikum Josef Ertl malte, nachdem er „Ex" war, in seinem Bad Wiesee'r Heim „wie der Teufel" drauflos; vor allem Bergseen und andere Naturmotive, doch die blieben trotz hoher Gebote (1.000 Mark und mehr) immer unverkäuflich.

Björn Engholm glaubte allen Ernstes ein begnadeter Sänger zu sein, doch teilten Experten seine Meinung nicht. Nachdem der damalige Kanzler-Aspirant der Sozialdemokraten sogar einen Auftritt in der RTL-Sendung „Guten Morgen, Deutschland" gehabt hatte, verlieh ihm die Zuhörergemeinde den „Krächzenden Raben", einen Negativ-Preis, den zuvor auch schon mal Verteidigungsminister Manfred Wörner erhalten hatte. Horst Günther von der CDU hingegen besaß wirklich Gesangs-Talent. Als vielbeklatschter Baßbariton schmetterte er, begleitet von einem kleinen Ensemble der Berliner Philharmoniker, Arien von Verdi und Lieder von Schumann.

„Musik wird als störend oft empfunden, derweil sie mit Geräusch verbunden" hatte Wilhelm Busch einst gereimt. Über all die Jahrzehnte indes beherrschte eine große Schar Bonner Spitzenpolitiker ihre Instrumente in solcher Perfektion, daß sie sogar zusammen mit begnadeten Berufsmusikern auftreten durften.

Helmut Schmidt's Können an Orgel und Klavier war in Fachkreisen unbestritten. Er hatte öffentliche Auftritte mit Justus Frantz. Rita Süssmuth spielt Klavier, Otto Schily sogar ganz respektabel. Richard v. Weizsäcker beherrschte Geige, Trompete und Posaune.

Als SPD-Bildungsminister Helmut Rohde einst Ehrengast bei einem Jazz-Konzert war, hielt es ihn nach einer Stunde nicht mehr auf dem Stuhl. Er holte seine Gitarre hervor und griff kräftig in die Saiten. Zusammen mit Sohn Michael (Klarinette), hatte der Politiker beim Südwestfunk mehrere Fernseh-Auftritte, und wenn Walter Scheel zu vorgerückter Stunde im Bonner Prominenten-

Lokal „Ria" Maternus sein „Hoch auf dem gelben Wagen" schmetterte, dann mimte Rohde so manchesmal den Begleiter dazu.

Grünen MdB Wolfgang Daniels war ein begnadeter Blues-Pianist und wollte sogar Profi werden. Täglich sechs bis acht Stunden Probe wurden ihm schließlich aber doch zu viel.

Der CDU-Politiker Wolfgang Börnsen hatte mit 16 Jahren in Jazz-Gruppen als Schlagzeuger gearbeitet und sich damit das Geld für's Studium verdient. Sein größter Erfolg viel später, im Jahr 1986, war ein Auftritt mit Jazz-„Papst" Lionel Hampton.

Gerhard Jahn, viele Jahre lang SPD-Spitzenpolitiker in verschiedenen Ämtern, beherrschte die Geige fast schon virtuos. Die schlimme Nachkriegszeit, als er vier jüngere Schwestern ernähren mußte und die Geige gegen Speck und Eier eingetauscht wurde, hatte das große Ziel, Profi-Musiker zu werden, dann doch nicht Wahrheit werden lassen. Nachdem Bill Clinton während eines Deutschland-Besuches beim Spiel in Helmut Kohls Oggersheimer Haus das Saxophon populär gemacht hatte, war dieses Instrument auch am Rhein „in". Der Jazzband-erfahrene langjährige Fraktionsvorsitzende der Bonner „Drei-Pünktchen-Partei" FDP, Hermann Otto Solms, besaß wohl die größten Fähigkeiten aller Politiker am Saxophon.

Jürgen Möllemann bläst Trompete. Klarinette spielen ist die Lieblingsbeschäftigung von Hans-Jürgen Wischnewski. Peter Paterna (SPD) spielt Cello, Norbert Blüm kann profihaft dirigieren und die Drehorgel bedienen. Lothar de Maiziere, letzter DDR-Ministerpräsident und kurzzeitig Helmut Kohls Stellvertreter, glänzte mit seiner Bratsche auf so manch' öffentlicher Veranstaltung.

Die Musikbegeisterung der Bonner Polit-Promis ist zu allen Zeiten stets so groß gewesen, daß man darob mehrere Bigbands hätte zusammenstellen können. Trotzdem ist dies, anders als bei der Bundeswehr, nie gelungen. Grünen-MdB Wolfgang Daniels hatte während der Jahre

1985 bis 1989 zwar mächtig die Werbetrommel dafür gerührt, doch die Disharmoniker der Politik scheuten stets den gemeinsamen öffentlichen Auftritt in Harmonie und Gleichklang.

19. Weltbürger und Gelehrter

Wohl kein nachkriegsdeutscher Politiker hat die Formulierkunst so ästhetisch beherrscht wie der in Perpignan in Frankreich geborene Weltbürger und Gelehrte Carlo Schmid.

Er hat Baudelaire, Calderon und Lope de Vega übersetzt und war der einzige Bundestagsabgeordnete von wirklich literarischem Rang. Am Theater in Tübingen hat Schmid Regie geführt. Auf's Stichwort hin vermochte er über ein nicht vorgegebenes Thema ein zweistündiges Kolleg zu halten, und niemand auch hat häufiger als er in der Frankfurter Paulskirche gepredigt.

Wenn „Schmid ohne ‚t' " im Bundestag ans Rednerpult trat, dann falteten die Abgeordneten ihre Zeitungen zusammen und horchten andächtig zu. Niemand wollte die rhetorisch glänzenden Darlegungen von Carlo Schmid versäumen.

Wenn er – natürlich ohne Manuskript – sein Kolleg hielt, dann kam niemals Langeweile auf, und es gab auch keine leeren Abgeordneten-Bänke im Parlament.

Schmid redete nicht mit den Händen. Seine unterstreichende Gestik war das gekonnte Spiel tief im Kopfesinneren liegender fröhlicher Augen. Und die funkelten immer dann besonders, wenn dieser Mann seine politischen Ausführungen mit Zitaten aus bekannten Werken deutscher Dichterfürsten unterstrich; zum Beispiel aus Faust, 2. Teil:

Zum Sehen geboren
Zum Schauen bestellt
Dem Turme geschworen

> Gefällt mir die Welt
> Ihr glücklichen Augen
> Was je ihr geseh'n
> Es sei, wie es wolle –
> Es war doch so schön!

Schmid's Mutter war Französin, der Vater Deutscher gewesen. Laut Taufregister hieß Carlo Charles mit Vornamen, seine Muttersprache war nicht deutsch, sondern französisch. Da nimmt es nicht wunder, daß er sein ganzes Leben lang als „frankophil" galt. Schon die Klassenkameraden auf der „Penne" meinten, Carlo „habe was mit der Grande Nation am Hut" und nannten ihn durchaus liebevoll „den Franzosen".

Carlo Schmid war zweifelsfrei eine der ganz großen und bedeutenden Figuren auf der Bonner Polit-Bühne gewesen. In vielen Dingen war er „Motor" und „Beweger".

Im Parlamentarischen Rat 1948 wurde auf seine Intention hin das Konstruktive Mißtrauensvotum ins Grundgesetz geschrieben.

Carlo Schmid, obwohl bekanntlich anderer Partei als Deutschlands erster Nachkriegskanzler zugehörig, hatte Konrad Adenauer auf dessen Wunsch hin auf die schwierigste all seiner politischen Missionen gründlich vorbereitet, als Adenauer 1955 die letzten deutschen Kriegsgefangenen aus Rußland holte.

Vor- und Vorausdenker Schmid hatte schon zu einer Zeit, als schwarz-afrikanische Staatspräsidenten noch mit Koffern nach Bonn reisten, um hier Entwicklungshilfe in bar zu kassieren, die Idee gehabt, diese Hilfe fortan – ähnlich dem Marshallplan für die 1945 hungernden Deutschen – nur noch projektbezogen, als zeitlich begrenzte Hilfe zur Selbsthilfe, zu gewähren wie es heute auch geschieht.

Immer aber hörten nur wenige auf Carlo Schmid.

Bis endlich das „Godesberger Programm" kam, wurde er von den meisten damals noch sehr linken „Sozis" sogar als eine Art „Fremdkörper" in der Partei betrachtet.

Durfte Carlo im Wahlkampf oder sonstwo wirklich mal ran, dann fand er oft Widerspruch in den eigenen Reihen, besonders unter den radikalen „jungen Wilden", die damals, anders als heute, noch wirklich wild gewesen waren. Oft genug buhten sie den eigenen Parteifreund aus und verlangten nicht selten sogar das Ende seiner Rede.

Wenn sie ihn aus-„muhten", so Schmid über anhaltende Störversuche, dann brachte er die Protestler meist mit solchen Retourkutschen schnell zum Schweigen: „Zeigen Sie mir Ihren Kuhstall; ich diskutiere dann dort mit Ihnen weiter!"

Carlo Schmid hat das falsche Parteibuch besessen, um den politischen Kurs in Bonn tatsächlich mitbestimmen zu können. Deshalb ist er nicht Nachfolger von Theodor Heuss im Amt des Bundespräsidenten geworden, und deshalb durfte er auch nicht, was nahegelegen hätte, als Außenminister der „Weichensteller" für die deutsch-französische Aussöhnung sein.

Schmid hat sich statt dessen mit den politisch vergleichsweise geringwertigeren Ämtern eines Bundestags-Vizepräsidenten und eines Bundesratsministers begnügen müssen.

Trotzdem ist dieser hochgeistige Mensch mit dem, was er politisch für Deutschland – und ein wenig auch für die ganze Welt – bewegen konnte, nie unzufrieden gewesen. Schmid hat sich koketterweise selbst einen „immerwährenden Zweiten" genannt.

Was dieser Mann als Zweiter jedoch zustandegebracht hat, das war stets erstklassig gewesen und hatte Stil.

Als Carlo Schmid im Dezember 1979 Freunde und politische Weggefährten in sein Landhaus nach Ägidienberg im Siebengebirge zu einer verspäteten Geburtstagsfeier lud und ihnen als Dank für ihr Kommen seine soeben erschienenen „Erinnerungen" signierte, da war jenen, die den Gastgeber besonders gut kannten, sofort klar, daß Carlo in Wahrheit von ihnen Abschied nehmen wollte.

Er ahnte, daß er bald sterben müsse, und deshalb umarmte er seine Gäste zum Abschied einzeln; etwas, was er die Jahre zuvor nie getan hatte.

Schon zwei Tage später war Carlo Schmid tot.

Willy Brandt sagte dem Freund und Weggefährten im Bundestag ein letztes „Adieu", dann wurde Carlo's Sarg hinausgetragen und der Bundeswehr zur Fahrt ins heimatliche Tübingen übergeben.

Horst Ehmke, Justiz- und Kanzleramtsminister mit spitzer Zunge, seiner sarkastischen Formulierkunst wegen sogar der am häufigsten zur Ordnung gemahnte Bundestags-Zwischenrufer, über Carlos Bonner Abgang:

„Es war ein föhniger Tag. Der Rhein führte Hochwasser. Ein starker Wind peitschte den Fluß und jagte Wolkenfetzen über den durchsichtigen Himmel. Es war, als brause Carlos Geist davon ... Es war aber nicht der Wind, der uns Tränen in die Augen trieb!" ...

20. Die Lümmel aus der ersten Reihe

Dr. Rudolf Schöfberger von den Sozialdemokraten wußte genau, warum im Plenarsaal des Bundestages so oft so viele Abgeordneten-Bänke leer geblieben und der Fernseh-Begucker deshalb zu der Erkenntnis kommen konnte, Deutschlands Politiker seien stinkefaul. ...

„Wenn das Theater leer ist, liegt das meistens nicht an den Leuten und an den Besuchern, sondern an der Aufführung" ist sich Schöfberger sicher. Gleiches gelte auch für einen Plenarsaal: „Wenn dort nur noch Referentenaufgüsse vorgelesen werden, ist mancher von uns versucht, in den Vorlesungsstreik zu treten und die Diäten als Schadensersatz für erlittenes Unbill zu verstehen ... Wir sollten, und das gilt für alle Pläne zur Parlamentsreform, nicht ständig jammern, sondern handeln. Aus der Antike wissen wir doch, daß die Sklavenbefreiung nur das Werk der Sklaven selbst sein kann ... Aus der Antike wissen wir allerdings auch, daß allzu viele von der Sklaverei gar nicht befreit werden wollten, sondern selbst danach trachteten, Sklavenhalter zu werden ...!"

Ein ganz wesentlicher Grund für den oft kritisierten allzu leeren Plenarsaal ist zweifellos die mangelnde rhetorische Qualität der meisten Politiker, denn wo Langeweile aufzukommen droht, da trägt sich der Abgeordnete nur noch schnell in die Sitzungsgelder-trächtige Anwesenheitsliste ein, um seinen Schritt dann wieder Richtung Schreibtisch oder ins Parlamentsrestaurant zu wenden.

Solche Praxis aber ist keineswegs Bonn-spezifisch gewesen. Im israelischen Parlament, der Knesset, war sie üblich, und deshalb wurde dort schon vor Jahren, fabrik- und fließband-like, die Stechuhr eingeführt.

Das israelische Parlament hatte schon immer als das faulste in der ganzen Welt gegolten. Seine Ferien dauern immer von März bis November – bei vollen Bezügen das ganze Jahr über, versteht sich.

Armer Bundestag dagegen! Seine Sommerferien sind niemals länger als zwei, höchstens zweieinhalb Monate. Dafür allerdings gibt es noch häufiger Urlaub zwischendurch; über Karneval, zu Ostern und zu Weihnachten zum Beispiel, und das läppert sich auch. ...

In Bonn hat es die fünf Jahrzehnte über immer mehr schlechte als gute Redner gegeben. Zu den „guten" durften sich vor allem Kurt Schumacher, Helmut Schmidt, Norbert Blüm, Heiner Geißler, Joschka Fischer, Ingrid Matthäus-Maier, Kurt-Georg Kiesinger und – mit Abstrichen – auch Willy Brandt rechnen. Top-Redner Nummer eins aber ist Gregor Gysi gewesen.

Überaus mickrige Redner, die im Plenum fast nur Langeweile verbreiteten, hatten jedoch stets die Mehrheit. Über 5000 Abgeordnete hat's während der 14 Bonner Legislaturperioden gegeben. Auch Helmut Kohl, Wolfgang Schäuble oder Theo Waigel wußten den Fachmann nicht zu überzeugen, und der heißt Peter Ditko. Viele Jahre lang leitete Ditko eine in der ganzen Welt angesehene politische Rednerschule, und Ditko war auch einer der gefragtesten Ghostwriter aller Zeiten.

Im Gegensatz zu England, Italien und Frankreich, wo die Rednerkunst gepflegt wird, regiert bei uns im Parlament meist die Langeweile. Ditko: „Deutschen Rednern fehlen Witz und Überraschungseffekte ... Sie versuchen viel zu viel Stoff in ihren Vortrag zu bringen, und schon ist die Rede zu lang ...!" Im Urteil des Fachmannes Nummer eins hört sich das dann so an: „Die Durchschnittsrede in Bonn war wie ein dicker, zäher Brei, der träge vor sich hin schwabbelte ...!"

Vielleicht hat es ja an der Wesensart der Menschen hier am Rhein gelegen, daß im Bonner Bundestag während der fünf Nachkriegs-Jahrzehnte mehr gelacht wurde als in anderen Parlamenten.

In keinem der vielen hundert Sitzungsprotokolle fehlt der Stenografen-Hinweis „Heiterkeit", und dafür war vor allen anderen Norbert Blüm, einer der unbestrittenen Meister im politischen Bonmot, verantwortlich; dicht gefolgt vom FDP-Grafen von Lambsdorff.

Originalton Blüm aus einer Fülle vieler Beispiele: „Ihr Vorschlag kommt mir vor wie einer, der gegen einen Baum fährt, dann aussteigt und ausruft: So, jetzt bewerbe ich mich als Fahrlehrer ...!"

Oder – ebenfalls Blüm –: „Adam Riese scheint noch nie Mitglied der sozialdemokratischen Partei gewesen zu sein ...!"

Auch Detlef Kleinert von den Freien Demokraten löste in seinen Reden häufig Schmunzeln und Heiterkeit aus: „Ich lasse mir doch nicht von jemandem, der auf beiden Augen blind ist, sagen, daß ich schiele ...!"

Kräftig belacht wurde im Bundeshaus auch die Eleganz, mit der Vizepräsidentin Annemarie Renger es schaffte, sich nach 13-stündigem ununterbrochenem Vorsitz ablösen zu lassen, weil sie ganz dringend ein gewisses Örtchen aufsuchen mußte. ... Über Mikro bat Frau Renger Mit-Vize Dieter Julius Cronenberg: „Herr Kollege, sind Sie bereit, mich abzulösen, da ich dem Haus bereits 13 Stunden lang ohne jede Unterbrechung diene ...?"

Cronenberg verstand prompt und gab zurück: „Aber selbstverständlich, Frau Kollegin; Sekunde nur – ich eile schon ...!"

Als Cronenberg im Laufschritt nach „oben" stürmte, war schallendes Gelächter die Folge.

„Heiterkeit auf allen Bänken" verzeichnete das Protokoll auch für fast klassisch gewordene Formulierkünste wie diese:

„Man kann sich drehen, man kann sich winden, der Bauch bleibt immer vorn', das Andere hinten ...!" (Dr. Anton Stark, CDU)

„Sie Düffeldoffel da!" (Herbert Wehner, SPD)

„Ihr seid's ja vielleicht die Klügeren; aber wir von der Regierung, mir san auf alle Fälle die Mehreren ...!" (Dr. Wolfgang Rumpf, FDP)

„Wer auf Spinat liegt, übernachtet damit noch lange nicht im Grünen ...!" (Dr. Wolfgang Bötsch, CSU-Postminister)

„Wer auf seinen Lorbeeren ausruht, der trägt sie wirklich an der falschen Stelle ...!" (Clemens Stroetmann, Umwelt-Staatssekretär)

„Wenn die Grünen gegen die staatliche Parteienfinanzierung zu Felde ziehen, dann ist das genauso glaubwürdig, als wenn ein Zuhälter auf die Straße geht, um für das Zölibat zu demonstrieren ...!" (Florian Gerster, CDU)

„Man kann eher einem Hund einen Wursthaufen anvertrauen als Theo Waigel weiterhin die öffentlichen Kassen!" (Rudolf Scharping, SPD)

„Immer schön um den Pudding herum, aber nur nicht hineinstechen!" ... „Zwar ist alles falsch, aber egal!" (Rudolf Dressler, SPD)

Mehr als zehn Millionen Zwischenrufe aller Art haben die Bundestagsabgeordneten während eines halben Jahrhunderts in Bonn unter ihresgleichen geschleudert. Meist waren es harmlose Feststellungen wie „Hört, hört!" oder „Zugabe ...!", oft auch witzige Formulierungen wie „Der an sich geschätzte Kollege Handlos wird häufig grundlos kopflos ...!".

Aber längst nicht immer wird im Parlament mit dem Florett gefochten. Allzu oft findet von den Bänken aus richtige Kollegen-Beschimpfung statt; immer häufiger wird mit dem dicken Holzhammer geknüppelt – auch in Berlin. „Sie Dösbaddel!", „Sie Schreihals!", „Halt doch die Schnauze!", „Lümmel" oder „Verleumder" und andere „Nettigkeiten" sind zwar nicht gerade an der Tagesordnung, aber auch nicht mehr Seltenheit, und dies sind noch längst nicht die allerschlimmsten Beschimpfungen, die vorwiegend von den „Lümmels aus der ersten Reihe", sprich von den Spitzenpolitikern, durch's „ehrwürdige" Parlament schallen.

Der Fernsehzuschauer wird oft genug Zeuge solch' wütender Attacken. Sein weitverbreiteter Irrtum: „Die gucken sich bestimmt nicht mehr mit dem Hintern an!"

In Wahrheit jedoch sind Politiker, die im Parlament wie die Kesselflicker aufeinander losgehen, oft genug gute Freunde, die sich hinterher auf ein paar Bierchen treffen, miteinander einträchtig frühstücken oder am Abend festlich zusammen tafeln gehen und sich dabei über ihre gelungenen Schimpf-Formulierungen halb totlachen.

In den Anfangszeiten des Bonner Parlaments ist Herbert Wehner der ganz große Pöbler gewesen. Die Worte „Lügner", „Hetzer", „Idiot", „Verleumder", „Heuchler" oder „Prolet" gehörten schon fast zu seinem täglichen Umgangston.

Aber auch Horst Ehmke („de ‚Großschnauz' ") wußte mit Liebenswürdigkeiten wie „Dorftrottel", „Hampelmann", oder „Schwachkopf" aufzuwarten. Bundeskanzler Helmut Kohl nannte er eine „politische Nulllösung".

Edmund Stoiber war für den FDP-Grafen v. Lambsdorff ein „blondes Fallbeil".

CDU-Geißler zitierte an die Adresse von Oppositionsführer Hans-Jochen Vogel gerichtet: „Lügen haben kurze Beine ...!", um dann noch hinzuzufügen: „... Kürzer sind dem Vogel seine ...!"

Als die gegenseitige Beschimpferei dem CDU-Abgeordneten Dr. Karl Becker, Internist von Beruf, einmal zu heftig wurde, da entgegnete er einem Kollegen: „Wissen Sie, es ist immer ein Fehler, wenn die Funktion des Gehirns durch die Galle ersetzt wird ...!"

Längst nicht immer auch haben sich die Bundestagsabgeordneten als „Kavaliere" erwiesen. Die Damenwelt ist ihren Angriffen zwar nicht in besonderem Maße ausgesetzt gewesen, von ihnen aber auch nicht völlig verschont geblieben. So nannte Gerhard Pfeffermann von der Union seine SPD-Kollegin Dr. Sonntag-Wolgast eine „alte Giftspritze" und Johann Gerster, ebenfalls CDU, die SPD-Dame und spätere Entwicklungshilfe-Ministerin Wieczorek-Zeul eine „scheinheilige Schlange".

Erstaunlich immer wieder, daß sich die Abgeordneten am liebsten mit Begriffen aus der Tierwelt traktierten. So nannte Herbert Wehner den späteren EU-Kommissar und CDU-Wirtschaftsexperten Karl-Heinz Narjes einen „Kabeljau", und dessen Berliner Parteifreund Wohlrabe schleuderte er wütend entgegen: „Sie sind ein Schwein ... Wissen Sie das ...?"

Einer der Wehner'schen „Klassiker" war, als er Jürgen Wohlrabe als „Übelkrähe" beschimpfte. Der einstige Fraktionsvorsitzende der Deutschen Partei, Herbert Schneider, war für Wehner der „Ehrab-Schneider Bremerhaven".

Bruno Friedrich von der SPD redete Lothar Haase, CDU, mit „Herr Abgeordneter Karnickel" an.

Selbst der in seinen Reden meist sehr mild gestimmte Willy Brandt konnte ab und an schon mal „giftig" werden. Als Unions-Redner der SPD unsaubere Motive zu unterstellen versuchten, weil sich die „Sozis" nicht zu einer Verschärfung der Anti-Pornographie-Bestimmungen verstehen konnten, entfuhr es Brandt hitzig: „Wer uns Sympathie für Schweinerei andichten will, ist selbst ein Schwein ...!"

Volker Hauff, zu den ganz besonders Disziplinierten im Bundestag zu zählen, stieg sogar verlegene Röte ins Gesicht, nachdem ihm der Vorwurf „Sie arroganter Affe!" herausgerutscht war.

Einer der ganz, ganz wenigen, die im Bundestag niemals geschimpft und gepöbelt haben, ist übrigens Peter Struck von den Sozialdemokraten.

Für die allerdicksten „Klöpse" aus dem Schimpfwörter-ABC hat es alle Legislaturperioden hindurch Ordnungsrufe, Rüffel, Tadel oder „sonstige Zurechtweisungen" des jeweiligen Präsidenten gegeben – in 50 Jahren insgesamt fast genau tausend an der Zahl.

Wen wundert's, daß Herbert Wehner in der „Hitliste der Zurechtweisungen" mit 58 verbalen Entgleisungen der besonderen Art absoluter Spitzenreiter und Rekordhalter ist? Auf Rang zwei folgt mit respektablem Abstand SPD-MdB Ottmar Schreiner (43 präsidiale Rüffel). An dritter Stelle ist der KPD-Abgeordnete Heinz Renner zu finden (31 mal), den 4. Platz nimmt zur Verwunderung vieler Joschka Fischer ein. Auch Hans Apel, Helmut Schmidt, Trude Unruh und Otto Schily mußten sich überdurchschnittlich oft einen Rüffel gefallen lassen.

Das „linke Lager" schimpft im übrigen häufiger als das bürgerliche. Die FDP-Fraktion ist Schlußlicht, und das „schwache Geschlecht" unter den Parlamentariern faucht und geifert so gut wie überhaupt nicht.

In 50 Jahren mußten die Bundestagspräsidenten nur 35 mal gegen ein weibliches Mitglied eine Ordnungswidrigkeit ahnden. Und fast alle diese Rügen heimsten streitbare Damen der Sozialdemokratie ein.

Einen festgeschriebenen Ehrenkodex für unsere Abgeordneten gibt es genauso wenig wie ein Verzeichnis unparlamentarischer und damit rügenswerter Zwischenrufe. Der Ermessensspielraum ist groß, und die Ermahnungen des jeweils amtierenden Bundestagspräsidenten haben auch keine ernsten Konsequenzen. Besonders viel Gerügte kommen auf keine „Schwarze Liste", und sie erhalten auch keinen Diäten-Abzug. Die härteste Strafe überhaupt: Der Abgeordnete wird des Plenums verwiesen. Dies ist in 50 Bonner Jahren jedoch nur ein einziges Mal geschehen.

21. Wohlstandssymbol und Gummilöwe

Wie geht das zusammen?: Einerseits verkörperte Ludwig Erhard die beispiellose Erfolgsstory der Bundesrepublik in den 50er und 60er Jahren. Früher als andere, vor allem als sein sozialistischer Widerpart Erik Nölting („Erhard schafft ein Paradies für die Reichen und die Hölle für die Armen ...!"), erkannte der Dicke, daß staatliche Planwirtschaft nicht zu einer ausreichenden Versorgung der Bevölkerung führen kann. ...

Gegen den erklärten Willen von Konrad Adenauer, gegen den Willen auch der Industrie und der Amerikaner setzte Erhard die Grundprinzipien der Sozialen Marktwirtschaft („Wohlstand für alle") durch. Für die Deutschen, und nicht nur für die, ist er lange Zeit über DIE Wirtschafts- und Finanzlegende schlechthin gewesen.

Privat aber gab sich Deutschlands größter Nationalökonom, der Schöpfer einer der stabilsten Währungen der Welt, wie jemand, dem Sparbücher und die vielfältigen Anlagemöglichkeiten zur Eigentumsvermehrung völlig fremd sind. Privat bediente sich Erhard eines „Sparstrumpfes":

Seinen Erben fiel seinerzeit ein abgegriffenes Portemonnaie des früheren Kanzlers und Bundeswirtschaftsministers mit einem kleinen Zettelchen als Inhalt in die Hand, auf dem zu lesen stand, wo Erhard seine „eisernen Reserven" verwahrte: Nicht auf einem Sparbuch, auch nicht in Anlagewerten oder in Aktien, sondern in seiner Wohnung hinter einem alten Kaffee-Service in der grauen Kommode und im Kleiderschrank („links hinter dem Auslegpapier ...!").

Obwohl ihn alle den „Dicken" genannt haben; wirklich dick im Sinne von Helmut Kohl mit bis zu 150 Kilogramm auf der Waage ist Ludwig Erhard nie gewesen, aber sein Gesicht wirkte vollmondhaft. Da er zudem die Schultern stets hochzog und so den Hals gänzlich verschwinden ließ, erschien sein Körper massiger als er war.

Seine schlechte Haltung rührte von schwerer Gehbehinderung in ganz jungen Jahren her. Als Zweijähriger ereilte Erhard eine Kinderlähmung. Ein leicht deformierter Fuß war die Folge gewesen, und den linken Fuß zerfetzte ihm im ersten Weltkrieg ein französisches Geschoß.

Ludwig Erhard hat stets ein hohes Maß an Verläßlichkeit und Zuversicht ausgestrahlt, und auch seine rednerische Botschaft, alles andere als volkstribunenhaft vorgetragen, wurde verstanden. Wie er da täglich seine bis zu 15 Habanos, meist mit Spitze, genüßlich schmauchte, wie er, dem ganz normalen Nachbarn gleich, in Fürth und später in Nürnberg auf der Tribüne des Stadions dem Ball hinterherfieberte, wie er mit den Enkelinnen Susanne und Sabine im Garten umhertollte, wie er kegelte und Skat spielte, seine Dvořák'sche Lieblings-Sinfonie vor'm Plattenspieler mitdirigierte oder beim Krimi im Fernsehen einschlief; all dies formte das Bild eines Politikers, über den sich die Geschichtsschreibung heute noch nicht einig ist: Vater des Wirtschaftswunders zwar, zugleich aber auch simpler Biedermann, der Wohlstand und Sicherheit für alle nur durchsetzen konnte, weil er einfach Glück hatte, weil ihm weltpolitische Umstände zur Hilfe kamen? Oder doch der ganz große Visionär, der schließlich nur an der Schlechtigkeit im Menschen gescheitert ist? Vielleicht hat die Allensbacher Meinungserkunderin Elisabeth Noelle-Neumann recht gehabt, die Erhards „hinreißende Überzeugungskraft" und sein sicheres Empfinden für das, was einen Menschen glücklich macht, für die Grundpfeiler seiner Popularität hielt.

Beachtlich auch, wie früh schon Erich Mende dem lebensfrohen barocken Protestanten mit dem unerschüt-

terlichen Glauben an das Gute im Menschen „letztendliches Scheitern müssen in der Politik" deshalb prophezeit hatte, weil DER Machtstreben stets für etwas Böses hielt und auch entsprechen handelte.
Nach nur drei kurzen Jahren Kanzlerschaft, bei seinem Rücktritt am 30. November 1966, machte Ludwig Erhard noch einmal deutlich, daß ihm jegliches Machtstreben stets fremd und Parteipolitik sogar verhaßt gewesen sei. So verwunderte denn auch nicht, daß er niemals, auch nicht als Kanzler, Mitglied der CDU war, daß die Liberalen, ja, selbst die Nach-Godesberger Sozialdemokraten, ihn als den Ihren reklamierten.
Erhard, stets bemüht, auch noch den Allerletzten zu überzeugen und niemals die Ellenbogen beim politischen Tun zu benutzen, schrieb schon damals all den ihm nachfolgenden Hintze's, den Westerwelle's, den Müntefering's und wie sie sonst noch heißen – leider allerdings erfolglos – ins Stammbuch: „Ich kann nur warnen zu glauben, Politik bestehe darin, sich jeden Tag etwas Neues einfallen zu lassen und dies durch Hemdsärmeligkeit erreichen zu wollen ...!"
Und auch einen allgegenwärtigen Staat hat Ludwig Erhard nicht gewollt. Dem Beamtentum begegnete er stets mit einem hohen Maß an Skepsis. „Brüssel" nannte er schon zu Eurokraten's Anfangszeiten ein „Dornengestrüpp", das freie Bürger fessele. ...
Als Ludwig Erhard 1963 gegen den Willen von Konrad Adenauer Kanzler geworden war und sich vom peitschenden Joch seines Vormanns endlich befreit hatte, da beging Erhard den wohl gravierendsten und folgenschwersten Fehler seiner politischen Laufbahn: Weil er damit rechnete, daß Anständigkeit auch mit Anständigkeit vergolten werde, beließ der kontaktscheue all die von Adenauer noch schnell in der Umgebung seines Nachfolgers installierten Terrier und Wadenbeißer in Amt und Würden und legte damit selbst die Lunte für seinen alsbaldigen Sturz.

Parallel zu sich objektiv und ohne Erhards Verschulden verschlechternden innen- wie außenpolitischen Gegebenheiten entstand in Bonn sehr schnell ein schlimmes Machtvakuum: Die Minister tanzten dem jetzt immer häufiger Zaudernden auf dem Kopf herum, die Kabinettssitzungen entglitten ihm zusehends, Erhard machte kaum einmal von der Möglichkeit der Richtlinienkompetenz Gebrauch, und als schließlich auch noch das Bonner Sommerloch mit seiner oft vernichtenden Interview-Politik erfunden war, da nahm die physische Zermürbung des einstigen Wohlstandssymbols schnell seinen Lauf. Weil er zwar schon mal auf den Tisch schlug, sich schließlich aber doch nicht durchzusetzen verstand, sondern ein über's andere mal kittete was längst nicht mehr zu kitten war, wurde Erhard fortan ein Pinscher gescholten. Sein Sturz war nun nur noch eine Frage kürzester Zeit.

22. Buhmann der Nation

Wer sich gegen ihn stellte, der zog meist den kürzeren. Das war schon in der Schule so.

Der Streber mit der „Eins" in allen Fächern, natürlich auch auf dem Abi-Zeugnis, brachte es sogar zum Jahrgangs-Besten in Bayern.

Was hatte der wissenschaftliche Astrologe Jungschlaeger dem am 6. September 1915 um 22.10 Uhr im Sternzeichen der Jungfrau Geborenen, unwissend, um wen es sich handeln würde, ins Horoskop geschrieben?: Dieser überdurchschnittlich intelligente Mensch, eigenwillig, voller Tatendrang, schlagfertig und freiheitsliebend, verstehe es geschickt, die Blößen anderer zum eigenen Vorteil zu nutzen. ...

Und der damalige Bundestagspräsident Hermann Ehlers beurteilte den Jungabgeordneten mit den Worten: „Er wird noch so manchen abgelagerten Staub zum Wirbeln bringen ...!"

Das tat FJS während seiner Politiker-Laufbahn mehr als zur Genüge: Gleichgültig, in welches Amt er gerade berufen worden war, ob ins Familien-, das Atom-, das Finanz-, das Verteidigungsministerium oder ob er für Konrad Adenauer als „einflußreicher" Sonderminister im Kanzleramt die gesamte Regierungs-Politik koordinierte; der stiernackige Bayer erreichte fast immer, was er anstrebte: den CSU-Vorsitz und auch das Amt des „Bayrischen Landesvaters", des Ministerpräsidenten.

Obwohl er, auf Kanzler-Ambitionen angesprochen, solches Ansinnen stets weit von sich wies („Es ist doch reizvoller, in Alaska Ananas zu züchten, als in Bonn Kanzler zu sein ...!"), hat er das höchste Regierungsamt in Wahrheit stets angestrebt, und er hätte es einestages mit Sicherheit auch bekommen, wenn, ja, wenn er sich durch eine Vielzahl von Affären und Skandalen dafür nicht selbst den Boden entzogen hätte.

Der Daily Telegraph, der ihn ansonsten stets heftig befehdet hat, stand mit seiner Meinung, Strauß sei neben Adenauer der einzige überragende deutsche Politiker, nicht allein da.

„Fibag", „Onkel Aloys", „Kapfinger", „HS 30", „Lockheed" und schließlich die „Spiegel"-Affäre („Nur bedingt abwehrbereit") ... Deutschlands größtes Nachrichtenmagazin hatte ihn zum Lieblingsfeind erkoren – manch einer meinte, es begehe Rufmord an Strauß –, aber es wies ihm auch mehr als ein halbes Dutzend übelst riechender Skandale nach und besiegelte schließlich sein politisches Schicksal.

Strauß war schnell zum absoluten Buhmann der Nation geworden. Man riß bissigste Witze über ihn; bissiger noch und häufiger als zuletzt über Kohl.

Strauß tritt einestags vor Petrus. Da will er wissen, wie er denn die Engels-Flügel an seinem breiten Rücken befestigt bekomme ... Der Himmelswächter zum Politiker: „Machen Sie sich darüber mal keine Sorgen ... Sehen Sie lieber zu, daß Sie die Hörner an Ihrem Kopf fest kriegen ...!"

Den einen oder anderen Skandal hätte man Strauß vielleicht noch verziehen – so manchen Umgang mit halbseidener Weiblichkeit ohnehin –; aber seine unbesonnene Beredsamkeit, seine Geschwätzigkeit, ließ zudem so gut wie kein Fettnäpfchen aus.

Dabei konnte er auch ganz anders sein. Bei Gesprächen im kleinen Kreis zum Beispiel, da pflegte Strauß Besonnenheit, wägte jedes einzelne Wort sorgsam ab und legte seine Ansichten mit ruhiger, fast sanfter Stimme dar; dem Tutor eines britischen Colleges gleich, – so die „Süddeutsche Zeitung".

Nur reizen durfte man dieses Bündel an Dynamit nicht, dann kannte Strauß kein Pardon mehr und schlug erbarmungslos zurück.

Die Damen in seiner Umgebung aber waren stets von der Ritterlichkeit und dem Charme des Politikers angetan. Und in der Tat: Strauß konnte neben alledem, was man ihm negativ ankreidete, auch ein guter, sogar ein sehr angenehmer Unterhalter sein; schlagfertig und von mitreißendem Humor. Sein Lieblingswitz: „Was ist eine Maus??? – – Ein Elefant, der alle Phasen der sozialistischen Planwirtschaft durchlaufen hat!"

Dem Historiker Golo Mann vermittelte Strauß den Eindruck von „fülliger Lebenslust", und über sich selbst urteilte der Oftgescholtene so: „Wer everybody's Darling sein will, der ist zuletzt everybody's Depp!"

Ehefrau Marianne, Tochter eines wohlhabenden Brauerei-Besitzers aus Rott am Inn, hatte sich nie über ihren Mann beklagen müssen: „So energisch er in der Politik auch sein kann; zu Hause ist er so sanft wie ein Lamm!" Strauß schleppte weit häufiger als der Durchschnitts-Ehemann Geschenke für seine Frau an (nicht nur zum Hochzeitstag und zum Geburtstag, sondern auch zwischendurch): Nicht nur Blumen, sondern auch schon mal Parfüm oder ein Buch ... Marianne Strauß: „Die Familie war ihm heilig, und erstaunlicherweise hatte er auch immer Zeit für sie und sein großes Hobby Fliegen ...!"

Den Journalisten August-Franz Winkler verklagte Strauß 1983 vor dem Münchner Landgericht mit Erfolg, weil er Straußens fliegerische Fähigkeiten mit dieser drastischen Schilderung angezweifelt hatte: „... Er pflegt, wenn er selbst am Steuerknüppel sitzt, öfter mal die normale Flughöhe zu verlassen, um sich an Ortsschildern und an Schienensträngen zu orientieren ... Das führt bei den zum Mitflug vergatterten CSU-Politikern dann regelmäßig zu Schweißausbrüchen ...!"

Unbeklagt allerdings blieb einer der engsten Spezi's von FJS, der einstige Bundesinnenminister Friedrich

Zimmermann, der Strauß in seiner Autobiographie – fliegerisch – outete, als er sehr plastisch schilderte: „Beim Abflug war der Tank halbleer gewesen, das Kabinenlicht fiel aus, und die vorgeschriebene Handlampe war auch nicht an Bord, so daß er die Karte ans Kabinenfenster halten mußte, um sie im fahlen Außenlicht studieren zu können. ... Später, in der Luft, stritten sich Pilot und Co-Pilot über Kurs und Position. ..."

Im Januar 1985 erhielt Strauß aus der Hand des Deutschen Aero-Club-Präsidenten Herbert Culmann das „Goldene Leistungsabzeichen für Motorflug". ...

23. Mieten Sie sich einen MdB

Unsere Abgeordneten verdienen viel Geld; demnächst sind es 15.000 Mark im Monat – zu viel, meinen die Bürger, zu wenig, um wirklich unabhängig sein zu können, sind sich die Abgeordneten einig.

Bekleidet einer von ihnen zusätzlich auch noch ein Ministeramt, so addieren sich weitere 20.000 pro Monat hinzu; Aufwandsentschädigung und sonstige Vergünstigungen nicht gerechnet. Und ihre Bezüge steigen ständig weiter an; viel schneller als die Renten.

Und doch sind unsere Abgeordneten „käuflich" – durch ausländische Geheimdienste zum Beispiel. Einige traurige Fälle mußten in den Bonner Annalen der letzten 50 Jahre verzeichnet werden.

Ansonsten sind sie eigentlich nicht „richtig" käuflich, sondern eher für ein paar Stunden zu mieten.

Anläßlich eines Jubiläums oder zu einem runden Geburtstag kann sich jeder zahlungskräftige Bundesbürger mit einem Polit-Promi schmücken. Harry Fox in Köln macht's möglich und schickt Ihnen für entsprechendes Honorar einen Abgeordneten ins Haus. Entweder er hält einen Vortrag oder ist einfach nur dabei, wenn der Fotograf Sie beim Jubelfest ablichtet.

Auch andere Promotion-Büros, nicht nur in Deutschland, haben inzwischen eine Vielzahl von Pop-Künstlern, vor allem aber auch Politiker, unter Vertrag, die ihr Vortragsthema für Geld natürlich gern' nach ihren Wünschen richten.

Teuerster Polit-Redner – weltweit – ist derzeit vor Michael Gorbatschow der frühere US-Präsident Bill Clinton.

Für ihn müssen schon mehr als 100.000 Mark pro Stunde gezahlt werden. Auch Deutschlands Exkanzler Helmut Schmidt kostet inzwischen mit 90.000 Mark kaum weniger.

Helmut Kohl bringt das erste Berater-Verhältnis mit dem schweizerischen Credit-Suisse-Konzern jährlich 200.000 Franken ein. Klaus Kinkel, für die deutsche Telekom tätig, verschweigt die Höhe seines Berater-Salärs schamvoll. Heiner Geißler, der Immer-Noch-Querdenker der Union, ist vergleichsweise „preiswert" und schon für rund 20.000 Mark zu haben. „Einfache" Abgeordnete begnügen sich sogar mit der Hälfte. Und damit ihnen hinterher niemand am Zeug flicken kann, wird die Partei nicht nur informiert, sondern auch mit klingendem Münz-Anteil bedacht.

Wie hat während der langen Bonner Jahre der „typische" Bundestagsabgeordnete, wie das „typische" Parlament ausgesehen? Um die Antwort gleich vorwegzunehmen: Beides hat es nie gegeben. Mal wählte das Volk mehr Durchschnitt, das andere Mal wieder mehr Spitzenleute zu seinen parlamentarischen Vertretern. Auch die Zahl der schillernden Persönlichkeiten, der guten und der miesen Rhetoriker wechselte. Jeder Bundestag war, und dies gilt natürlich auch für Bildung und Beruf, anders zusammengesetzt.

Im Jahr 1996 zum Beispiel betrug das Durchschnittsalter unserer Abgeordneten 51 Jahre. 78 % von ihnen waren Männer, (Frauenanteil steigend!), 85 % lebten in einer festen Beziehung, je 5 % waren ledig oder geschieden, einer bzw. eine bekannten sich offen zur gleichgeschlechtlichen Liebe.

43 % der Abgeordneten kamen 1996 aus dem öffentlichen Dienst. Davon wiederum war die Hälfte Lehrer. Dieser hohe Anteil allerdings blieb alle Legislaturperioden hindurch fast immer gleich.

80 % der Volksvertreter gaben an, auch ohne parlamentarisches Mandat ihre Existenz sichern zu können.

Trotz des Politiker-Daseins übten 12 % ihren erlernten Beruf „nebenbei" weiter aus.

Einige von ihnen trugen verrückte Namen; ein Forstmeister aus dem Lipper Land den des legendären römischen Feldherrn Gajus Julius Cäsar. Willi-Peter Sick, CDU, einflußreicher Präsident des Verbandes der Selbständigen, zählte echte Seeräuber zu seinen Vorfahren. Uli Fischer von den Grünen hatte im Zusammenhang mit einem Brandanschlag auf das Berliner Amerikahaus 13 Monate lang in U-Haft gesessen und der Sozialdemokrat Konrad Kunick ragte aus der Schar der kauzigen Abgeordneten ganz besonders heraus: Kunick, obwohl nicht Grüner, stellte eindeutig unter Beweis, daß nicht alle Politiker immer frisch gestriegelt und wie aus dem Ei gepellt daher kamen, daß sich eben nicht alle auch noch teure Bonner Zweitwohnungen samt blonder Gespielin hielten, an festlich gedeckter Tafel Champagner tranken und Austern schlürften.

Die meisten Abgeordneten waren in Wirklichkeit ganz normal. Einige wenige sogar extrem normal. Kollegen verspotteten sie deshalb auch und dichteten ihnen zuweilen sogar eine „Macke" an.

Zu dieser Art Abgeordneten, denen solches regelmäßig wiederfuhr, gehörte zum Beispiel der Sozialdemokrat Konrad Kunick, Betriebswirt aus Bremen. Rief der Kollege nach getanem Tagewerk den Chauffeur – übrigens haben die 95 Bundestagsfahrer die Abgeordneten während ihrer Bonner Zeit 75mal um den Globus kutschiert – flegelte sich der Kollege ins Polster einer Luxus-Limousine und ließ sich ins komfortable Heim bringen, dann schwang sich Kunick, auch zur Winterzeit auf's Rad, steuerte seinen eine Stunde entfernt gelegenen Campingplatz an, setzte dort den Gaskocher in Gang und bruzzelte sich sein abendliches „Menü" – oft genug nur ein paar Bratwürste –, die der leidenschaftliche Camper in seinem Wohnwagen mit den Freiluft-Nachbarn, vor allem Kraftfahrern, Monteuren und anderen „Normalbürgern", brüderlich teilte.

Am nächsten Morgen war dann im Parlament wieder Kollegen-Spott angesagt.

Volkstümlich das Ganze, und in dieser Art nicht zu schlagen, waren Norbert Blüm, der auf Wohltätigkeits-Veranstaltungen als Laierkastenspieler auftrat oder sich als Düsseldorfer Radschläger produzierte, und nicht zuletzt auch Oskar Lafontaine, ein wahres Multitalent unter den Politikern.

Zu vorgerückter Stunde pflegte Oskar in der Saarländischen Vertretung in Bonn schönes, oft aber auch sehr schräges Liedgut zum Besten zu geben. Lafontaine spielte gekonnt den Conférencier oder glänzte bei einem georgischen Abend in georgischer Sprache als Animateur und Vorsänger und wurde dafür von seinen Zuhörern wie ein Popstar umjubelt.

Verteidigungsminister und Nato-Generalsekretär Manfred Wörner trat bei Wohltätigkeitsveranstaltungen als Sänger und als Disc-Jockey auf, Horst Eylmann (CDU) wirkte in seiner Heimatstadt Stade mehrere Wochen lang als Krankenpfleger, und der SPD-Abgeordnete Norbert Gansel hat immer mal wieder Schlagzeilen gemacht, wenn er die Sorgen der Menschen in den verschiedensten Berufen vor Ort gründlich studierte. Für mehrere Wochen schlüpfte der Politiker dann jedesmal in die „Haut" eines Aushilfe-Arbeiters, zum Beispiel auf einer Werft, bei der Post, in einem Taxi-Unternehmen, bei der Müllabfuhr oder auch in einem Kraftwerk.

An Selbstbewußtsein hat es unseren Volksvertretern nie gemangelt. Als ehrgeizig schätzten sich die 50 Bonner Jahre über im Durchschnitt 40 % von ihnen ein. 68 % hielten sich rednerisch für begabt. Diese Art Selbsteinschätzung stimmte mit der Wirklichkeit jedoch in keiner Weise überein.

Die Zahl großer Rhetoriker im Deutschen Bundestag war jede Legislaturperiode auf wenige beschränkt. Die allermeisten Abgeordneten konnten nicht einmal frei sprechen und mußten auch den kürzesten Redebeitrag noch vom

Blatt lesen. Das ging so weit, daß Thorsten Wolfgramm, FDP-Mensch und einer der anerkannten Scherzbolde im Deutschen Bundestag, eine Idee entwickelte, wie dem Geschäftsordnungs-Paragraphen 33 („Die Redner sprechen grundsätzlich im freien Vortrag") endlich Rechnung getragen werden könne: Man sollte das Rednerpult – wie früher in Athen – durch eine Säule ersetzen. Diese werde das Bemühen, frei zu sprechen, zweifellos stützen. Der Redner könne sich dann, wenn er in seinem Vortrag nicht mehr weiter wisse, dahinter verstecken.

Zurück zur Statistik: 83 % der Abgeordneten halten sich für entschlußfreudig und sind konfliktbereit. 77 % glauben, sie besäßen großes Durchsetzungsvermögen, aber nur 13 % gaben vor, wirklich gebildet zu sein. Als der Oberstudienrat Werner Broll (CDU) diesbezüglich mal die Probe auf's Exempel statuieren und den Bildungsstand seiner Kollegen mit folgendem Schlußsatz seiner Rede überprüfen wollte, war Fehlanzeige angesagt. Broll: „Sunt pueri pueri; pueri puerilia tractant ..." Als er aus dem weiten Rund des Parlaments nur fragendes Gemurmel vernahm, fuhr der Lehramtsinhaber aufklärend fort: „Ich muß das wohl übersetzen, weil da unten doch nicht so viele humanistisch gebildete Intellektuelle sitzen. ... Die meisten von Ihnen sind wohl handfeste Realschüler, wahrscheinlich Oberrealschüler ... Also: Auf deutsch heißt das: „Kindsköpfe sind Kindsköpfe, und was kann man von denen anderes verlangen als Kindereien ... Deswegen lehnen wir Ihren Antrag ab ...!"

Selbstverständlich sind in den Statistiken über unsere Abgeordneten auch die Anteile der Leibesfülligen und jener mit schütterem Haar, mit Toupet oder mit Glatze und Bart registriert.

In Volkes ehrlicher Meinung hatte der Berufsstand des Abgeordneten oder des Politikers all die Jahrzehnte hindurch stets einen miserablen Ruf genossen. Der FDP-Abgeordnete Manfred Richter traf wahrscheinlich haargenau des Pudels Kern, wenn er die Meinung deutscher

Stammtischler über die Politiker so zusammenfaßte: „Abgeordnete sind stinkefaul, unqualifiziert, sie verdienen zu viel und treffen auch noch die falschen Entscheidungen. Sie sollten für Gotteslohn schaffen, am besten sogar noch Geld mitbringen!"

Dabei sind unsere Abgeordneten – der Durchschnitt jedenfalls – in Wahrheit sehr fleißig; auch wenn der oft menschenleere Bundestag anderes vermuten läßt. Die Vielzahl der anstehenden Probleme aber macht es nötig, daß parallel zum Plenum Arbeitsgruppen und Ausschüsse tagen. Hinzu kommen außer der „normalen" Schreibtischarbeit Besprechungen in Ministerien, Besucher und Interviews. Vor allem die trotz Computer und Internet noch immer steigende Papierflut kostet Zeit und macht Frust. In 3.000 Plenarsitzungen und 30.000 Ausschußberatungen hat der Deutsche Bundestag während seiner Bonner Zeit fast 5.500 Gesetze verabschiedet.

Ausreichend Zeit, sich in einen bestimmten Aktenvorgang einzuarbeiten, verbleibt dabei fast nie. Allein zu den Abstimmungen an einem einzigen Sitzungstag wurden den völlig überforderten Abgeordneten einmal 107 Drucksachen mit zusammen 1.395 Seiten zugestellt, und das war beileibe kein Einzelfall.

Der SPD-Parlamentarier Hugo Collet trat denn auch in den Streik und begründete sein Verhalten so: „Wir stimmen jetzt über Dinge ab, die wir gar nicht kennen. Was wir da geboten bekommen, ist eine Art Abstimmungs-Guillotine ... Ich mach' da nicht mit ...!", sprach's und verließ den Sitzungssaal.

Der Bonner Abgeordneten-Alltag verlief 50 Jahre hindurch glanzlos und war angefüllt mit viel, viel Arbeit. Auf die Frage: „Wo verbringen Sie denn Ihre Abende?" waren stets zwei Antworten möglich; entweder „Bei einer Sitzung natürlich!" oder „Todmüde in meinem Zimmer!"

Richtige Wohnungen haben nur wenige Politiker in Bonn besessen. Eine noch kleinere Zahl von ihnen hat sich in die Stadt, in der sie wirkten, voll integrieren lassen. Das lag nicht am rheinischen Völkchen hier in Bonn und schon gar nicht an der Stadt mit ihrer Gemütlichkeit. Nein, Schwaben und Bayern (ihre Zahl auch unter den Beamten war groß in Bonn), sie zog es nach getaner Arbeit wieder an den heimischen Herd zurück).

Freitag mittags war der kleine Bonner Bahnhof schwarz vor Menschen. Dann setzte allwöchentlich, wenn Plenum gewesen war, der Run auf die Fernzüge Richtung Süden ein.

Aber auch die sogenannten „Nordlichter" – das sind jene, für die ein zustimmendes Kopfnicken bereits ein Gefühlsausbruch ist – wurden am Rhein stets von Heimweh geplagt. Der Hamburger Bonn-Bevollmächtigte Alfons Pawelcyk zum Beispiel trug stets einen leicht manipulierten Taschenkompaß gegen Fernweh nach der Elbchaussee bei sich: „Egal, wo man steht und wie man das Ding auch wendet: Es zeigt immer in Richtung Reeperbahn!"

Terminhetze, wenig Schlaf und gutes, viel zu fettes Essen, wenig Bewegung und häufig auch der Alkohol ... Politik ist stressig, Politiker waren und sind erste Anwärter auf Herzerkrankungen, und der Bonner Streß kannte keine Parteigrenzen.

Helmut Schmidt bekannte einmal: „Wenn ich am Morgen in den Spiegel blicke, denke ich immer, ich müsste spätestens am Mittag zurücktreten!"

Franz Josef Strauß wußte: „Der Beruf des Politikers gehört zu den ungesundesten", doch handelte er, wie so viele andere auch, nicht nach dieser Erkenntnis. Schließlich erlitt Strauß auf dem Weg zur Jagd einen Herzinfarkt. Drei Tage später, am 3. Oktober 1988, starb der damalige CSU-Ministerpräsident, 72 Jahre alt, im Regensburger Krankenhaus der Barmherzigen Brüder.

Der Bonner Streß hat in der Tat viele Opfer gefordert. Zwei Bundeskanzler hatten Herzinfarkte: Der angeblich so gesunde Konrad Adenauer im Frühjahr 1962, Sportmuffel Willy Brandt gleich deren zwei; den einen kurz vor Ende seiner Kanzlerschaft, den anderen, nachdem er aus dem Amt geschieden war.

Weitere bekannte Infarktopfer auf der Bonner Polit-Bühne: Erich Ollenhauer, Thomas Dehler, Hans-Dietrich Genscher, Ernst Lemmer oder Wolfgang Döring. An Herzbeschwerden erkrankten neben Schmidt und Brandt auch Altbundespräsident Walter Scheel und Ex-Bundesfinanzminister Hans Matthöfer. Einen schweren Hörsturz, die besonders typische Streßfolge, trafen Regierungssprecher Klaus Bölling und den streitbaren Liberalen Otto Graf Lambsdorff.

Für einen weiteren nicht zu unterschätzenden Risikofaktor sorgte überdies das feuchte Bonner Klima im Talkessel zwischen Schiefergebirge und dem reflektierenden Rhein. Schwüle und häufiger Wetterwechsel ließen zu Kreislaufschwäche neigende Politiker häufig erkranken. SPD-Fraktionschef Kurt Schumacher schimpfte einmal über das seiner Meinung nach „mörderische Wetter" in Bonn: „Konrad Adenauer hat Bonn nur zur Bundeshauptstadt gemacht, damit wir hier alle vor die Hunde gehen ...!" Auch Schumacher starb an Herzversagen.

24. Erfinder der Klarsichthülle

Er war ein gestrenger Jurist, ein wenig besserwisserisch, stets mit erhobenem Zeigefinger dozierend. Viele nannten ihn den „Oberlehrer" der SPD, manch' Gescholtener meinte sogar, in ihm einen „Zuchtmeister" sehen zu müssen.

Dabei war Hans-Jochen Vogel stets gerecht gegenüber jedermann, und eigentlich kannte er auch keine wirklichen Feinde; in der eigenen Partei nicht, und auch der politische Gegner achtete ihn als ordnenden Organisator, dessen Temperament sich in Grenzen hielt.

Anders als Kurt Schumacher fiel dessen später Nachfolger niemals aus der Rolle und war infolgedessen menschlich, aber auch fachlich, unbestritten – gleichgültig, welches seiner zahlreichen Ämter er gerade bekleidete, ob in der Rolle des OB von München oder des „Regierenden" von Berlin, ob als Bundesjustizminister oder als Partei- und Fraktionsvorsitzender der Sozialdemokraten in Bonn.

So richtig auf Kriegsfuß stand Vogel eigentlich nur mit einem, nämlich dem Alkohol. Obwohl er während der OB-Zeit in München so manches Faß Starkbier öffentlich anzuschlagen hatte – ein kleiner Schluck aus optischen Gründen; mehr war für ihn nicht „drin", mehr mochte er auch nicht.

Vogel entwickelte bei solchen und bei ähnlichen Anlässen jedesmal großen Erfindungsreichtum, um seine Wasserflasche sicher verstecken zu können.

Johannes Rau über Vogel's Verhältnis zum Feiern: „Er trinkt am liebsten Mineralwasser ... Wenn er mal so richtig einen draufmachen will, dann bestellt er sich eine zweite Flasche Wasser ...!"

In Bonn war während der Kandidatenschaft von Hans-Jochen Vogel jedem Rheinländer „glasklar", warum der Kandidat niemals Kanzler hätte werden können. Kanzler der Rheinischen Republik (siehe Willy Brandt!) taten sich als Schluckspechte leichter, und sie hätten im Karneval, immerhin der 5. Jahreszeit in Bonn und Umgebung, auch bützen, schunkeln, eben kräftig einen draufmachen müssen – Eigenschaften, die Vogel völlig abgingen. ...

Der Rheinländer Konrad Adenauer, allem übertriebenen Ordnungs- und Organisationssinn abhold, hätte diesen Erfinder der Klarsichthülle, der Fundstellen in Büchern und Broschüren mit Büroklammern zu kennzeichnen pflegte, sicher einen „Oberpedanten" geheißen.

Hans-Jochen Vogel wollte bei seinem erbitterten Kampf gegen Unordnung nichts, aber auch gar nichts dem Zufall überlassen: Ob in einem Buch die vordere oder die hintere Seite eines Blattes als Fundstelle kennzeichnungswürdig war, darüber gab der längere Briefklammerschenkel unmißverständlich Auskunft. ...

Als Vogel aus Anlaß eines Kanzlerfestes den gepflegten Rasen im Park des Bonner Palais Schaumburg betreten sollte, da zierte sich der Pedant mit den Worten: „Nein, schade um den schönen Rasen ...". Vogel wollte, außen herum, einen langen Umweg nehmen, doch Kanzler Willy Brandt zerrte ihn auf's Grün: „Morgen wird der Rasen zwar einen melancholischen Eindruck machen, das tut er aber auch ohne Dich, und schließlich wird darüber wieder Gras wachsen ...!"

Verrückt, worauf manche Menschen alles kommen können! Eine Hamburger Künstlerin wollte in der Kuppel des hanseatischen Planetariums die welt-erste „Staub-Show" veranstalten. Dabei sollten fliegende Fusseln effektvoll angestrahlt werden; aber nicht irgend welche Fusseln, sondern solche aus den Arbeitszimmern prominenter Zeitgenossen.

Als die Künstlerin von der übertriebenen Ordnungs- und Sauberkeitsliebe des Hans-Jochen Vogel gehört hatte, gewann sie Vogels prominenten Parteifreund Hans-Ulrich Klose als „Paten" für eine verrückte Suchaktion nach Staubpartikelchen im Bonner Arbeitszimmer des SPD-Chefideologen.

Vogels Sekretärin hatte Klose ins „Allerheiligste" gelassen, und so traute der prominente Politiker seinen Augen nicht, als dort in seinem Büro ein ungebetener Besucher Tisch, Schränke und Stühle untersuchte, und ihm für kurze Zeit den Allerwertesten entgegenstreckte. ...

Sollte er, Vogel, jetzt auch ausgespäht und abgehört werden? Wurden bei ihm Lausch-Wanzen installiert?

Dem SPD-Vorsitzenden mußte in diesem Augenblick so manche Spionage-Affäre der letzten Zeit in den Sinn kommen. Aber dann stellte sich alles doch sehr rasch als völlig harmlos heraus. Der Mann, der da so emsig schnüffelte, war ja in der Tat niemand anderes als der auf Bitten der Hamburger Künstlerin für die erste Staub-Show der Welt tätig gewordene Hans-Ulrich Klose. Und der war nach langem Suchen auch tatsächlich fündig geworden: Selbst beim Ordnungs- und Sauberkeits-Fanatiker, dem Oberpedanten Hans-Jochen Vogel, hatte er hinter der Heizung Staub-Fusseln entdeckt, die anschließend dann in Hamburg, zusammen mit Staub-Fusseln anderer prominenter Zeitgenossen, im Laserlicht bewundert werden konnten.

Leider war damals keine versteckte Kamera Zeitzeuge dieses Ereignisses gewesen. ...

25. Alle Frauen lieben Willy

Wie er sprach, so war und so handelte er auch: Langsam, bedacht und bedächtig, von vornherein darauf aus, eine Entscheidung nicht sogleich treffen zu müssen, sondern darüber noch einmal zu schlafen, wenigstens jedoch, sich mit den engsten Beratern und Freunden oder mit Frau Rut noch einmal besprechen zu können.

Willy Brandt war kein Kanzler der schnellen einsamen Entschlüsse, wie Adenauer, und deshalb wohl auch kein Machtpolitiker. All sein Tun, all sein Entscheiden war auf Kollegialität gerichtet. Die einen nannten ihn deshalb einen „Zauderer", einen schwachen Kanzler, manch' Bösartiger schimpfte ihn sogar ein „Weichei", doch stellte kaum jemand die starke Symbolfigur des Willy Brandt in Frage.

Neben der Frontansicht des VW Käfers war Brandt zu seiner Zeit das bekannteste Gesicht in Deutschland, zugleich aber auch der am meisten gescholtene und bewitzelte Politiker.

Vieles, was damals über die Schwächen des deutschen Kanzlers, über seine Zuneigung zu jüngeren Frauen oder zu bestimmten alkoholischen Getränken („Willy Weinbrand", „Whisky Willy") gesagt und geschrieben wurde, ging unter die Gürtellinie und war zutiefst verletzend.

Natürlich trank Willy Brandt schon mal einen über den Durst, natürlich hatte er zuweilen auch Lust auf Blondinen, doch besaß er weder ein „Oral-Office", noch trieb er es wie August, der Starke von Sachsen und Polen. ...

Was konnte Willy Brandt dafür, daß fast alle Frauen ihn liebten, daß im Wahlkampf-Sonderzug unter mitreisenden

Journalistinnen regelrechte Wettkämpfe um fleischliche Vorteile ausgetragen wurden.

Der umschwärmte Frauentyp Brandt nutzte halt dann und wann mal eine der vielen sich bietenden guten Gelegenheiten. ...

Schließlich gestand selbst Katja Ebstein: „Ja, ich bin ein Willy Brandt-Fan ...!" und Sandie Shaw meinte gar: „Willy ist einer der sexysten Männer, die ich kenne; er wirft mich einfach um ...!"

Willy Brandt hatte menschlicher Schwächen, vor allem aber seiner Politik wegen, während der ganzen Karriere stets heftige Vorwürfe einstecken müssen.

Die in den Anfängen kritisierte Ostpolitik, die von der Union dann aber übernommen und weiterentwickelt wurde, die schließlich sogar zum Allgemeingut sämtlicher Parteien geriet, trug Brandt den bösen Vorwurf „Verzichtspolitiker" ein. Der Gescholtene damals: „Ja, ich bin ein Verzichtspolitiker ... Ich verzichte auf den Krieg als Mittel der Politik, auf Drohung mit Gewalt und auf deutsche Großmannssucht ...!"

Der ihm 1971 verliehene Friedensnobelpreis ließ seine Kritiker weitgehend verstummen.

Oft hatte dieser Mann des abends einsam und in sich gekehrt am Kamin gesessen, mit seiner Umgebung gehadert und nicht begreifen können, wie man mit ihm umging. Frau Rut damals: „Ich merke sofort, wenn er heimkommt, ob man ihn geärgert oder sogar verwundet hat ... Ich versuche dann nicht, ihn zu trösten ... Er zieht sich vielmehr immer zurück, um alles mit sich allein auszumachen. Und er hat es noch immer geschafft; auch, wenn es noch so schwer gewesen ist ...!"

Willy Brandt hat während seiner Kanzlerschaft, aber auch schon vorher, als „Regierender" in Berlin, Politik allgemein vermenschlicht und Glaubwürdigkeit deutscher Politik im Besonderen unter Beweis gestellt. Sein spontaner Kniefall vor den Mordopfern deutscher Soldateska in Polen war überdeutlicher Ausdruck solcher Denkungsweise gewesen.

Mir wird es immer ein Rätsel sein, wieso der erste sozialdemokratische deutsche Nachkriegskanzler bei vielen als „weich" und „unentschlossen" galt ... Dabei hat sich Brandt in Wahrheit ungezählte Male als harter, manchmal sogar als unnachgiebiger politischer Unterhändler erwiesen.

Besonders häufig zu spüren bekam dies u.a. sein Freund, der sowjetische KP-Chef Leonid Breschnew, bei den berühmten Treffen in Oreanda auf der Krim. Schon bei der ersten Begegnung legten beide sich so sehr ähnliche Politiker fest, stets nur so lange tagen zu wollen, bis einer von ihnen Hunger verspüre ... Da beide Freunde guten Essens und guter Getränke waren, redete man nicht lange um den heißen Brei herum, sondern kam sogleich zur Sache und das mit Tacheles.

Als Kanzler Kurt-Georg Kiesinger in der Wahlnacht des Jahres 1969 die absolute Mehrheit für seine Partei knapp verfehlt hatte und man noch die Wunden der Schlappe leckte, da hielt sich Brandt nicht lange bei der Vorrede auf, telefonierte mit Walter Scheel, und Deutschland hatte in Windeseile eine und in dieser Konstellation nicht erwartete neue Regierung. Die „Zeit" leitartikelte damals: „Seit Adenauer hat die Republik jetzt zum erstenmal wieder einen richtigen Kanzler!"

Brandt, der morgens vor elf niemals richtig aufgeweckt schien, verhandelte besonders gern' zu nachtschlafender Stunde. War sein Gegenüber, sein Widerpart, schon fast entschlummert, dann lief Brandt erst richtig zu Hochform auf.

Tagelang konnte Brandt ohne feste Nahrung auskommen, wenn ihm zwischendurch nur nicht der heißgeliebte Glimmstengel oder immer wieder mal ein Schluck geistiger Nahrung versagt blieben.

Häufiger hat Brandt gegen zwei seiner „inneren Schweinehunde" anzukämpfen versucht; gegen das Rauchen und gegen die Lust am gefüllten Glas. Mehrfach hat's – kurzfristig – auch geklappt, doch dann war Willy Brandt tagelang „ungenießbar" gewesen.

Bei einem Besuch im Heilbad Pyrmont hatte man den durstigen Kanzler per Urkunde zum Wasser-Trinker ehrenhalber ausrufen wollen, doch Brandt winkte ab: „Ich kann wirklich nicht versprechen, fortan nur noch von Wasser leben zu wollen ...!"

Was man nur von ganz wenigen Spitzenpolitikern der Bonn-Ära vermelden kann: Willy Brandt ist schon in frühen Jahren ein ausgeprägter Gourmet gewesen – sowohl, was die Auswahl von Weinen und Speisen, aber auch seiner Frauen anging. Brandt bewies stets Stil und Geschmack. Kolumnen-Star Walter Henkels, politisch eher dem konservativen Lager zuzuordnen, räumte ein: „Dieser Mann strömt eine eigenartige Faszination aus; zwar nicht *nur* auf Frauen, aber eben AUCH ...!"

Bei der Bad Godesberger Promi-Wirtin Ria Maternus (Küsschen rechts, Küsschen links!) war er, zusammen mit Walter Scheel und Hans-Dietrich Genscher, der am häufigsten, nächtens auch am längsten mit hochedlen Genüssen versorgte Politiker.

Als Brandt im Bundestag ehrlicherweise einmal offen eingeräumt hatte, „er könne nun mal nicht von Brot allein leben ..." und ihm daraufhin Hohngelächter aus der Union entgegenschlug, da konterte Brandt: Die Christdemokraten sollten doch auch einem Sozialisten zubilligen, gelegentlich mal auf die Bibel zurückgreifen zu dürfen. ...

Selten nur hat man Willy Brandt während seiner Bonner Jahre herzerfrischend und schallend lachen gehört. Der geborene Lübecker bevorzugte den trockenen hanseatischen Humor, der bei ihm auch schon mal ein bißchen spröde, manchmal aber auch mutterwitzig oder spöttisch sein konnte, ohne jedoch jemals zu verletzen, wie dies Herbert Wehner in so teuflischer Vollendung beherrschte.

Willy Brandt verstand sich auf's Witze-Erzählen, und er vermasselte auch niemals eine Pointe. Seine Lieblingswitze handelten fast ausnahmslos von wortkargen Norwegern: Besucht einmal ein Gebirgsbauer seinen Freund

... Beide hatten sich lange nicht gesehen ... Auf dem Tisch steht eine Flasche Aquavit ... Wortlos beginnen beide zu trinken ... Glas für Glas ... Kein einziges Wort fällt ... Beim allerletzten Glas erst sagt der eine Bauer: „Skal!" Ärgerlich blickt der andere auf, schüttelt den Kopf und tadelt: „Sag mal, sind wir hier, um dummes Zeug zu reden oder um zu trinken ...?"

Wahrscheinlich verraten solche Witze auch ein wenig vom Lebensverständnis ihres Erzählers.

Willy Brandt ist niemals ein Schulterklopfer gewesen. Der langjährige Bonner Fernsehmoderator Ernst-Dieter Lueg erkannte: „Ihm liegt es nicht, Kinder zu streicheln oder sich durch Bierzelte zu schäkern!"

Nein, wenn die Devise „öffentlicher Frohsinn" ausgegeben wurde, dann tat sich Willy Brandt besonders schwer. Alte Fotos von Karnevalsempfängen im Kanzleramt ließen ihn entweder verkrampft, gelegentlich sogar ausgesprochen bärbeißig erscheinen. Dabei verstand Willy Brandt sehr wohl zu feiern; mit den Mitarbeiterinnen vor allem, und seine Bonner Sommerfeste waren beliebter als die des späteren Nachfolgers Helmut Kohl.

Seine Feste waren schnörkellos wie Brandt selbst: Faßbier, Würstchen, mehrere Zentner Erdbeeren, Tanzen und flirten ... Basta! Die Kosten für solche Art von Volksbelustigung, zu der „Volk" auch wirklich noch hinzugeladen war, hielten sich zudem in steuerzahler-freundlichem Rahmen.

Die Stadt Bonn hat Willy Brandt, wie einige andere auch, zu ihrem Ehrenbürger gemacht, aber der so Geehrte ist dieser Stadt nie besonders zugetan gewesen. Brandt lobte zwar: „Unter den Hauptstädten der Welt ist Bonn neben Washington in der Durchlässigkeit und in der Transparenz des Regierungsgeschehens führend ...", aber er kritisierte auch: „Das Ausmaß an Geschwätzigkeit, das ich hier erlebe, erschwert die sachliche politische Arbeit immens ...!"

Andere, kaum weniger bedeutende Promis, waren da anderer Ansicht. ...

26. Joschka und die Grünen

Sie kamen auf Socken, in Turnschuhen und in Jeans, sie hielten Sonnenblumen in den Händen, brachten Strickzeug mit oder trugen ihr Baby auf dem Arm, um es unter dem Bundesadler „Fette Henne" zu stillen.

Es war am 29. März 1983 gewesen, als die Grünen, mit 5,6 % Wählerstimmen im Rücken, erstmals ins Bonner Parlament einzogen.

Die Vertreter der etablierten Parteien, von den Neuen als „Krähenversammlung der Schwarzröcke" verhöhnt, blickten ratlos. Manche glaubten an einen Spuk, den es per Präsidenten-Dekret so schnell wie möglich zu beenden gelte.

Trotzdem kam die von Friedrich Zimmermann geforderte Kleiderordnung für Bundestagsabgeordnete nie zustande, und bis zur Berufung der Antje Vollmer auf den Stuhl einer schließlich hochgeschätzen Vizepräsidentin mußten die Grünen im Bonner Parlament harte Lehrjahre, wenn es um die Vergabe von Posten, von Sitz und Stimme in Ausschüssen ging, sogar ein Jammertal der Ausgrenzung durchleiden.

„Grün" fand für die Altparteien jahrelang nicht statt, aber auch die Grünen machten den Etablierten das Leben schwer, gelegentlich sogar zur Hölle.

Die neuen Grünen mußten erst von Anfang an alles lernen. Claudia Roth, Journalistin mit schneller Karriere bis hin zur Bundesvorsitzenden der Öko-Partei, lieferte den Abgeordneten der ersten Stunde das nötige Rüstzeug, damit sie ihr politisches Handeln schon bald öffentlichkeitswirksam „verkaufen" konnten. Ihr „Leitfaden über den Umgang mit den Pressefritzen":

> Weniger Pressekonferenzen und
> weniger Pressemitteilungen
> (Wer dauernd auf die Pauke haut,
> macht die Ohren taub!)
> Kurze Sätze, weniger Fremdworte
> Wer, was, wo, wie, warum nach vorne
> (Texte werden von hinten gekürzt!)
> Frühen Redaktionsschluß berücksichtigen

wurde zum viel beachteten Standardwerk in der Bonner Bannmeile und brachte schnell den gewünschten Erfolg; bundesweit eine „bessere Presse"; wichtigste Voraussetzung für erfolgreiche Politik.

Jutta Ditfurth, links von links, tat sich in den ersten Jahren, bis zum selbst vollzogenen Bruch mit der angeblich zu weit nach rechts entrückten Partei, im grünen Politik-Geschäft mit frechen Aktionen besonders hervor. Mitten im Sommer steckte sie eine Hand voll ihrer Getreuen in Nikolaus-Gewänder und ließ sie für den Umweltschutz schwitzen und reimen:

> „Von draußen, vom Walde komm'n wir her
> Wir müssen euch sagen, bald gibt's uns nicht mehr
> Auch die Laubbäume fangen zu sterben an
> Gibt's niemanden denn, der sie retten kann?
> Und als wir die Flüsse und Meere geseh'n,
> Da blieben vor Schreck fast die Herzen uns steh'n:
> Zum Sterben verurteilt durch Müll und Chemie
> Könnt ihr uns sagen: Wer rettet sie?"

Nachdem 1986 die Umweltkatastrophe Sandoz passiert war, besetzten Grüne-Abgeordnete „aus Vorsorge" das Bayer-Werk in Leverkusen. Jutta Ditfurth beschimpfte Kohl und die BASF als „Chemie-Komplizen", und sie forderte den totalen Ausstieg aus der Chlor-Chemie.

Der Ditfurth hatten es die Bonner Abgeordneten zu „danken", daß in ihren Toiletten rund ums Bundeshaus statt des wohligen dreilagigen Weichflausch's nur noch harte Alternativ-Klo-Rollen („wertvoll, weil aus 100 % Altpapier") bereitgehängt wurden.

Grünen-MdB Wolfgang Daniels brachte prominente Vertreter der Mehrheits-Parteien gleich scharenweise zur Weißglut; Verteidigungsminister Manfred Wörner, weil er den „Haar- und Bart-Erlaß für die Bundeswehr" aufheben und bei den Soldaten wieder langes Haupthaar zulassen sollte, Parlamentspräsident Philipp Jenninger, weil der den ökologischen Wissensdrang des Grünen auch mit Hilfe qualifizierter Mitarbeiter beim besten Willen nicht zu stillen vermochte. Daniels hatte den Parlamentsoberen damals mit solchen und ähnlichen Fragen bombardiert: „Welche Maßnahmen zur Reduzierung des Wasserverbrauchs im Toilettenbereich des Bundeshauses sind geplant?"

„Soll dies durch Gewichte oder durch eine starre Verbindung im Hebelarmbereich der Spülkästen geschehen?"

„Wieviel Spülungen sind im Durchschnitt defekt und laufen daher ständig, und wie viel Wasser wird dadurch verschwendet?"

Die Wähler hatten die Grünen bald wieder „satt", und so flogen sie 1990 raus aus dem Bundestag. Fundis und Realos waren dermaßen zerstritten, daß Hubert Kleinert 1991 auf dem Parteitag in Neumünster voller Resignation die Auflösung der Partei beantragte.

Doch alles kam völlig anders: Die Öko's gerieten beim Wählervolk nicht in Vergessenheit; gekräftigt kehrten sie vier Jahre später vielmehr wieder in den Bundestag zurück, und da begann die große Karriere des Joschka Fischer – sein unaufhaltsamer Aufstieg zum „König der Grünen."

Joschka, wie Franz Josef Strauß Sohn eines Metzgermeisters, hatte die Schule ohne Abitur verlassen. Nie beendete er eine Lehre oder eine Berufsausbildung. Als junger Wilder tat er bei den 68er Revoluzzern mit. Seinen Lebensunterhalt verdiente er sich als Taxifahrer und als Gelegenheitsbuchhändler.

Im Bundestag entpuppte sich Fischer schnell als grüner Vordenker, als glänzender Redner voller Witz, Biß und Intelligenz. Er avancierte zum Meister der Zwischenrufe – keiner stichelt so schön wie Joschka! –; er trat damit die Nachfolge des legendären Herbert Wehner an, und viele nannten ihn bewundernd auch den „eigentlichen Oppositionsführer im Bundestag".

Fischer attackierte Richard Stücklen: „Mit Verlaub, Herr Präsident, Sie sind ein Arschloch!" ... Dreimal trat er in den Stand der Ehe ... Aus dem Schluckspecht und Genießer von einst wurde ein Abstinenzler und Grünkostfanatiker. Fischer hungerte sich von 108 auf 73 Kilogramm bis hin zum Marathonläufer und wußte auch diese Selbstentwicklung publikumswirksam zu vermarkten.

Seine Turnschuhe, Marke Nike, auf denen er einst in den Bundestag eingezogen war, wurden zum Schaustück im Bonner Haus der Geschichte. ...

Der einstige Schmuddel-Chaot glänzt heute auf internationalem Parkett als Armani-Dressmann mit Küsschen rechts und Küsschen links („meine Freundin Albright") und steht auch in dieser Hinsicht seinem Kanzler nicht nach.

Fischer hat längst erkannt: Es gibt keine Politik jenseits von Macht. ... Also jettet er durch die Weltgeschichte; 12.000 Kilometer, 14 EU-Staaten in nur vier Tagen ... Genscher, den einstigen Marathon-Minister der Lüfte, hat Joschka längst abgehängt, und die Flugbereitschaft der Bundeswehr schickt dem grünen Außenamtschef stets eine zweite Crew voraus, weil eine einzelne Cockpit-Besatzung den Dauerstress des Joschka Fischer nicht verkraften würde.

Ein bedeutender deutscher Konservativer, der sich aber nicht outen wollte, hatte schon vor Jahren prophezeit: „Dieser Mann ist ein Stoff, aus dem Staatsmänner gemacht werden ... Ein Genscher der Jahrtausendwende ...?" Und in der Tat: Die Grünen, mit 18 inzwischen volljährig geworden, besitzen mit Fischer einen der meistgeachteten Diplomaten der westlichen Welt.

Und Joschka könnte fast ohne Einschränkung glücklich sein, gäbe es da nicht seinen stets von karibischer Sonne gebräunten Dauer-Rivalen Jürgen Trittin, den Hauptschuldigen für das Fünf-Mark-Benzinpreis-Debakel, der seine Partei damit beinah' in den Abgrund geführt hätte.

Ähnlich wie Fischer hat auch Trittin in letzter Zeit eine gründliche Wandlung durchgemacht: Aus dem schroffen Poltergeist mit dem oft spöttischen Mundwinkelzucken wurde ein verbindlich plaudernder Minister in edlen Zwirn gehüllt und mit anderen Wohlstands-Attitüden.

In der Sache jedoch ist Jürgen Trittin geblieben, was er immer war; gradlinig und zielstrebig, ein kühler linker Technokrat zwar, aber eben auch ein „kompetenter Politiker", wie ihm sein entscheidender Widersacher, der Atombetreiber Preussen-Elektra, ungefragt bescheinigt.

Zusammen mit Fischer wären die beiden Führungspersönlichkeiten der grünen Partei fast unschlagbar, wenn in grundlegenden Fragen nicht doch ganz erhebliche Meinungsunterschiede bestünden.

So aber sind die deutschen Öko-Politiker nun mal: Trittin weniger dem Fortschritt als vielmehr grünen Prinzipien zugeneigt, Joschka der absolute Pragmatiker, der auch schon mal Grundsätze über Bord zu werfen bereit ist und schließlich die Abgeordnete Christa Nickels, erste Bündnisgrüne im Internet und die erste von 669 Abgeordneten überhaupt, die im Internet eine eigene Homepage besaß. ...

27. Wenn den Gourmets das Tedeum erklingt

„Politiker sind wie Austern: ... Wenn man sie stört, verschließen sie sich ... Wenn sie etwas zu verbergen haben, lassen sie sich nur mit Gewalt öffnen ... Je älter sie sind, um so dickfelliger werden sie, und wenn sie schlecht sind, machen sie einen verdrossen, so daß man lange Zeit nichts mehr von ihnen wissen will ...!" (Willi Günther Schmitz, Präsident der Internationalen Federation Cuisinier Exclusive d'Europe).

Drei Zentner Spargel, eine kleine Herde poussierlicher Lämmer, Berge von Eis, frischen Erdbeeren und nicht zuletzt der Fundus eines wohlsortierten mittleren Weinkellers – das sind nur einige der vielen Zutaten für ein großes Staatsbankett, wie sie 50 Jahre lang in Bonn, auf dem Petersberg, auf Schloß Augustusburg und in den anderen feudalen Beköstigungsstätten für unzählige gekrönte Häupter und andere höchste Staatsgäste aus aller Welt stattfanden.

Heinrich Udo Daniel und Dieter Wehr hießen die Maitres de Cuisine Politique, die auch dafür zu sorgen hatten, daß Francoise Mitterand mindestens neun verschiedene Sorten frischer Fruchtjoghurts auf dem Frühstückstisch vorfand. Japans Kaiser liebte deutsche Hausmannskost. Also wurde ihm Kassler mit Sauerkraut und Püree serviert. Boris Jelzin gelüstete es zu jeder Mahlzeit nach Lachs-Tournedos und Wodka in rauhen Mengen. Bill und Hillary Clinton haben beide die gleichen Lieblingsgerichte: Seezungenfilet mit Gemüsegratin und gebeiztes Rinderfilet mit sommerlichen Salaten.

Einer der schwierigsten „Kunden" von Maitre Daniel: König Hussein von Jordanien. Er ließ sich niemals ein Menü zusammenstellen, sondern bestand darauf, bis zu hundert Gäste à la carte zu bewirten.

Kam Gorbatschow zur Visite nach Bonn, dann schleppte er nicht nur seinen eigenen Koch an, sondern – je nach Dauer des Besuchs – auch einen oder gar mehrere LKW voller Lebensmittel und natürlich kistenweise Wodka. 20 bis 30 Spitzenköche, die gleiche Anzahl Wein-Butler oder Sommeliers und 100 bis 200 Kellner waren die „Normalbesetzung" für ein durchschnittliches Staatsbankett. Die Kosten dafür konnten leicht die Millionen-Grenze überschreiten.

Volle drei Tage nahmen die Vorbereitungsarbeiten der dienstbaren Geister für ein solches Event auf Schloß oder Berg in Anspruch. Schließlich galt es jedesmal 4000 bis 5000 Gläser von Hand zu spülen und zu polieren. 5000 bis 10000 Besteckteile und fast die gleiche Stückzahl Porzellan mußten geputzt und anschließend auf festlich gedeckter Tafel gekonnt arrangiert werden – ein Meisterwerk an Planung und künstlerischer Ausführung.

Damit die Leckereien für die Staatsgäste nicht kalt auf den Tisch kamen, wurde jedesmal eine vierzig Meter lange „Warmhaltestraße" für Platten und Teller gebaut.

Gläser, Porzellan, Besteck und Kochtöpfe für ein Staatsbankett solcher Größenordnung wiegen 20 und mehr Tonnen und sind viele Millionen Mark wert. Allein eine einzige Teekanne der Staatlichen Berliner Porzellan-Manufaktur kostet 700 Mark, die traumhaften, von Künstlerhand gezauberten Blumen-Arrangements schlugen fünfstellig zu Buche.

Helmut Kohl hätte liebend gern' seine Leibspeise Pfälzer Saumagen zum Bonner Nationalgericht, zum festen Bestandteil auch von Staatsbanketts, erhoben, doch Chefbeköstiger Dieter Wehr vom Petersberg besaß stets taube Ohren, wenn es um diese „Pfälzer Schrecklichkeit" ging, wie Bundespräsident Richard v. Weizsäcker es einmal formulierte.

Die wenigen wirklichen Gourmets unter den Bonner Politikern drückten sich denn auch, wenn ihnen eine Kohl'sche Einladung zum Saumagen-Essen ins Haus flatterte.

Die Präsidenten Frankreichs, Rußlands und der USA aber hatten keine Chance, Kohls „Saumagen-Attentaten" zu entgehen. In seinem Haus in Oggersheim gab's keine Wahl, und auch zu Weihnachten traktierte Kohl seine Präsidenten-Freunde anfangs noch per Päckchen mit der ungeliebten Spezialität.

In den Anfangsjahren der Bonner Republik, als Theodor Heuss, Walter Scheel, Heinrich Lübke und Gustav Heinemann Präsident waren, da bewirteten die deutschen Staatsoberhäupter ihre hochgestellten Gäste noch mit Champagner oder mit ihrem jeweiligen Lieblingswein französischer oder italienischer Herkunft.

Mit Amtsantritt von Karl Carstens aber kamen nur noch deutsche Spitzen-Erzeugnisse auf die festlich gedeckte Tafel. Bonn gab nach langem Zögern dem Drängen der deutschen Winzer und der deutschen Sekt-Lobby nach, und Richard v. Weizsäcker erklärte gar: „Wein ist eines der edelsten Erzeugnisse meines Vaterlandes, das wir, weiß Gott, nicht verstecken müssen!"

Seitdem geben sich die deutschen Politiker auch beim Wein deutsch. Selbst Champagner wird kaum noch gereicht – höchstens mal aus ganz besonderem Anlaß. Sonst aber funkelt ausschließlich deutscher Sekt im Kelch; zum Beispiel „Kanzler-Gold", das nach Konrad Adenauer benannte Prickel-Produkt aus Baden. Inzwischen ruhen, in Bonn kennengelernt, deutsche Spitzenweine und deutsche Sekt-Spezialitäten einträchtig neben französischen, italienischen und iberischen Edelgewächsen im privaten Fundus so manches fremden Potentaten.

„Sag' mir, was Du ißt und ich sage Dir, wer Du bist ...!" (Brillart-Savarin, 1735-1826, Verfasser der „Physiologie des Essens").

Norbert Blüm hatte schon in jungen Minister-Jahren die Erkenntnis gehabt: „Die Küche ist die Mutter jeder

Kultur!" Vielleicht wählten sie ihn deshalb auch zum „Küchenmann des Jahres", obwohl er weder wirklich kochen, noch als Gourmet gelten konnte.

Wie sein dicker Vorsitzender Kohl, so stopfte auch Blüm alles in sich hinein, was auf den Tish kam, und wie der allergrößte Sohn der Stadt Bonn, wie Ludwig van Beethoven, so ernährte sich auch Blüm vorwiegend von Teigwaren. Von zahllosen „Arbeitsessen", Büffets und Staatsbanketts, vom Austern schlürfen und Kaviar löffeln während der Sitzungswochen verwöhnt, schlug das Herz der Bonner Politiker daheim mehr für „Simples"; für Hähnchenkeulen, für Sülze, Weiß- oder Bratwürste, für Erbsensuppe und Bratkartoffeln.

Die ganz großen Banketts standen ja auch nur wenigen offen, und die wirklichen Feinschmecker waren die ganzen Bonner Jahrzehnte über mehr als dünn gesät. Oskar Lafontaine ist einer der ganz wenigen ganz großen Schlemmer gewesen. Seine Devise lautete: „Mag die Welt auch untergehn' ... Hauptsach: gut g'ess ...!"

Der kleine Saarländer mit der feinen Zunge scheute sich auch nicht, mit Heinz-Peter Koop für viel Geld einen Spitzenkoch nach Bonn zu holen und seine Saar-Vertretung zu einem der bedeutendsten lukullischen Bonner Treffs und zum Stammsitz der sogenannten „Toscana-Fraktion", vor allem sozialdemokratischer Abgeordneter, zu machen, die neben der Politik – mindestens gleichgewichtig – Schlemmen und Edles zu schlürfen auf ihre Fahnen geschrieben hatten.

August F. Winkler („AuWi"), selbst in der Fachwelt höchst umstrittener Bonner Gastro-Kritiker (Küchen-Direktor Oswald Rupp: „Am liebsten würde ich mich mit dem Mann duellieren und ihm einen Säbel in den Bauch rammen ...!"), hatte der Bonner Gastronomie ausgerechnet in der Festschrift zum 2000-jährigen Stadt-Jubiläum bescheinigt: „Bonn ist zwar die Hauptstadt der Politik, nicht aber der Küche ... Die große kulinarische Oper wird man in Bonn vergeblich suchen ...!"

Walter Scheel, Richard v. Weizsäcker, Klaus Töpfer, Otto Schily und wie die anderen Feinschmecker unter den Polit-Prominenten geheißen haben; ihre durchaus nicht bescheidenen lukullischen Ansprüche fanden in Bonn jahrzehntelang allerbeste Befriedigung; bei Ria Maternus und Gisela Rauch, vor allem aber in den Gourmettempeln italienischer Provinienz. „Pietro Robichon", das „La Grappa" und „Caesareo" waren schnell die Lieblingslokale auch von Helmut Kohl und dem Kanzler-Getreuen Eduard („Ede") Ackermann, seiner Nudel-Vorliebe wegen „Carbonara" genannt; außerdem auch von Scheel und Genscher, Brandt und Vogel, Rühe, Seehofer und vielen anderen, die dort gerne tafelten. Rudolf Scharping wählte Fettucine mit Perlhuhn, von Weizsäcker Kalbsleber auf Pesto. Jürgen Trittin bescheidete sich mit Spaghetti picante.

Joschka Fischer hatte einst geschwärmt: „Bei einem guten Essen und einem Glas Burgunder oder Barolo geht selbst im grauen Winternebel die Sonne auf ... Das ist eine Sache der Harmonie ... Wenn man mit guten Freunden schön ißt und dazu eine entsprechende Flasche trinkt, dann entfaltet sich Poesie, dann kann man schon mal das Tedeum klingen hören!"

Seitdem sich Joschka auf die Hälfte von früher herunter gehungert hat – sein Buch mit dem Titel „Fit und Schlank – Mein langer Lauf zu mir selbst" beschreibt diese ungeheure Energieleistung – gibt's beim Lieblings-Italiener statt exquisitem und kalorienreichem „Roten" nur noch „Aqua Miserable" und statt eines fulminanten 5-Gang-Menüs höchstens mal Maccaroni. Frau Nicola, dürrer noch als ER, schloßt sich solidarisch an.

Helmut Kohl, zuletzt breit wie hoch, hat lange Zeit alles in sich hineingestopft, was er kriegen konnte und was dick macht: den berühmt-berüchtigten Saumagen vor allem, zudem sämtliche Kartoffel- und Nudelgerichte, schüsselweise Vanillesauce, riesige Tortenstücke undundund. ...

Im übrigen gestand Kohl einmal: „Auch so ein richtiges pfälzer Schlachtfest, bei dem man bis in die Nacht hinein trinkt und ißt, bereitet mir ab und an einen Heidenspaß ...!"

Als Kohl einmal in Hongkong gewesen war, präsentierte ihn hinterher die „Londoner Times" als Deutschlands gefräßigsten Politiker. Zusammen mit dem britischen Gouverneur von Hongkong, Chris Patten, hatte Kohl an einem Abend dieses 13-gängige Menü verputzt: Klöße, gedämpft, mit Krabben; Garnelen in Klößen; Gemüse und Schweinefleisch in Klößen mit Eigelb und süßer Sahne, Rüben-Bällchen; feingeschnittenes Krabbenfleisch; Muscheln in Klößen; gebratene Klöße, geröstete Gans; Suppe mit Meeresfrüchten, Bohnen und Quark; frischer Hummer; Pilze mit frischem Gemüse; Garoupa gedämpft; Krabbenfleisch mit Nudeln in Suppe. Anschließend Deluxe-Dessert und Obstplatte. Zu trinken gab's Tsingtao Bier aus einer der Brauereien im Norden Chinas, die Deutsche im vorigen Jahrhundert gegründet haben.

Auf der Rückfahrt vom großen Fressen ließ der Gouverneur noch kurz vor seiner Stamm-Bäckerei anhalten, um seiner speziellen Schwäche zu frönen: Eiertörtchen ... Auch davon schob sich Kohl nicht nur eine Kostprobe rein. ...

Bis zu seinem Schlachtgewicht von fast 150 Kilogramm praktizierte der 16-Jahre-Kanzler von Bonn solche Freßorgien ein paar mal im Jahr, um seinen Körper zwischendurch immer höllischen Abmagerungsqualen aussetzen zu können. Darauf verzichtet der Altkanzler inzwischen jedoch. Bei ihm ist neuerdings Trennkost angesagt, und nur noch gelegentlich gestattet er sich mal Pasta mit Pilzen und dazu dann ein Gläschen, aber nicht mehr zwei Flaschen Montepulciano.

Auch Nachfolger Gerhard Schröder, an sich Liebhaber üppiger italienischer Tafelfreuden, hat unter, vergleichsweise allerdings bescheidenen, Gewichtsproblemen zu leiden und legt deswegen schon mal ein paar vegetarische Tage ein. Bundespräsident Johannes Rau pflegt den Freund dann gerne zu hänseln: „Gerhard, nun aber schnell nach Hause; Dein Essen verwelkt schon ...!"

Willy Brandt verabscheute Menüs. Das Essen dauerte ihm dann zu lange. Also ließ er sich alles auf einen Teller packen. Aber Brandt wählte stets Leckeres aus: Grünkohl mit Rauchfleisch zum Beispiel oder norwegische Spezialitäten. Promi-Wirtin Ria Maternus verwöhnte ihn oft mit seinem Lieblingsgericht „Farikol"; Hammel mit Weißkohl.

Einige der Bonner Politiker sind selbst exzellente Köche gewesen: Joschka Fischer versteht sich, von den Kochkünsten der Mutter geprägt, besonders auf die schwäbische Gulasch-Knödel-Sauerkraut-Küche. Rita Süssmuth's Bratkartoffeln waren in Bonn vielgerühmt und heiß begehrt. Otto Schily versteht sich selbst auf komplizierte Feinschmecker-Menüs. Björn Engholm, Jürgen Möllemann, vor allem jedoch Oskar Lafontaine ließen im Freundeskreis schon so manchen Berufskoch ganz schön alt aussehen. Auch Rudolf Scharping gehört zur kleinen Gruppe begnadeter Hobby-Köche. Als er einmal mit eigenem Rad bestimmte Etappen der Tour de France nachfuhr, sammelte Scharping dort die leckersten Rezepte und kochte sie nach.

Scharpings Lieblingsrezept ist die Lammkeule: Man nehme eine große, frische Lammkeule und lege sie am Abend vor der Zubereitung in einen Sud. Der besteht zur Hälfte aus einem trockenem, fruchtigen Riesling und zur anderen Hälfte aus gutem Olivenöl. Die Keule wird an 30 bis 40 Stellen mit Knoblauch gespickt und in den Sud gelegt. Auf die Keule legt man Zitronenscheiben. Alles dann mit einem Tuch abdecken. ...

Wenn möglich, sollte man in der Nacht aufstehen und die Keule einmal wenden ... Am nächsten Tag die Keule mitsamt dem Sud in den Ofen schieben, Kartoffeln, Zwiebeln sowie sonstige Beilagen nach Wahl dazugeben. Je nach Größe der Keule sollte man sie zwei oder mehr Stunden bei mittlerer Hitze garen lassen. Dazu gedünstetes französisches Gemüse reichen.

Obwohl sie dem „Club kochender Männer" angehörten (Manfred Wörner) oder Kochbücher schreiben *ließen* (die Kohl's); die meisten Politiker hielten sich auch, was das Kochen anlangt, für befähigter als sie waren. Richard Stücklen klagte im Freundeskreis: „Nach meiner bescheidenen Meinung gelingt mir das Meiste zwar ausgezeichnet; nur finde ich niemanden, der auch ißt, was ich koche...!"

Der „Küchenmann" des Jahres 1997, Nobbi Blüm, bringt es am Herd höchst eigenhändig nur mal auf Eier und Speck. Ansonsten läßt er sich lieber von der Familie bekochen und umsorgen; von Oma Babette mit „den besten Reibekuchen der Welt", von Oma Lieschen „mit dem besten Pudding", den er sich denken kann. Tante Enni ist „Birnen-Spezialistin" und Onkel Heini („Brombeer-Heini") für die beste Marmelade bekannt. Cousine Helga setzt ihm in Rüsselsheim die beste Fleischwurst mit Knoblauch vor und Schwager Hans-Peter den besten Leberkäs'; erzählt Blüm gerne. Bundeslandwirschaftsminister Jochen Borchert ließ sich vom „Club Kochender Männer" für „besondere Fähigkeiten am Herd" zwar mit einer Kochschürze dekorieren, doch sind diese Fähigkeiten nach sehr maßgeblicher Meinung von Ehefrau Ingrid weniger als „Maitre de Cuisine" denn als „Chef beim Abwasch" zu suchen. ...

Der erste deutsche Nachkriegs-Kanzler Konrad Adenauer war Zeit seines Lebens das prominenteste „Schleckermaul der Nation" gewesen. Zu vielstündigen Bundestagssitzungen hatte der „Alte von Rhöndorf" stets kleine Schokoladentäfelchen und Pralinen dabei. Mit der damaligen Zentrums-Abgeordneten Helene Weber verband ihn nicht nur enge Freundschaft; die beiden tauschten während der parlamentarischen Redeschlachten auch stets ihre mitgebrachten Süßigkeiten.

Kohl nascht besonders gern Lebkuchen, Rita Süssmuth steht auf Gummibärchen, bei Hans-Jochen Vogel ist Baumkuchen unumstrittener Favorit. Richard v. Weizsäcker kann bei Champagner-Trüffeln und Hans-Dietrich Genscher bei Rumpralinen nicht „Nein" sagen.

Konrad Adenauer war zeit seines langen Lebens zwar niemals ein Gourmet gwesen; aber er hatte gern' und reichlich gegessen. Adenauer: „Die Ärzte warnen nur aus Neid vor Wein und gutem Essen ...!"

Während der ersten Amtsjahre hatte Adenauer sich sein Mittagessen im „Henkelmann" aus dem Rhöndorfer Heim ins Palais Schaumburg mitgenommen. Später ließ er sich ein kleines Menü in Thermophor aus dem Bundestagsrestaurant kommen, und Jahre später stellte er sogar eine Köchin ein, die ihm seine Lieblingsspeisen zubereiten mußte.

Die meisten Politiker der ersten 50 Jahre gehören in die Schublade „Ernährungs-Puritaner". Einige haben sogar als ausgesprochene Banausen zu gelten gehabt; Klaus Kinkel zum Beispiel. Über alles liebte er „rote Würstle mit Kartoffelrädle", und er gab unumwunden zu: „Als Schwoab kammer unglaublich fressa, besonders, wenn's nix koscht!"

Als Helmut Schmidt noch im Kanzleramt regierte, war Essen für ihn eine lästige Notwendigkeit gewesen. Er bevorzugte „Weiches", Suppe oder Rote Grütze, denn dann blieb ihm neben dem Löffel noch eine Hand zum Akten-Umblättern frei.

Ging eine Kabinettssitzung mal über Mittag, dann ließ Schmidt jahrelang auch seine Minister mit Kartoffelsuppe oder Gemüseeintopf „beglücken", bis es Hans-Jürgen Wischnewski schließlich zu viel wurde und er im Bonner Kanzleramt mit breiter Kollegen-Unterstützung erfolgreich zum kulinarischen Aufstand blies. Seitdem wurden die Kabinetts-Mitglieder vor Sitzungsbeginn vom Hauskoch befragt, was sie mittags zu speisen wünschten.

Von Hans-Jochen Vogel ging in Bonn die Mär, er esse, wie er denke, nämlich in „erstens, zweitens, drittens" und seine jahrelange Vorliebe für das italienische Reisgericht Risotto resultiere nur aus der Überlegung, mit einem möglichst großen Löffel blitzschnell alles in sich hineinschaufeln und nebenbei auch noch Akten studieren zu können.

***

Bier ist nach wie vor der Deutschen liebstes Getränk. Der FDP-Bundestagsabgeordnete Ulrich Irmer fand heraus: „In der Bundesrepublik gibt es mehr Biersorten als es in Frankreich verschiedene Arten von Käse oder in Luxemburg Soldaten gibt ..."

Da nimmt es nicht Wunder, daß die Mehrheit der deutschen Politiker – wie das „gemeine" Volk – Deftiges in flüssiger Form, sprich Bier, hochedlen Weinen gegenüber den Vorzug gibt. Fast ständig hatten mehr als ein Dutzend Bundestagsabgeordnete auch beruflich mit Bier zu tun.

So kam es Ministern und Abgeordneten nur recht, daß klevere Marketing-Strategen ihre rheinische Spezialität, obergäriges Kölsch, rechtzeitig zum Bonn-Berlin-Umzug in die neue Hauptstadt an die Spree „exportierten" und so manchem Erzeuger der berlin-traditionellen „Weißen" das Fürchten lehrten.

Weil der Bierkonsum in Deutschland seit Jahren rückläufig ist, suchen die Brauer ständig nach neuen Märkten. So wurde die Idee geboren: Wenn der Regierungsumzug eine starke Rheinländer-Kolonie an die Spree schwemmt, dann möchte die auf ihre liebgewonnene rheinische Spezialität „Kölsch" und auf „Bönnsch" (aus Bonn) sicher nur ungern' verzichten. Und siehe da: die Rechnung ging auf.

Nachdem das Obergärige selbst zur Auster en vogue geworden ist, greift Deutschlands Schlemmer-Gemeinde, einschließlich der Berliner Polit-Szene, nach dem Umzug immer häufiger zu den einst nur belächelten obergärigen Biersorten.

Ganz prominente Bier-Freunde sind u.a. Bundespräsident Johannes Rau, Norbert Blüm, oder Hans-Dietrich Genscher. Als der noch Außenminister war, machten die

Tschechen Genscher während eines Prag-Besuchs zum Ehrenmitglied der „Partei der Bierfreunde", und Genscher outete sich auch als Liebhaber der obergärigen Brauart: „Ich werde diesem Bier stets die ‚Stange' halten!" („Stange" ist die Bezeichnung für das Kölsch-Glas).
„Ich bin auch eindeutig gegen den Alleinvertretungs-Anspruch bayrischen Biers in Deutschland!"
„Wer säuft, der sündigt, wer aber trinkt, der betet" – getreu dieser von ihm selbst ausgegebenen Devise handelte schon Deutschlands erster Bundespräsident, Theodor Heuss wenn er im Bonner Weinhaus Daufenbach einige Schöppchen schlürfte und dort nächtelang hocken blieb, um mit dem „Mann von der Straße" zu diskutieren und Gedanken auszutauschen.
Konrad Adenauer hatte in Rhöndorf einen Winzermeister als Duzfreund, und als er 1963, beim aufgezwungenen Abschied vom Kanzleramt, die Ministerpräsidenten der Bundesländer und deren Damen bewirtete, da forderte der erklärte Erhard-Gegner seine Gäste auf: „Trinken Sie tüchtig ... Um so weniger von den schönen Flaschen kriecht dann der Herr Erhard ...!"
Mit Fritz Schäffer, seinem langjährigen Finanz- und Justizminister, hockte Adenauer nächtelang zu Diskussionen und fröhlichem Gelage beisammen. Schäffer gestand freimütig: „Danach mußte mich der Chauffeur zu Hause öfter mal die Treppe hinauftragen ...!"
Adenauer dagegen konnte einen ganzen Stiefel vertragen. 1955, als er nach Moskau reisen mußte, um die letzten deutschen Kriegsgefangenen freizukaufen, da hatte Adenauer einen Kanister Olivenöl im Gepäck; eine Empfehlung seines Hausarztes Prof. Martini zur besseren Neutralisierung von Wodka, Krimsekt und grusinischen Weinen. ...
Und wirklich: Vor jedem Gang zu den Sowjets schluckten die deutschen Delegations-Mitglieder, einschließlich Adenauer, heimlich einen Eßlöffel Olivenöl, um die Saufstrapazen und -wirkungen so zu mildern.

Ministerpräsident Bulganin und Parteichef Chruschtschow setzten Adenauer, den mitreisenden Carlo Schmid und die anderen dermaßen unter Hochprozentiges, daß sie eigentlich hätten umfallen müssen. Schließlich waren aber nicht die Deutschen in die Knie gegangen, sondern die Gastgeber mußten aus dem Konferenzraum hinausgetragen werden.

Walter Scheel fuhr, auch als Bundespräsident, gelegentlich an die Saar, um dort seinen heißgeliebten knochentrockenen und voll ausgegorenen Riesling in großen Gebinden einzukaufen.

Die deutschen Bundespräsidenten ließen sich in Weinfragen von dem Ex-Marineoffizier und gelernten Koch Ullrich Dettmann beraten. Als „Hausintendant" hütete Dettmann in der Bonner Villa Hammerschmidt die außerordentlich üppigen Weinbestände, aus denen alle hohen Staatsgäste bei ihren Bonn-Besuchen bewirtet wurden.

Zeitweise hatte der Deutsche Bundestag bis zu sieben Winzer in den eigenen Reihen gehabt. Hinzu kamen noch einige Hobby-Winzer, wie zum Beispiel Heiner Geißler. Mit rund 400 Litern der durchgegorenen pfälzer Rieslinglage „Gleisweiler Hölle" konnte er alljährlich sich und seine besten Freunde mit Durchgegorenem beglücken.

Ein paar Liter mehr erntete Björn Engholm in seiner 568 Quadratmeter großen berühmten Rheingauer Lage „Kiedricher Sandgrub". Das ganze Jahr über sorgten dienstbare Geister eines professionellen Weingutes dort für die Riesling-Reben des prominenten Nebenerwerbswinzers, doch im Herbst kam Engholm jedesmal mit Frau Barbara und den Töchtern Kerstin und Brit, um bei Lese und Ausbau des Eigenbau-Weines tatkräftig mitzuhelfen. Daneben nahmen sich die „Winzer-Ambitionen" des Bundesverteidigungsministers und späteren Nato-Generalsekretärs Manfred Wörner höchst bescheiden aus: Wörner besaß nur einen einzigen Rebstock. Der stand in Lorch im Rheingau und brachte jährlich natürlich auch nicht mehr als höchstens einen Liter Wein.

Ein Winzer vom Rhein hatte Wörner das „großherzige" Geschenk gemacht und daran auch eine Bedingung geknüpft: Wörner mußte sich seine „Ernte" jedes Jahr selbst abholen, was er und Frau Elfi dann auch wirklich taten.

Aber auch die Stadt Bonn selber verfügt seit Anfang der 80er Jahre über einen eigenen Weinberg; eine Rarität, keinem Anbaugebiet zugehörig und auch nirgendwo käuflich zu erwerben. Winzer aus Rheinland-Pfalz hatten anläßlich der Bundesgartenschau den kleinen Weinberg angelegt und ihn mit Riesling- und mit Spätburgunder-Reben bestückt. Seitdem bewirtschaften Dr. Alfred Schmitt und seine Schüler vom Bonner Beethoven-Gymnasium diesen Wingert. Rund hundert Liter gibt er Jahr für Jahr her. Lehrer und Schüler trinken die Rarität selber, müssen der Stadt Bonn und dem Land Rheinland-Pfalz allerdings auch noch je 10 % Deputat vom spärlichen Ertrag abtreten. Fällt die Ernte wirklich mal größer aus, verschenkt die Stadt die seltenen Flaschen an besonders auserwählte Gäste.

Meist waren „härtere Sachen" als Wein und Bier die Ursache dafür gewesen, wenn Abgeordnete aus ihrem Büro, aus dem Bundeshausrestaurant oder der Cafeteria, in frühen Bonner Jahren auch aus einer ihrer nahen Stammkneipen, in den Plenarsaal wankten und – in Einzelfällen – sogar leicht lallend ihre Rede vom Blatt vorzutragen versuchten.

Die Unions-Fraktion hatte damals im Ältestenrat des Parlaments beantragt, während der Debatten in den Restaurantbetrieben des Bundestages keinen Alkohol mehr auszuschenken, doch fand dieser Antrag keine Mehrheit. Grünen-MdB Eberhard Bueb war nicht der Einzige gewesen, der das Ansinnen als „gemeinen Anschlag gegen den Fortbestand unserer Restaurants" ablehnte. Scherzhaft zwar, aber durchaus vor realem Hintergrund, schlug Bueb damals vor: Man möge überall an den Wänden des Plenarsaals und am Rednerpult Haltegriffe anbringen;

„aber bitte in unterschiedlicher Höhe, da einige Abgeordnete aus dem Norden sonst zu tief greifen müßten".

Doris Schröder-Köpf bekundet offen: Für ihren Gerhard sind alkoholische Getränke vor 18 Uhr „tabu". Für die meisten anderen Politiker der 50 Bonner Jahre waren sie's auch – doch ausgesprochene Blaukreuzler haben sich nicht geoutet. Im Gegenteil: Der kurzzeitige Bundesverkehrsminister Günther Krause fiel sogar einmal ganz böse auf, als er nämlich ein adventliches „Arbeitsessen" mit seinen drei Staatssekretären im Wirtshaus St. Michael zum Saufgelage mit abschließendem Nationalhymnen-Gegröle umfunktionierte. Am nächsten Tag plagte Krause so arg der Kater, daß er sich beim Schalck-Untersuchungsausschuß des Parlaments, wo er hätte aussagen sollen, „krank" melden mußte.

Da verstand doch der kleine Napoleon von der Saar weitaus gepflegter Trallala zu zelebrieren. Auch bei ihm wurde es, speziell in seiner Bonner Landesvertretung, sehr oft sehr spät, und nicht selten wurde dabei auch das eine oder andere Lied geschmettert oder gar mit Schleswig-Holsteins Landesmutter Heide Simonis ein feuriger Flamenco aufs Parkett gelegt.

Am anderen Morgen um acht aber stand Lafontaine regelmäßig wieder auf dem Teppich und empfing seine Referenten aufgeräumt zu Arbeit und Gespräch.

28. Mit Walterchen am Hindukusch

Silberlöckchen rund um den Schädel, dazu konservativ vom Scheitel bis zur Sohle – schick, aber dunkel; meist blau. Lediglich die Krawatte setzt fröhliche Farbakzente.

Wie er sich gibt, so ist er auch, der gelernte Bankkaufmann und Wirtschaftsberater, Entwicklungshilfe- und Außenminister, der FDP-Vorsitzende, Vizekanzler und Bundespräsident; persönlich wie politisch: immer schön Sprosse für Sprosse – nach außen konservativ, im Innersten seines Herzens aber die Personifizierung von Liberalität. Auf eine hochoffizielle Einladung ließ er einmal drucken: „Anzug beliebig, aber erwünscht ..."

Walter Scheel, Fußballfan und Pferdenarr, Golfspieler und Musikliebhaber (Mozart und Tschaikowsky), Freund der schönen und modernen Künste, ist Rheinländer durch und durch. Wie anders hätte er sich sonst im allerhöchsten Staatsamt hoch auf den gelben Wagen setzen, Schlager trällern und dann auch noch auf Platte bannen können?

Scheel hat sich immer ein wenig zur High Society hingezogen gefühlt; ohne jedoch je ein Snob gewesen zu sein. Dieser Mensch, der – Lifestyle, würde man heute sagen, – Lebensart also, in höchster und schöner Vollendung praktiziert, dieser Mensch hat davon seinen deutschen Mitbürgern eine Portion beizubringen vermocht.

Scheel ist nie reich, kein Millionär gewesen, aber er ist ein wohlhabender Mann. Leben ohne arbeiten zu müssen, das hätte ihm gefallen können. ...

Gaben die Scheel's eine Party, dann waren die Politiker stets in der Minderheit gewesen. Der Hausherr bevorzugte Maler, Designer, Schauspieler, Journalisten, schöpferisch tätige Menschen halt, und die Feste in ihrem Haus auf dem Bonner Venusberg wurden oft durch künstlerische Darbietungen (Musik und Tanz) verschönt. In der sogenannten „Mitte der Gesellschaft" besaß Walter Scheel kaum Freunde und Bekannte, obwohl sich seine Partei stets der Mitte besonders verpflichtet gefühlt hat.

Nein, dann traf sich Scheel schon lieber mit seinen Sangesbrüdern beim Düsseldorfer Altbier, mit den Bergbauern in seiner österreichischen Urlaubs-Heimat zum Fingerhakeln oder mit seinen Fahrern zum deftigen Männer-Skat: („Die hab' ich nur genommen, nachdem sie mir versprachen, mich öfter mal selber fahren zu lassen ...!")

1964, die Deutschen waren in der Welt noch längst nicht wieder gelitten, da zog der Entwicklungshilfeminister Scheel aus, sich von der Wirksamkeit deutscher Hilfe an Ort und Stelle zu überzeugen. Sechs Wochen lang ging's kreuz und quer durch drei Staaten, in denen die Zivilisation an der Schwelle zum 17. Jahrhundert stehen geblieben war; durch Afghanistan, Pakistan und Bangladesch.

Sie breiteten wertvolle Teppiche auf staubigen Sandpisten aus, sie beschenkten ihn mit lebenden Lämmern und Ziegenböcken, sie brachten kriegerische Tänze dar und ernannten ihn zum Ehrenhäuptling ihrer Stämme.

In Paktia, dem ärmsten Landstrich Afghanistans, wurde Scheel mit einem Enthusiasmus empfangen, wie er uns sonst nirgendwo auf der Welt zuteil wurde. Die Deutschen waren hier, bei den „Preußen Asiens", nicht nur beliebt, sondern sie wurden geradezu verehrt.

Mangals, Tschankanis und Djadjis stoppten immer wieder die Auto-Karawane des „großen weißen Sahib", hüllten ihn in farbenprächtige Stammes-Mäntel und machten ihn zum Ehren-Khan ihrer Sippe.

Scheel mochte es, wenn man ihn hofierte. Er war eitel, aber in Maßen.

Vier Wochen mit „Walterchen" im russischen „Jeep" durch malerische Täler mit azurblauen Seen, über unwegsame Wüstenstraßen und halsbrecherische Pässe des Hindukusch, vorbei an endlosen Kamel-Karawanen, den Smoking im Koffer bereits gelb gefärbt – da konnte man diesen Sympathikus so richtig kennen und schätzen lernen. Auf der Bettkante im „Kabul-Hotel" haben wir nächtelang Whisky in uns hineingeschüttet, wichtige politische Fragen erörtert und schließlich sogar den späteren Auszug der FDP-Minister aus dem Bonner Kabinett „beschlossen". Mit dabei auch Genscher, damals noch ohne Bundestags-Mandat, als Parlamentarischer Geschäftsführer der Fraktion aber bereits „graue Eminenz". Genscher hatte schon damals in der FDP das Sagen. Wer sich ihm in den Weg stellte, der wurde rücksichtslos niedergebügelt. Damals verließ Genscher seine Frau und nahm sich seine Sekretärin zur Nachfolgerin – zu dieser Zeit noch absolut unschicklich in Bonn.

Hoch oben im afghanischen Hindukusch, da holte sich übrigens Scheels erste Frau Eva, mit der er 24 lange Jahre verheiratet war, den Tod. Wie später Mildred, starb auch sie an Krebs.

Walter Scheel mußte man einfach mögen und gern haben. Das taten selbst seine politischen Gegner, von denen er auch zu Zeiten, da er Willy Brandts Ostpolitik fünf Jahre lang als Außenminister entscheidend mitgestaltete, nur ganz wenige besaß.

Daß man ihn nur „schätzte", das genügte Scheel nicht. Stets um ein gutes Image bemüht, wurde er schnell zum Sympathikus der Bonner Politik. Konrad Adenauer nannte ihn den „freundlichsten Herrn aus der FDP", und der kölsche Kanzler sogar ein wenig schwärmerisch: „Der Herr Scheel, dat is ne jute, ne liebenswerte Mann!"

Als ich Scheel nach seinem Rückzug aus der aktiven Politik für einige Zeit aus den Augen verloren hatte und er mich dann bei einem lukullischen Anlaß – es war ein Jubiläum der Gruner und Jahr-Zeitschrift „Essen & Trinken" gewesen – in Hamburg wieder entdeckt hatte, da kam er mit ausgebreiteten Armen auf mich zu und strahlte mich an: „Schwakenberg, was machst du hier?" „Natürlich Champagner schlürfen wie Sie, Herr Bundespräsident ...!" Das ließ ihn nicht entrüstet sein, das ließ ihn lange und herzlich die Hände schütteln und nach dem Anstoßen das randvoll gefüllte Glas in einem Zug leeren.

Schade, man hätte gespannt sein dürfen auf Walter Scheel's Memoiren, auf neue politische Backgrounds aus den „tollen 70ern" hier in Bonn. Aber Scheel wollte, wie er sagte, „dem Geschwafel einiger Kollegen nicht noch weiteres hinzufügen". So muß man sich bis auf den heutigen Tag damit begnügen, daß er zu vorgerückter Stunde augenzwinkernd so manche Anekdote von sich und seinen Gästen aus aller Welt zum besten gibt, bei denen sich Wahrheit und „Walter-Latein" auch schon mal miteinander vermischen.

Anstatt die Bonner Jahre und ihre Politik noch einmal auf's Papier zu bannen, geht Scheel lieber weiter auf Jagd, spielt Golf und sammelt zwischen anstrengenden gesellschaftlichen Events im österreichischen Pinzgau immer wieder neue Kraft für weitere Feste der High Society, denen der über 80jährige auch heute noch immer unverwechselbaren Glanz verleiht.

29. Von Nonnen beim Foul erwischt

Bereits zwanzig Jahre bevor Günter Grass der deutschen Wohlstandsgesellschaft vorrechnete, daß jeder Bundesbürger zwischen Flensburg und Berchtesgaden dreieinhalb Kilo Übergewicht habe – ein wandelnder Fettberg von mehreren hunderttausend Tonnen also – begann sich das politische Bonn zu trimmen und gründete die Sportgemeinschaft des Deutschen Bundestages.

In 14 Sportarten – zuletzt fast doppelt so viele – waren vor allem Übergewichtige zum Mittun aufgerufen. Und weil es daran in Bonn nie gemangelt hat, waren es zuletzt weit mehr als tausend Mitglieder, 40 % Damen, die zwar nicht nach den Sternen greifen, wohl aber das natürliche Bewegungsdefizit von „Schreibtischtätern" mildern wollten. Die meisten der Alleroberste jedoch taten sich nur als Förderer hervor und saßen wie Erhard, Stücklen, Kohl und Scheel lieber auf der Tribüne.

Von Amtes wegen ist der Bundespräsident der „Schirmherr des deutschen Sports". Theodor Heuss stiftete das „Goldene Lorbeerblatt", doch so aktiv wie Richard von Weizsäcker hat sich kein zweiter Bundespräsident dem Sport gewidmet. Von Weizsäcker trainierte regelmäßig, bevorzugt auf Sylt, für's Goldene Sportabzeichen, das er auch bis ins hohe Alter immer wieder mit nennenswerten Leistungen errang.

Bundespräsident Karl Carstens war jahrelang als „Herrenreiter" verspottet worden, bevor er seinen „inneren Schweinehund" besiegte und fortan nicht nur kreuz und quer durch die deutschen Lande wanderte, sondern sich zum Schluß sogar einige 3.000er und 4.000er regelrecht erkletterte; z.B. die 3.772 Meter hohe Wildspitze im Ötztal.

Heinrich Lübke, der Sauerländer, hätte am liebsten alle Bürger in einen Turnverein gesteckt, während Gustav Heinemann dazu beitrug, die Behindertensportler aus ihrem Schattendasein herauszuführen.

Die Bonner Kanzler konnten auch nicht gerade als besonders sportlich glänzen. Konrad Adenauer's diesbezügliches Tun beschränkte sich aufs Boccia, Kurt-Georg Kiesinger spielte ein wenig Tennis und Helmut Schmidt ließ seine Jolle auf dem Bramstedter See lieber von Freund Karl-Wilhelm Berkhan bewegen, als er sie selber steuerte.

Willy Brandt war der erste deutsche Kanzler gewesen, der sich – er hatte auch die Figur danach – in Badeshorts ablichten lassen konnte, doch geschah dies am Schwarzen Meer, zusammen mit Leonid Breschnew, weniger aus sportlichen, denn aus guten PR-Gründen!

Während der Olympischen Spiele in München unterhielt sich Brandt mit Mitgliedern der deutschen Mannschaft. „Haben Sie in ihrer Jugend viel Sport getrieben?" erkundigte sich ein Spitzenathlet. „Ich muß gestehen", gab der Kanzler zu, „daß auch meine frühere sportliche Betätigung keine tieferen Spuren hinterlassen hat ... Als Neunjähriger habe ich in der Kindergruppe eines Lübecker Arbeitersportvereins mittelmäßig geturnt, bin lieber geschwommen und habe auch etwas Fußball gespielt; aber mehr schlecht als recht ..."

Brandt mußte selber lachen, als ihm noch einfiel: „Ein einziges Mal bin ich 10.000 Meter gelaufen und hab' dabei gleich gewonnen ... Aber ich war auch der einzige Teilnehmer gewesen ...!"

Brandt hatte so wenig mit Sport am Hut gehabt, daß er sich jahrelang sträubte, zu Hans-Joachim Friederichs ins „Aktuelle Sportstudio" des ZDF zu gehen. Als ihn schließlich seine Image-Berater doch überredeten, zu kommen, nahm er, aus Sorge, sich blamieren zu können, Sohn Mathias für den Schuß auf die Torwand mit. Der hatte sich als Balltreter im Bonn-Bad Godesberger Fußballclub SSV Plittersdorf hervorgetan und versenkte, quasi als Stellvertreter des prominenten Vaters, auch tatsächlich zweimal den Ball in eines der Torwand-Löcher.

Die meisten der Bonner Politiker frönten dem „Volkssport Nummer 1", doch der wurde weder olympisch, noch von der Bundestags-Sportgemeinschaft als Sportart anerkannt – genauso wenig wie ihr heißgeliebtes Skatspiel, bei dem die politischen Promi's vom Rhein während 50 Jahre oft langweiliger Abende Hunderttausende umgesetzt haben.

Dabei hätten sie doch so gerne nicht nur das Steuer der Regierung, sondern – zuweilen wenigstens – auch das Lenkrad eines Autos in der Hand gehalten. Dem Protokoll, vor allem aber den Sicherheitsbeamten, behagte solche Art von Volkssport, durch die ihnen Anempfohlenen praktiziert, nicht. Die Politiker aber kümmerten sich wenig um solche Bedenken: Walter Scheel zum Cheffahrer des Auswärtigen Amtes: „Ich übernehme Sie nur, wenn Sie mich öfter mal selbst ran lassen ...!"

Einer der „ältesten Hasen" der Bonner Autofahrer-Prominenz war Verkehrsminister Schorsch Leber gewesen. Seinen Führerschein hatte er schon in ganz jungen Jahren, beim Militär, erworben und erneuerte ihn, als er 1948 die Maurerlehre begann. Das Gefährt, auf dem Leber damals die ersten Grundbegriffe des Autofahrens beigebracht bekam, war ein Opel, Baujahr 1936, gewesen.

Auch als Verkehrsminister chauffierte Leber, wann immer sich ihm eine Gelegenheit dazu bot und er den Sicherheitskräften entwischen konnte, seine Familie im privaten Mercedes 230 S raus ins Grüne. Erinnerte sich der Minister später: In Gottes freier Natur hatte er Rast gemacht und den Wagen verschlossen. Als es wieder losgehen sollte, war der Schlüssel verschwunden. Alles Suchen blieb erfolglos. Schweren Herzens entschloß sich der Minister schließlich, ein Fenster einzuschlagen, denn er wußte: Im Handschuhfach lag der Zweitschlüssel. ...

Als er sein Werk vollbracht, sprich, die Scheibe zertrümmert hatte, fiel der Erstschlüssel aus dem Futter seiner löchrigen Hosentasche.

Ähnlich wie Scheel und Leber, so gaben auch Genscher, Schmidt. Ehmke, Franke, Eppler oder Lauritzen ihren Fahrern oft frei, um sich dann selbst hinter's Steuer zu klemmen. ...

Einer der tollkühnsten Auto-Prominenten mit besonders zuverlässigem Schutzengel war zweifellos Hans-Dieter Genscher. Freunde des Ministers versichern, daß er sich wiederholt an seinen Fahrzeugen Blechschäden beigebracht habe und nicht selten nur mit knapper Not schweren Zwischenfällen entgangen sei.

Nach einer seiner Karambolagen seufzte Genscher in einer Anwandlung von „schwarzem Humor": „Da wäre Frau Heuser ja beinah' doch noch für mich in den Bundestag nachgerückt ...!"

Ein anderes Mal fuhr Genscher in München an einer roten Ampel auf den Vordermann auf. Der Politiker stieg aus und fragte den verdutzten Fahrer vor ihm: „Sind Sie nicht auch der Meinung, daß hier eigentlich keine Ampel hingehört ...!?"

In Amt und Würden waren jahrzehntelang Mercedes und BMW die Statussymbole der autofahrenden Prominenz gewesen. Erst Gerhard Schröder machte zusätzlich auch Audi hoffähig. Privat aber steuerten die meisten Politiker nur Mittelklasse-Fahrzeuge und wurden, wie Herbert Wehner in seinem alten Opel, von Freunden für solche Sparsamkeit auch noch verspottet: „Mit einem so mickrigen Ding ist aber nun wirklich kein Staat zu machen ...!"

Superminister Karl Schiller, der seinen Urlaub meistens auf dem landwirtschaftlichen Gut eines Freundes im Sauerland verbrachte, war der einzige Bonner Minister mit „Traktor-Erfahrung".

Aber zurück zu den „wirklichen" Sportarten, die im Bonner Bundeshaus – unter ärztlicher Aufsicht natürlich

– 2001 war Jubiläum – praktiziert wurden: Johnny Klein übte dort mit Hanteln, andere schossen um die Wette, betrieben Wirbelsäulenmassage, entspannten sich beim Tai-Tchi oder kämpften, wie Klaus Töpfer, um Karate-Gürtel.

Wandern und Laufen aber waren die am meisten praktizierten Sportarten; die eine im Gebirge, die andere rund um Bundeshaus und den Langen Eugen. Auf Fotos war Joschka Fischer, nachdem er rund ein Drittel seines ursprünglichen Körpergewichts abgespeckt hatte, sogar als Marathonläufer in action zu sehen gewesen. SPD-Kollege Reinhold Hemker jedoch, selbst auf der Marathon-Strecke zu Hause, weiß, daß Fischer zwar joggte, vermutet aber, daß er die extrem lange Marathon-Strecke in Wahrheit noch nie gelaufen sei: Alles nur Schau, meint Hemker, und er scheint recht zu haben, denn alle Hemker-Einladungen zu gemeinsamem Wettkampf verhallten beim spindeldürren Außenminister ungehört.

Zum Tennis traf sich die Bonner Prominenz bevorzugt bei Turnieren, und davon gab es in der Bundeshauptstadt einige: den „Lufthansa-Cup", das Match um den „Gallopierenden Amtsschimmel" oder das von Wolfgang Mischnick ausgerichtete Turnier Politik gegen Presse.

Ex-Wirtschaftsminister Hausmann und Friedrich Zimmermann, Innenminister der frühen Bonner Jahre, verfügten hier über besondere Fertigkeiten und galten als „Schnibbelkönige", die denn auch die meisten Pokale abräumten. Zimmermann's liebste Trophäe: ein Racket, das ihm Boris Becker zum Geschenk gemacht hatte. Ein zweites davon besaß nur noch Seine Heiligkeit, der Papst.

Günther Müller, CSU-Abgeordneter aus dem Rottal, und sein SPD-Kollege Hermann Wimmer aus Neuötting brachten es in Val d'Isere beim Ski zu Abfahrts-Europameistern; ansonsten aber fuhren die meisten Bonner Politiker lieber mit dem Rad ab.

1898 hatten Radfahrer noch eine polizeiliche Genehmigung einholen müssen, wenn sie auf öffentlichen Straßen und Plätzen umherfahren wollten.

Seitdem die Grünen im Parlament sind, immer wieder Radfahr-Debatten vom Zaun brachen und sogar Abgeordneten-Diensträder, allerdings vergebens, einzuführen versuchten, stieg in Bonn der halbe Bundestag aufs Rad, um schneller die vielen kurzen Wege zwischen Wohnung und Arbeitsplatz oder auch von einem zum anderen Gebäude im Parlamentsviertel zurücklegen zu können.

Ingrid Matthäus-Maier, Friedhelm Beucher, Wolfgang Börnsen, Jürgen Warnke, Kerstin Müller und Rudolf Scharping waren die eifrigsten Bonner Radfahrer. Scharping fiel dabei allerdings mehrfach auf's Gesicht. Trotzdem strampelte der Verteidigungsminister immer wieder schwerste Routen ab, auch die der Tour de France. Der langjährige Verkehrs- und Entwicklungshilfeminister Jürgen Warnke fuhr fast täglich, wenn Petrus wohlgesonnen war, per Rad von seiner Dienstwohnung in Bad Godesberg zum 30 Minuten entfernten Büro im Langen Eugen. Warnke radelte aber auch zu anderen Terminen und nahm, wann immer er Zeit hatte, dabei sogar landschaftlich besonders reizvolle Umwege in Kauf.

Als sich Königin Elisabeth II. von England in Bonn wieder mal die Ehre gab, da fuhr Warnke sogar im „kleinen Schwarzen" per Velo zum königlichen Empfang ins Maritim-Hotel und bemängelte dort prompt das Fehlen von Fahrradständern. Vor der Nobelherberge postierte Livrierte, die den Minister nicht sogleich erkannt hatten, waren sogar grantig geworden, als Warnke sein Fahrrad im Vorfahr-Bereich der anderen Prominenten abstellen wollte.

Eines der Kern- und Filetstücke der Bundestagssportgemeinschaft ist stets die schon 1967 von Adolf Müller-Emmert gegründete Fußballmannschaft gewesen. Müller-Emmert: „Fußball ist die einzige Freude, die wir in Bonn haben ...!"

Die Balltreter, bei ihnen taten sogar Schorsch Leber und Theo Waigel mit, absolvierten jedes Jahr immerhin 15 bis 20 Spiele. Die Abgeordneten kämpften dabei ehrgeiziger als manch ein Fußball-Profi; oft wirklich bis zum

Umfallen. Sie traten nicht nur in Bonn (gegen ZDF, gegen Verbände und gegen Deutschlands Spitzenköche), sondern in allen Kontinenten an; in Rußland, den USA, in Togo, Namibia oder in Tansania.

Es gab dicke Packungen wegzustecken – 0:11 am Anfang, ansonsten aber hielten sich Sieg und Niederlage die Waage. Die größten Erfolge: Zweimal gewannen die Bonner Bundestagsfußballer den Europa-Cup der Parlamentarier – immerhin; auch wenn nur die Kollegen aus Österreich, der Schweiz und aus Finnland mittaten.

Helmut Kohl, vom Umfang her nicht gerade ein Ausbund an Sportlichkeit, ließ in Wahlkämpfen keine Gelegenheit aus, seine „sportliche Vergangenheit" besonders hervorzuheben ... Bei dem tiefklassigen Fußballclub Phoenix Ludwigshafen will Kanzler Kohl gekickt haben. Fotos jedoch gibt es keine davon, und weil's schon so lange her ist, erinnert sich auch niemand mehr an den „Bomber von einst". Anders im Fall des Kanzler-Nachfolgers Gerhard Schröder. Ihn nannten sie zu Schülerzeiten den „Acker", weil er sich immer kolossal reingehängt und auch keine Verletzung gescheut hatte. Schröder ist stolz auf den Spitznamen gewesen. „Kampf um jeden Preis" hat beim Bezirksligisten TuS Talle stets seine Devise geheißen. Später, in einer Juristenmannschaft, gelang es Schröder sogar mal, fünf Tore im gegnerischen Kasten zu versenken. Seitdem hat er's Kicken aufgegeben. Schröder bescheiden: „Fünf Tore werd' ich auf keinem Fußballfeld der Welt mehr schießen ... Also bleibt es beim letzten Auftritt – damit die Legende leben kann ...!"

Lange Zeit hatten die Bonner Bundestags-Fußballer auf einen weltberühmten Trainer gehofft. Eigentlich hätte Ferenc Puskas, der vielfache ungarische Nationalspieler, an den Rhein kommen und in Bad Godesberg ein ungarisches Spezialitäten-Restaurant eröffnen wollen, doch die Pläne zerschlugen sich, und so hielt der 81fache Kölner National-Kicker Wolfgang Overath die Politiker bei ihrem wöchentlichen Training weiterhin auf Trab.

Die arrogante rheinische Frohnatur mit dem immerwährenden Grinsen auf dem Gesicht, der Ex-Fifa-Schiedsrichter Walter Eschweiler, im Bonner Auswärtigen Amt tätig, von Chef Genscher aber großzügig freigestellt, war so etwas wie der „Hausschiedsrichter" der Bundestagskicker gewesen. Wann immer die Abgeordneten zum Spiel auf 2 Tore anzutreten hatten; Oberpfeifenmann Eschweiler war mit zur Stelle – auch noch im „hohen Schiedsrichteralter", als Paul Breitner schon längst gefordert hatte: „Nehmt ihm endlich die Pfeife weg ...!"

Nur zu einem Wohltätigkeits-Match der ganz besonderen Art im bayrischen Schwabenland, da verzichteten die Bundestags-Kicker auf ihr „unparteiisches Mitbringsel" von Genschers Gnaden. Dort pfiffen zwei Nonnen in Klostertracht die Politiker beim Foul zur Ordnung. Ein bayrischer Verbands-Wichtigtuer hatte die beiden zuvor eingewiesen: „Wenn der Ball die Linie ganz überschritten hat, müssen sie kräftig mit dem Fähnchen wedeln ... Das mit dem Abseits ist zu schwierig ... das lassen wir besser ...!" Doch es gab auch ernstzunehmende Politiker-Sportler in Bayern. Georg („Schorsch") Bamberg, SPD-MdB aus dem Freistaat, ist in Bonn sogar als der „sportlichste aller Politiker" geehrt worden. Der Rosenheimer Ex-Bundesbahner betätigte sich regelmäßig beim Skilauf und beim Berlin-Marathon, als Radler, als Wildwasserfahrer und als Bergsteiger. Bamberg fuhr Ski, beteiligte sich am schwedischen 90-Kilometer-Vasa-Langlauf und radelte mehrere Male von seinem oberbayrischen Wohnort zum Arbeitsplatz nach Bonn.

Solche Ehrungen sind – zu anderen Zeiten – außer Bamberg nur noch drei weiteren Politikern zuteil geworden; dem CDU-Bundesgeschäftsführer Bruno Heck (in den 50ern) für Gewalttouren durch die Vogesen, für 3-Kilometer-Seeüberquerungen und das Bezwingen von mehreren Dreitausendern; außerdem noch dem Porzellan-Fabrikanten und SPD-Abgeordneten Philip Rosenthal sowie CDU-Generalsekretär Heiner Geißler.

Rosenthal überquerte das Schwarze Meer im Ruderboot und umschwamm die Insel Gran Canaria. Heiner Geißler fand Entspannung von aufreibendem politischen Tun beim Erklimmen der Zugspitze über den schwierigsten Grad, die schroff aufragende, fast tausend Meter hohe sogenannte „Wetterkante". Den „Heimweg" von Deutschlands höchstem Gipfel wählte Geißler durch die Luft – per Gleitschirm.

Im Siebengebirge nahe Bonn war sein Trainingslager gewesen. Dort bereitete er sich auch vor, das Mont-Blanc-Massiv und den mit fast 7.000 Metern höchsten Gipfel der Anden, den Aconcagua, zu erklimmen.

62-jährig stürzte Drachenflieger Geißler in einen Baum, erlitt dabei einen schweren Lendenwirbelbruch und wäre um ein Haar zeitlebens gelähmt geblieben. ...

Zweieinhalb Jahre später erklomm der Politiker, gemeinsam mit seinem Freund Reinhold Messner, schon wieder das 3.540 Meter hohe Ortler-Massiv in Südtirol. ...

30. Ungebeten beim Staatsbankett

Bis zu seinem Tod im Jahr 1977 wurde er von jedermann liebevoll nur „Bonnifacius" genannt – der Ministerialdirektor Hermann Wandersleb aus Düsseldorf. Ihm hatte es die kleine Stadt am Rhein ganz maßgeblich zu danken, daß sie 50 Jahre lang die Funktion der provisorischen Bundeshauptstadt ausüben durfte.

Als Leiter der Staatskanzlei Nordrhein-Westfalen unter CDU-Ministerpräsident Karl Arnold hatte Wandersleb Bonn 1948 als Hauptstadt vorgeschlagen und acht von damals elf deutschen Ministerpräsidenten sowie Konrad Adenauer dafür gewinnen können. Adenauer war aus Bequemlichkeitsgründen für Bonn gewesen – weil sich sein heißgeliebter Rosenwohnort Rhöndorf ganz in der Nähe befand.

Am 12. Dezember 1968 machten die Bonner Wandersleb zum Ehrenbürger und ließen ihm später den Ehrentitel „Bonnifacius" sogar in den Grabstein ritzen.

***

50 Jahre provisorische Hauptstadt – das war nicht nur immer große Politik, das war Umgang auch mit ungezählten eigenwilligen, schrillen und skurilen Persönlichkeiten, mit Witzbolden, Don Quichotte's und schrägen Vögeln. ...

Die SPD-Abgeordneten Karl Haehser und Peter Würtz erfanden 1979 den „Abgeordneten" Jakob Maria Mierscheid, der Sozialdemokrat Dietrich Sperling den „Kollegen Piepmeyer (Bockhövede)", um sie skurile Pressemitteilungen verbreiten zu lassen. Jürgen Möllemann zitierte in wissenschaftlichen Bundestags-Debatten immer wieder mal einen gewissen „Professor Blieshaimer" als besonderen Experten für dieses und für jenes ... Keiner der Abgeordneten fragte nach, denn niemand wollte sich eine Blöße geben und schließlich auch noch eingestehen müssen, daß er diesen Blieshaimer wohlmöglich nicht einmal kenne. ... Dabei hat es „Professor Blieshaimer" nie gegeben; eine reine Erfindung von Möllemann, mit der er das ganze Parlament jahrelang gefoppt hat. ...

Da gab es unter den bayrischen Abgeordneten einen, der nichts mehr schätzte, als ein frisches Ei zum morgendlichen Frühstück. ... Und da ihm keines der vom Bauern oder gar vom Lebensmittelhändler angebotenen Eier frisch genug war, griff der Abgeordnete kurzerhand zur Selbsthilfe, und installierte in seinem Büro im „Langen Eugen" einen Käfig und hielt sich darin ein lebendes Huhn. „Lumpi" Lemp, so hieß der Abgeordnete, konnte sich fortan jeden Morgen eines an Legefrische nicht zu übertreffenden Hühnereis erfreuen. ...

Und da gab es auch einen gewissen Dr. Hans-Christian Mittag, der den Sänger und „seltenen Vogel" Gildo Horn zum „Vogel des Jahres" ausrief und in seiner Laudatio Bundeswirtschaftsminister Günter Rexrodt mit der Bemerkung zitierte, der „Meister" habe durch die Propagierung der heimischen Produkte „Nußecke" und „Himbeereis" einen wichtigen Beitrag zur Stärkung des Wirtschafts-Standortes Deutschland geleistet. ...

***

Ihr Gatte Paul war Kunstmäzen gewesen; vom Land Nordrhein-Westfalen hatte er für den symbolischen Kaufpreis von einer Mark das Schloß „Drachenburg" im Siebengebirge erworben. Was also lag näher, als daß sich Erika Spinat zur „Königin" ausrufen ließ; zur Königin von Romkerhall ...? – einem kleinen Dorf in der Nähe von Goslar.

Bei der Bonner Modeschöpferin Pia Kraemer ließ sie sich eine Robe im Maria-Stuart-Look fertigen, denn neben komplettem Hofstaat hatte „Königin Erina von Sachsen" auch eine kleine uniformierte Schutztruppe zu befehligen.

Romkerhall stellte für die Krönungszeremonie eine halbe Million Mark bereit und bewirtete rund 300 Gäste mit großem Festschmaus; mit Kaviar, Salm, Filetspitzen und Champagner. Gern' ließ sich die Bonner „Königin" im Rolls Royce durch den Harz chauffieren. ...

Das Recht auf eine eigene Königin war dem winzigen Marktflecken Romkerhall durch den letzten Sachsenkönig verbrieft worden. Einzige Bedingung: Eine „würdige" und natürlich auch adlige Kandidatin mußte her, und die hatte man in Erina, Schloßherrin auf der „Drachenburg" im Siebengebirge, schnell gefunden. Schließlich war Frau Spinat in erster Ehe mit Georg Timo Prinz von Sachsen verheiratet gewesen. ...

Und auch eine männliche „Königliche Hoheit" hat es im demokratisch regierten Bonn gegeben: Csaba Kulcsav, den gebürtigen Ungarn und Fernseh-Toningenieur, krallte sich ein Stamm der 7.000 Einwohner zählenden Stadt Anum in Ghana als „Nana" (König) Kwane Opone II.

Nachdem sie ihn bei Fernseh-Dreharbeiten sieben Stunden lang mit Trommelwirbel, Tieropfern und ekstatischen Tänzen traktiert und mit dem Versprechen „Du kannst fünf Frauen haben" geködert hatten, gab der Bonner aus Ungarn sein Jawort; nur „spaßeshalber freilich", wie er versichert, denn mit Ehefrau Erzsebet ist er seit Jahren glücklich verheiratet. ...

Egal: Kulcsav hat jetzt das Versprechen am Hals, von den „Weißen" Entwicklungshilfe für seinen westafrikanischen Stamm besorgen und „sein Leben lang" immer auf der Matte stehen zu müssen, wenn das Volk seiner Hilfe bedarf. Dafür kann der Bonner König seine bescheidene Zwei-Zimmer-Wohnung in einem 18-stöckigen Plattenbau mit königlichen Insignien zieren: Mit der Königskrone hat er eine Zimmerwand dekoriert, und das Krönungsgewand ist zur Tagesdecke für sein hölzernes Bett verkommen. ...

Ganz früher wurden sie Boten und Saaldiener genannt ... Als die Putzfrauen jedoch zur „Raumpflegerin", wenig später sogar zur „Parkettkosmetikerin" avancierte, da war über Nacht auch der Beruf des „Platzmeisters" im Deutschen Bundestag geboren.

Karl-Heinz Schmitt ist zweifellos der berühmteste unter ihnen gewesen. 42 Jahre lang schleppte er in Frack und mit weißer Hemdenbrust Akten von Abgeordneten-Pult zu Abgeordneten-Pult ... Für eine Mark und sieben pro Stunde hatte er 1949 angefangen. 3000 Abgeordnete sah er kommen und gehen. Schmitt holte Brötchen für Schumacher und Annemarie Renger, er brachte Erich Ollenhauer die Zeitung vorbei, wurde von den Großen der deutschen Politik gelegentlich auch um Rat gefragt und durfte Konrad Adenauer sogar duzen.

Zuletzt koordinierte Schmitt das Saaldiener-Geschehen nur noch und dirigierte 28 Mitarbeiter selbst. In seiner bescheidenen Wohnung gegenüber dem Bundeshaus schrieb er das Buch „Im Dienste des hohen Hauses", und hier trug er 40 Jahre lang alle nur erdenklichen Erinnerungsstücke zu einem kleinen Privatmuseum zusammen; Autogramme von allen führenden Politikern natürlich, Fotos mit persönlichen Widmungen, aber auch wirkliche Raritäten.

Schmitt warf die Konzeptpapiere, die da vor Kanzler, Minister und Abgeordneten lagen, auf die sie während ermüdender Debatten irgendwelche Dinge kritzelten, nicht in den Aktenvernichter, sondern sammelte und wertete sie aus.

Meist waren zwar nur Strichmännchen darauf zu erkennen, gelegentlich aber auch sehr viel mehr. Wirtschaftsminister Martin Bangemann zum Beispiel hinterließ druckreife Grundrisse von Segeljachten und Motorbooten ... Auf Willy Brandts Platz fand Schmitt mehrfach Zeichnungen kurzberockter, junger Damen.

Schmitt ist sich nicht sicher, ob der Kanzler sie wirklich selbst gezeichnet oder ob sie jemand in Anspielung auf Brandts Vorliebe für junge Frauen an seinem Platz in der Absicht abgelegt hat, daß sie gefunden werden sollten.

***

Theo Brenig, Kfz-Meister aus Bornheim-Brenig bei Bonn, hatte schon immer davon geträumt, den Großen in der Politik so nahe zu sein, wie dies zum Beispiel für Platzmeister Karl-Heinz Schmitt eine Selbstverständlichkeit war. 1970 ging dann auch der Traum des Theo Brenig in Erfüllung:

Rein zufällig erstand er den ausgedienten Wagen des damaligen Wirschaftsministers Karl Schiller, fuhr damit ebenso zufällig am Kanzleramt vor, drückte im Überschwang der Gefühle auf die Hupe, zwei Grenzschutz-Beamte sprangen zur Seite, die Schranke öffnete sich, Brenig fuhr in den Garten des Kanzleramtes und stand plötzlich, unbehelligt von jeder weiteren Nachfrage, neben Helmut Schmidt und Herbert Wehner.

„Ein tolles Gefühl" empfand der einfache Mann aus dem Bonner Umland und beschloß, fortan allen, die als „unnahbar" galten, nahe zu sein ... Brenig setzte dabei auf das „Prinzip Frechheit" und stieß, anstatt die geforderte Einlaßkarte vorzuweisen, nur ein kurzes, aber bestimmtes „Ich werde erwartet ...!" hervor. ...

Irgendwie schaffte Brenig es immer wieder, zu den feiernden Prominenten vorzudringen. Bei Sommerfesten, Wahlpartys, Galas und selbst bei ganz großen Anlässen; Brenig war immer dabei.

Ohne Einlaßkarte, nur durch selbstbewußtes Auftreten konnte er Hans-Dietrich Genscher auf dem Petersberg zum 65. gratulieren.

Brenig tafelte auf Schloß Augustusburg mit Queen Elisabeth II. und mit Prinz Philip, nachdem er im Windschatten von Richard v. Weizsäcker als dessen vermuteter Bodyguard über den berühmten roten Teppich ins ansonsten streng bewachte Barock-Schloß eingedrungen war.

Beim Defilee der Prominenten reihte er sich direkt vor Boris Becker ein, und vorgestellt wurde er der Queen schlicht als „Herr Brenig aus Bonn".

Für einen seiner größten Coups flog Brenig eigens in Bill Clintons Heimatstadt Little Rock, und auch dort hatte sein Bemühen Erfolg, denn plötzlich flimmerten Bilder über's Fernsehen, wie Clinton den Unbekannten aus Old Germany liebevoll umarmte. ...

Auch bei der Hochzeit von Michael Schumacher auf dem Petersberg war Brenig dabei. Im schwarzen Anzug schwitzte er sich zu Fuß den Berg hinauf, marschierte durch die Tiefgarage ins Innere der Staatsherberge und von dort aus, direkt hinter der Braut, zur Trauung in die hermetisch abgeriegelte Kapelle. ...

Ein paarmal in seiner langen „Laufbahn" als ungebetener Gast bei Staatsbanketts und anderen Festlichkeiten ist der schlaue Herr Brenig aber doch aufgefallen und an die Luft gesetzt worden, doch auch dies konnte ihn nie von einem erneuten Versuch abhalten: „Wenn ich vorne rausfliege, komm' ich hinten halt wieder rein ...!"

„Je mehr Sicherheitsbeamte es gab, desto einfacher ist es", weiß Brenig zu berichten. Dann verlasse sich jeder auf den anderen, und so entstünden „die wunderbarsten Schlupflöcher".

***

Schlohweißer Bart, abgewetzte schwarze Lederjacke, unzählige Fototaschen geschultert; so näherte sich Camillo Fischer tagtäglich seinen politischen „Opfern". Aber der Bonner Hoffotograf schoß von ihnen nicht nur Fotos. Er handelte getreu der afrikanischen Devise „Wenn viele kleine Leute an vielen kleinen Orten viele kleine Dinge tun, kann man das Antlitz der Erde verändern ...!"

Fischer versuchte mit allen nur erdenklichen Mitteln für den guten Zweck zu provozieren und zu werben. Bei einem Volksfest stürzte er sich als ältester Bungee-Springer 60 Meter in die Tiefe und sammelte anschließend unter dem staunend applaudierenden Publikum Geld für die Kinder von Tschernobyl.

Fischer erstand ein Haus für die Strahlengeschädigten unter ihnen, und um das finanzieren zu können, verkaufte er seine riesige Fotosammlung schon zu Lebzeiten an das Bonner Stadtarchiv.

1970 hatte der Fotograf zum erstenmal für Wirbel gesorgt, als er sich beim historischen Händedruck zwischen Willy Brandt und Leonid Breschnew mitten unter die Ehrengäste mischte und eine flammende Rede für die Rettung der Taiga und des Baikalsees hielt.

Ein weiterer ganz großer Auftritt 1988, als Fischer beim 3. Weltkongress für Entwicklungshilfe völlig unprotokollgemäß und zum Entsetzen von Helmut Kohl das Mikro ergriff und ein Plädoyer für die Rettung des Tropischen Regenwaldes hielt.

Immerhin motivierte Fischers Auftritt den Bundeskanzler, zehn Tage später beim Weltgipfel in Toronto zu verkünden, daß die Entwicklungsländer nur dann ihre Schulden erlassen bekämen, wenn sie die Regenwälder künftig schützen würden.

1998 dann die letzten beiden Auftritte des fotografierenden Weltverbesserers, als er dem russischen Präsidenten Boris Jelzin in Bonn zurief: „Herr Präsident, bitte, schützen Sie den sibirischen Tiger. Es gibt nur noch 200 Exemplare davon ...!", und Helmut Kohl seinem Staatsgast riet: „Boris, lad doch Camillo mal ein ...!", der, nur wenige Monate später nach Abschluß des rot-grünen Koalitionsvertrages zwischen Gerhard Schröder und Joschka Fischer, das „Familienfoto" störte und erneut ein Statement für eines seiner Projekte abgab und dafür demonstrativ besonders herzliches Händeschütteln des Grünen Außenministers erntete.

Auch im Rosengarten des Weißen Hauses in Washington hatte Camillo schon zur Rettung der Regenwälder aufgerufen. Dort aber kannte man ihn und seine Anliegen noch nicht. Also nahm der CIA ihn vorübergehend fest und verhörte ihn mehrere Stunden lang.

***

Immer wenn der Herbst Einzug hielt ins Land, dann begann in Bonn regelmäßig die Zeit der großen Feste. Ministerien, Botschaften, Landesvertretungen, Verbände und Lobbyisten wetteiferten dann um die originellsten Einfälle. Geld hatte dabei kaum eine Rolle gespielt. Gefragt war, was teuer war und Aufsehen erregte.

Ganz obenan auf der Bonner Hitliste für ausgefallene Partygags stand immer wieder Wilfried Salmen aus Büsingen am Oberrhein. Salmen hatte seinen eigentlichen Job, den des Gemeindedieners, schnell an den Nagel gehängt und tingelte statt dessen durch die ganze Republik. ...

Was den sympathischen Mann so begehrt machte, was ihn zur Attraktion auf so manchem Fest werden ließ?

Salmen ist jener Mensch, der dem ehemaligen sowjetischen Staatspräsidenten Michail Gorbatschow zum Verwechseln ähnlich sieht und der diese Laune der Natur denn auch kräftig zu Geld gemacht hat, indem er sich für Veranstaltungen aller Art mieten und sich mit den Gästen für's heimische Fotoalbum ablichten läßt. ...

Dabei ist das große Blutgerinnsel, das überdimensionale Muttermal auf der hohen Stirn der Gorbi-Imitation, nicht einmal echt, sondern mit Pinsel und Schablone aufgetragen.

Manch' ein eitler Zeitgenosse soll Freunden tatsächlich verschwiegen haben, daß es sich beim Abgelichteten nicht um den „Echten", sondern nur um eine – allerdings besonders gut gelungene – Zweitauflage des ehemaligen sowjetischen Präsidenten handelt.

Wie echt der „Gorbi" aus dem deutsch-schweizerischen Grenzland tatsächlich wirkt, das hatte die Gattin von Lothar de Maiziere, des letzten DDR-Oberen von Bonner Gnaden, kurz nach der Wende beim Kanzlerfest erfahren müssen, als sie – seiner ansichtig – voller Ehrfurcht in die

Knie ging, einen Hofknicks versuchte und ein verlegenes „Guten Abend, Herr Präsident ...!" hauchte.

***

Neigte sich die Saison der Bonner Eitelkeiten ihrem Ende zu, rückte die Jahreswende näher, dann begann wieder die große Zeit der „Seher" und „Seherinnen", die Bonner Prominenten, zum Teil befragt, zum Teil aber auch unaufgefordert, für's neue Jahr angebliche Wahrheiten orakelten.

Die weltberühmte New Yorker Astrologin Lynne Palmer (Präsident Richard Nixon gehörte zu ihren Stammkunden) prognostizierte dem „Schützen" Willy Brandt, der eine gewisse Affinität für gutaussehende jüngere Frauen nie in Abrede gestellt hatte, für 1989 „ein Jahr ganz nach Ihrem Geschmack: Erfolg im Beruf und schöne Überraschungen in der Liebe ..."

„Steinbock" Helmut Schmidt, der sonst stets cool und gradlinig seinen Weg verfolgte, müsse sich, so Lynne Palmer, in acht nehmen; er werde plötzlich hin- und hergerissen zwischen Pflichtbewußtsein und dem Wunsch, von einer schönen Unbekannten verwöhnt zu werden.

„Seher" Edward Korkowski aus Köln-Pulheim verstieg sich, justament bevor der Ostblock auseinanderbrach, zu der Vorhersage, der Kommunismus werde sich alsbald über ganz Europa ergießen, und die Landung außerirdischer „grüner menschenähnlicher Individuen" stehe unmittelbar bevor. ...

Da gab sich die „Seherin von Bonn", die französische Zigeunerin Margarete Goussanthier, „Buchela" genannt, doch viel vorsichtiger. Auf sie hörte sogar Konrad Adenauer. Deutschlands erster Nachkriegs-Kanzler suchte sie zwar nie persönlich auf, doch gaben sich ranghöchste Bonner Beamte aus der Umgebung des „Alten" bei ihr die Klinke in die Hand.

Auch Ludwig Erhard wurde immer wieder hartnäckig als Klient der „Buchela" gehandelt. Jede Namensnennung jedoch hatte automatisch stets ein energisches Dementi zur Folge. ...

Margarete Goussanthier, die ihre übernatürlichen Kräfte angeblich schon bei der Geburt unter einer Buche durch Blitzschlag erhalten haben wollte, wahrte ihre Geheimnisse stets und lächelte nur, wann immer sie zur Jahreswende von Reportern nach ihren prominentesten Bonner Kunden befragt wurde. ...

31. Der Koloß von Oggersheim

Es war ein weiter Weg vom Klassenkleinsten zum Rekord-Kanzler, der 5.143 Tage im Amt blieb, der durch Aussitzen und Beharrungsvermögen sogar Konrad Adenauer überflügelte und 2001 selbst Reichskanzler Fürst Otto v. Bismarck geschafft hätte. Doch damit war der Wähler nicht einverstanden. Also setzte er Ende 1998 dem Koloß von Oggersheim, dem Schwarzen Riesen mit dem bis dahin so sicheren politischen Instinkt, den Stuhl vor die Tür.

Eigentlich hatte er Förster werden wollen. Beim Ludwigshafener Chemie-Riesen BASF verdiente er sich als Werkstudent ein Zubrot.

Der Politiker Kohl ist stets ein überzeugter Europäer gewesen. Er hatte glänzende außenpolitische Erfolge vorzuweisen; nicht zuletzt durch die von ihm erfundene „Antipasti-Politik", mit der er Differenzen immer mehr dort zu klären versuchte, wo in landschaftlich reizvoller Umgebung feines Essen und gute Weine den Einigungselan von Kontrahenten beflügelten.

Seine Außenpolitik war 14 Jahre lang im Parlament kaum umstritten. Ausgestattet mit großem Instinkt, griff er als einziger Politiker die Situation beim Schopfe, als der Osten zerbröselte. Kohl wurde zum „Kanzler der Einheit", und seine innenpolitischen Herausforderer besiegte er gleich scharenweise: Vogel, Rau, Lafontaine, Scharping. ...

Kohl ist stets ein ehrgeiziger Taktiker gewesen. Kohl über Kohl: „Ein Politiker ohne Ehrgeiz ist wie ein Jagdhund, den man zur Jagd *tragen* müßte!"

Immer darum bemüht, Mittelpunkt zu sein, hat Kohl keine wirklichen Freunde besessen, weder privat, noch in der Politik. Während seiner Kanzlerschaft ließ er so viele Mitarbeiter und Mitstreiter über die Klinge springen wie kein anderer deutscher Regierungschef: 36 Minister und Ministerinnen hat der Kanzler seit 1982 vorzeitig verbraucht und auf's Altenteil geschickt: Krause, Lambsdorff, Möllemann, Riesenhuber, Adam-Schwätzer, um nur einige zu nennen ... Und auch auf die Dienste von 24 Staatssekretären verzichtete der Kanzler vorzeitig.

Besonders spektakulär, wie er mit seinem langjährigen Weggefährten und österlichen Mit-Abspecker Philipp Jenninger umsprang.

Die Witze-Macher stürzten sich denn auch gerne auf diese Thematik:

Kohl steht in Bonn vor einer Telefonzelle und erbittet von einem Passanten 30 Pfennige, weil er einen Freund anrufen möchte ... Unaufgefordert drückt ihm der Passant statt der erbetenen 30 gleich 60 Pfennige in die Hand; „damit er *alle* seine Freunde anrufen kann. ...

Auch weil er als einziger westlicher Regierungschef lange Jahre der englischen Sprache nicht mächtig gewesen ist, schossen Kohl-Witze wie Unkraut aus dem Boden: Helmut Kohl an einem Imbißstand in New York. „Chikken?", fragt der Verkäufer. ... „Nicht schicken", sagt Kohl; „ich will gleich hier essen ...!"

Schlagworte wie „Saumagen", „Wolfgangsee", „Pfalz-Wein" oder „Abspecken" erhellen sein karges Privatleben jenseits der Politik ein wenig. ...

Alle Jahre nach Ostern kam Kohl vom Fasten-Martyrium aus Bad Hofgastein zurück nach Bonn. Wieviel er abgespeckt hatte, wurde jedesmal wie ein Staatsgeheimnis gehütet, denn allzu schnell waren die Kilo wieder drauf. ...

16 Jahre lang immer das gleiche Spiel: Alte Brötchen, Mineralwasser und ganz selten mal ein Gläschen Wein gegen Saumagen und Maultaschen, gegen Carbonara und Tiramisu: Was der Kanzler in Österreich auf der Wander-

piste ließ, das knubbelte sich schon alsbald wieder im eintönig grauen Einreiher, stets auf die äußerste Spitze geknöpft.

Weil's praktischer war, verzichtete Kohl alsbald auf Jackett-Änderungen. Vor- und Nach-Kur-Anzüge, beide Sortimente weit jenseits der 60er Größen, waren angesagt. Die letzten Jahre seiner Kanzlerschaft über war Kohl unduldsam geworden. Er konnte nicht mehr zuhören, nicht kurz und konzentriert reden oder antworten. Der Bonner Regierungschef hielt immer häufiger nur noch Monologe und quatschte sein Gegenüber so lange voll, bis das große Gähnen begann.

Klischees, in die man ihn anfangs immer zu pressen versucht hatte, paßten schon seit dem Jahr 1986 nicht mehr. Schon damals war Kohl nicht mehr der tolpatschige Teddybär mit den fröhlichen Kulleraugen, nicht mehr der unbeschwerte „Tramp aus der Pfalz", nicht mehr der joviale Dickhäuter, der er als rheinland-pfälzischer Ministerpräsident und auch die ersten Kanzlerjahre über gewesen war.

Kohl lächelte zwar noch wie früher, aber dieses Lächeln wurde immer gequälter und verkrampfter.

Seiner unmittelbaren Umgebung, seinen Mitarbeitern, erschien Kohl schon ab Ende der 1980er als völlig veränderter Mensch. Eine bloße Andeutung von Kritik, sogar noch in wohlgesetzte Worte verpackt, genügte jetzt bereits, um den Chef explodieren zu lassen: „Sie haben ja ein völlig falsches Weltbild ...!" war zu einer seiner stehenden Redensarten geworden.

Das Hickhack um den Solidaritätszuschlag, um Rentenreform, Maastricht und Euro, um Schuldenberg und konstant über vier Millionen Arbeitslose, sorgten 1998 für erhebliche Turbulenzen, so daß sein Regierungsdampfer deutlich ins Schlingern geriet.

Der Kanzler verstand die Welt nicht mehr. Da rackerte er unermüdlich zum Wohle des deutschen Volkes; oft 18 Stunden am Tag und in der Nacht, und trotzdem ständig neue Angriffe, nicht nur gegen seine Politik, nein, vor allem gegen die Person Helmut Kohl. ...

Wie konnte man es wagen, ihm, dem Makellosen, jetzt immer häufiger öffentlich ans Bein zu pinkeln? Innerhalb einer Woche drohte Kohl dreimal mit seinem Rücktritt. Der niedersächsische CDU-Chef Christian Wulff sprach aus, was sonst nur noch Norbert Blüm, Heiner Geißler, Kurt Biedenkopf, Rita Süssmuth und Lothar Späth – die Elite seiner Gegnerschaft – sich zu sagen getraute: „Mit dem schwerfälligen, Entscheidungen nur noch aussitzenden Provinzler ist kein Staat mehr zu machen!" ... „Kohl garantiert keine politische Solidität mehr ...!" und „Mit *ihm* sind keine Wahlen mehr zu gewinnen ...!"

Kohls ständiges Zögern und Zaudern erinnerte inzwischen an die letzten Kanzlermonate von Willy Brandt, und der Ruf nach Wolfgang Schäuble als Nachfolger wurde immer lauter.

Norbert Blüm war es, der zutreffend weissagte: „Noch steht das Denkmal „Kanzler der Einheit" zwar auf dem Sockel, doch es zeigt bedenkliche Risse ... Bis es einstürzt, ist nur noch eine Frage der Zeit ...!"

32. Andere Bonner Dino's

Barzel, Rainer Maria
 Bundestagspräsident, CDU-Partei- und Fraktionschef. Als Gesamtdeutscher Minister kaufte er politische Häftlinge aus der DDR frei – die „Kopfprämie" betrug 40.000 Mark, handelte sich dabei aber auch Kriminelle ein. Sein Wunsch, Kanzler zu werden, blieb ihm verwehrt. 1972 scheiterte er beim Konstruktiven Mißtrauensvotum gegen Willy Brandt an zwei von der SPD gekauften Stimmen. Der Polit-Krimi um diese Vorgänge ist nie vollständig aufgeklärt worden, doch trank Barzel gleich nach der Abstimmungsniederlage mit Brandt demonstrativ ein Bier, um so zu dokumentieren: „Wir sind zwar politische Gegner, aber keine Feinde!"

***

Blüm, Norbert
 Dienstältester und meistgescholtener Bonner Minister, der trotzdem nie den Humor verlor: „Ich mach' Arbeit und Soziales / Humoristik und Verbales / Muß für den Sozialstaat streiten / Manches Süppchen zubereiten / Ganz egal, was ich bewege / Arbeit, Rente oder Pflege / Alle gerne danach gucken / In die Suppe mir zu spucken ...!"
 Rechte Parteifreunde in der CDU nannten ihren Vorzeige-Linken einen „Herz-Jesu-Sozialisten", einen „roten Feldwebel". Dennoch kannte Blüm auch gegen die SPD kein Pardon: „Sie kommen mir manchmal vor, als schickten Sie sich selbst eine Postanweisung und bedankten sich dann beim Briefträger dafür, daß er Ihnen Geld bringt ...!"

An Selbstbewußtsein hat es Kohl's „Watschenmann" („Ich treibe Wassergymnastik im Haifischbecken!") nie gemangelt. Vom SPD-Sozial-Experten Rudolf Dreßler heftig befehdet, schlug Blüm blumig zurück: „Wenn Sie je einen solchen Erfolg wie ich gehabt hätten, würden Sie auf ihren Schreibtisch ein Bild von sich stellen, eine Kerze davor und sich selbst anbeten ...!"

Blüm in einer Spardebatte des Bundestages: „Alle wollen den Gürtel enger schnallen, aber jeder fummelt nur am Gürtel der schönen Nachbarin!"

***

Genscher, Hans-Dietrich

Spitzname „Harry Piehl" (großer Verehrer des gleichnamigen Sensations-Darstellers, der in zahllosen Filmen als Dompteur wilder Tiere aufgetreten ist).

Besondere Kennzeichen: gelber Pullover, elefantöses Gedächtnis, mediengeil, übertriebenes Selbstbewußtsein.

Mitarbeiter blaffte er gerne an und ließ sie meist im „Halbklaren" über seine wahren Absichten. Hielt sie so stets unter Spannung. Außenamts-Nachfolger Klaus Kinkel stöhnte: „Von ihm hab' ich alles gelernt ... Es war eine harte, eine brutale Schule ...!" 1979 und 1989 von Herzinfarkten gezeichnet, regierte Genscher auch vom Bett aus. Als er 1982 erkannt hatte, daß die SPD zu zerbröseln begann, leitete er die Wende ein und stieg schließlich aus der Koalition aus. Aber Genscher wäre nicht Genscher, hätte er bei den ersten Machtverlusten von Helmut Kohl nicht auch ernsthaft über eine Wende von der Wende nachgedacht. Genscher hat an 6.575 Tagen als Außenminister 57 Erdumrundungen zurückgelegt. 78 mal war er in Paris, 76 mal in den USA.

Genscher über Genscher: „Von den Komoren bis zu den Azoren kennt man mich an meinen Ohren!" Dennoch gibt es auf dem Globus auch heute noch eine „Genscher-freie Zone": Australien und Neuseeland hat der 18-Jahre-Außenminister nie besucht.

Gerstenmaier, Eugen
Schwabe von der Rauen Alb, promovierter Theologe (summa cum laude), als Bundestagspräsident „Zweiter Mann im Staate". Leidenschaftlicher Jäger.
Kleinwüchsiger und deshalb oft verspotteter Namensgeber für das Bonner Hochhaus „Langer Eugen". Stritt gerichtlich darum, als NS-Gegner anerkannt zu werden und in den Genuß einer sechsstelligen Wiedergutmachung zu kommen, die er auch erhielt. Die Gesetzesnovelle, die ihm zu seinem Geld verhalf, hatte er selbst initiiert. Stolperte 1969 über seine Geldgier. Fallschirmjäger-General Bernhard Ramcke, Gerstenmaier wohlbekannt, bestritt bis zuletzt dessen Aktivitäten im Widerstand gegen Adolf Hitler.

***

Heinemann, Dr. Gustav
Als Justizminister der Großen Koalition betrieb er die Reform des Strafrechts. CSU-MdB Dr. Erich Riedl kritisierte: „Mit Gefängnis wird künftig nur noch bestraft, wer ausdrücklich darum bittet ...!"
1969: Die Parteien der Großen Koalition können sich auf keinen gemeinsamen Bundespräsidenten-Kandidaten einigen. Die Union stellt Schröder auf, die SPD Gustav Heinemann. Zum erstenmal schlägt sich die FDP auf die Seite der Sozialdemokraten, gibt damit den Ausschlag und legt so den Grundstein für die Sozial-Liberale Koalition.
Das vierjährige Heinemann-Enkelchen Vera jubelt: „Opa ist jetzt Kaiser ...!", wird aber von Enkel Andreas (8 Jahre alt) sogleich korrigiert: „Stimmt nicht; Opa ist der neue Lübke ...!"
Adenauer hatte Heinemann, der sich in die Auseinandersetzungen mit der Außerparlamentarischen Opposition einschaltete, als „Staatsfeind" beschimpft, Bruno Kreisky nannte ihn „einen der charaktervollsten deutschen Politiker" und Vordenker Ralf Dahrendorf befand: „Er hat deutsche Politik wieder glaubhaft gemacht!"

Kiesinger, Kurt Georg

War als „Verlegenheitslösung" in den Bundestag gekommen, nachdem sich drei schwäbische Landkreise auf keinen anderen Kandidaten einigen konnten. Adenauer protegierte ihn und erkannte in dem Schöngeist schnell einen glänzenden Debattenredner mit Hang zum Pathetischen. Sein unnachahmliches Timbre erinnerte an einen Märchenerzähler. Kiesinger befolgte stets den Ratschlag von Kurt Tucholsky: „Wenn Du das Wort hast, nutze die Chance und rede nie unter zwei Stunden."

1966 ging der Nachfolger von Ludwig Erhard ein Zeit-Bündnis mit den Sozialdemokraten ein. Im Palais Schaumburg residierte „König Silberzunge" mit monarchischem Sendungsbewußtsein. Er hielt förmlich Hof und ließ für die Kabinettssitzungen feinstes Tafelsilber und -Geschirr von Rosenthal anschaffen. Liebend gern' umgab er sich mit Künstlern und Adligen. Enkelkind „Fröschle" genoß eine Ausnahme-Stellung. Seine Regierungszeit der Großen Koalition war von Stillstand gekennzeichnet, und Kiesingers Entschlußlosigkeit ließ jenen Witz geraten, den man viel später auf Helmut Kohl münzte, der in Wahrheit aber für Kiesinger gedacht war:

Zwiegespräch zweier Minister nach einer Kabinettssitzung: Minister X: „Wir haben jetzt so lange diskutiert, und trotzdem muß ich mich fragen, was ist dabei eigentlich herausgekommen?" Minister Y im Brustton der Überzeugung: „Aber ich bitte Sie; Kiesinger hat sich doch für ein ganz klares Entweder-Oder entschieden!"

Ende Juni 1969 sang Hildegard Knef beim Kanzler-Sommerfest im Garten des Bonner Palais Schaumburg: „Von nun an geht's bergab ...", und in der Tat: Drei Monate später war Kiesinger die Macht, die er so schätzen gelernt hatte, wieder abhanden gekommen. ...

Lafontaine, Oskar

13 Jahre lang Ministerpräsident an der Saar, Gourmet und Weinkenner von hohen Gnaden. Forderte den Austritt der Bundesrepublik aus der Nato, warnte nach dem Fall der Mauer vor „nationaler Besoffenheit" und wurde 1990 Opfer eines Attentats: Eine Geistesgestörte hatte ihm eine gefährliche Stichwunde am Hals beigebracht. Drohte wiederholt über Rotlicht-Affären zu stürzen, stürzte 1995 dann aber SPD-Chef Rudolf Scharping und wurde dessen Nachfolger. Schlich sich im März 1999 als Bundesfinanzminister im 1. Kabinett Gerhard Schröder aus der Verantwortung und widmet sich seitdem seiner dritten Ehefrau und dem ökologischen Landbau.

***

Lambsdorff, Otto Graf

Bundeswirtschaftsminister und FDP-Vorsitzender, im Zweiten Weltkrieg schwer verwundet (Oberschenkel-Amputation). Seitdem war die Silberkrücke sein Markenzeichen.

Mitreißender Redner, Politiker mit Ecken und Kanten, wählte Bismarck zum preussischen Vorbild.

Hauptverantwortlicher für den Bruch der SPD-FDP-Koalition im Jahr 1982. Reklamierte damals „schwerste marktwirtschaftliche Besorgnisse" über die „Verteilungspolitik" des Bündnisses. Kam 1985 wegen Bestechung, wegen Bestechlichkeit und Steuerhinterziehung vor Gericht. Lambsdorff hatte Flick-Gelder auf dem Umweg über Geldwaschanlagen ins FDP-Säckel geschwemmt; eine damals unter den Parteien übliche Praxis.

Wurde vom Vorwurf der Bestechlichkeit freigesprochen, wegen Steuerhinterziehung aber zu 180.000 Mark Geldstrafe verurteilt und verlor dadurch alle Ämter. Von Gerhard Schröder 1999 zum Kanzlerberater berufen.

Leber, Georg
 Verkehrs-, Post- und Verteidigungsminister. Erfolgreicher Schlichter in Tarif-Auseinandersetzungen. Altgediente Soldaten schwärmen noch heute von ihm und halten ihn für den besten Verteidigungsminister, den Deutschland je hatte. An seinem Alterssitz in Schönau am Königssee ist Leber inzwischen zum anerkannten Maler avanciert. Mehr als 300 Aquarelle und Ölgemälde verraten meisterhafte Fähigkeiten auch auf diesem Gebiet. Porträtierte u.a. seine ehemaligen Politiker-Kollegen Richard Stücklen, Josef Ertl, Holger Börner und erzielt inzwischen Spitzenpreise für seine Bilder.

***

Lübke, Heinrich
 Bundespräsident aus dem Dorf Enkhausen im westlichen Sauerland. „Zwergschul"-Absolvent. Mann von unbeholfener Redlichkeit, der zu oft an seinem Vorgänger Theodor Heuss gemessen wurde. Staatsbesuche in 36 Ländern der Erde („Meccicco"; „Überall ist Sauerland!") führten dazu, daß er im Ausland populärer als bei seinen deutschen Landsleuten war. Während Lübke's Amtszeit kamen besonders viele Schwarze mit Geldkoffern nach Bonn und forderten deutsche Entwicklungshilfe ein.
 1959 als Kompromißkandidat erst im 2. Wahlgang mit nur sechs Stimmen Mehrheit zum Bundespräsidenten gewählt, verweigert sich der Koalitionspartner FDP fünf Jahre später („Diesen Mann kann man doch nicht allen Ernstes wiederwählen!"). Dafür sagt diesmal die SPD „Ja" zu Lübke – aus taktischen Gründen. Herbert Wehner stellt so erste Weichen für eine Große Koalition.

***

Mende, Erich
 Fraktions- und Parteivorsitzender, Gesamtdeutscher Minister, Vizekanzler, zuletzt CDU-MdB. Hat die FDP vor 50 Jahren in Königswinter mitbegründet. Hinterher

wurde zünftig gebechert. Wollte nicht mehr Auto fahren, stürzte sich deshalb todesmutig in den kalten Rhein und schwamm nächtens in Rekordzeit die acht Kilometer nach Bonn zurück.

Unter seiner Führung erreichte die FDP bei der Bundestagswahl 1961 mit 12,8 % der Stimmen ihr bestes Ergebnis. Ehefrau Margot und die Schwiegermutter nahmen starken Einfluß auf sein politisches Handeln. Im Privatleben blieben dem Ex-Major und Ritterkreuzträger Erfolge versagt: Vergebens griff er nach dem Universitäts-Lehrstuhl, und sein Engagement beim amerikanischen Investment-Riesen IOS endete mit Bauchlandung und Pleite. Focht ständig Kontroversen mit Konrad Adenauer aus: „Herr Bundeskanzler, was Sie heute sagen, ist das glatte Gegenteil von dem, was Sie vor drei Wochen gesagt haben. Ich führe genau Tagebuch und habe alles aufgeschrieben!" „Ach watt, Herr Mende," ereiferte sich Adenauer; „werfen Se ihr Tagebuch in den Kamin ... Et is ja möglich, dat ich dat jesacht habe, aber dann hab ich et nit so jemeint ...!"

Für den Wahlkampf 1961 hatte Mende den Slogan „Mit der CDU, aber nicht wieder mit Adenauer!" erfunden. Weil er Adenauer hinterher für zwei Jahre aber doch noch mal „schlucken" mußte, galt seine FDP künftig als „Umfaller-Partei".

***

Mischnick, Wolfgang

Dicke Hornbrille, Trenchcoat; wenn nicht im Bundestag, dann auf der Tribüne der Frankfurter „Eintracht" oder beim Skat. Obwohl 20 Jahre lang Fraktionschef der FDP (unter Adenauer auch schon Vertriebenenminister), war er niemals Star im Bonner Rampenlicht; er war „nicht Rechts, nicht Links, nur Mischnick eben": ein schlechter Redner, ein wenig farblos, doch immer gradlinig, glaubwürdig und sachkundig – Vaterfigur. Hat in Bonn stets als einer der friedfertigsten Politiker gegolten.

Ehefrau Tina untermauert solche Einschätzung: „Es ist ausgeschlossen, mit ihm Krach zu bekommen. In den ersten Jahren unserer Ehe habe ich das wiederholt versucht, es inzwischen aber aufgegeben, weil er einfach nicht mitmacht!"

***

Möllemann, Jürgen F.
Von Fettnäpfchen zu Fettnäpfchen, von Peinlichkeit zu Peinlichkeit tappender Bundeswirtschaftsminister, Ehrenschornsteinfegermeister mit eigenem Münsterländer Kehrbezirk. Vielzweckwaffe der FDP und Erfinder des „Möllemann-Syndroms": „Kann alles, weiß alles, macht alles und braucht auch keinen Rat!" Passionierter Fallschirmspringer, der im Wahlkampf 1998 am Strand von Mallorca mitten zwischen braungebrannten Schönen die Reißleine zog. Franz-Josef Strauß nannte ihn abfällig den „Riesenstaatsmann Mümmelmann".

***

Scharping, Rudolf
„Weichei" hatte man ihn verächtlich geheißen, als er sich von Lafontaine vom Podest des SPD-Vorsitzenden stoßen ließ. Seine bedächtige Sprechweise und die fast schleichende Art, wie er sich fortzubewegen pflegt, schien solchen Eindruck zu bestätigen, doch dann kam der Krieg um's Kosovo, und Schröders Verteidigungsminister entpuppte sich zur Überraschung aller als Hardliner, der leicht zum Nato-Generalsekretär hätte aufsteigen können. In der Truppe („Hallo, Soldaten!") prägte der Verteidigungsminister ohne militärische Vergangenheit – Rudolf Scharping wurde einer Sehschwäche wegen schon nach sechs Monaten Dienst wieder ausgemustert – einen neuen menschlichen Umgangston. Das ZDF-Politbarometer wies ihn im Juli 1999 erstmals als beliebtesten aller Politiker aus.

Schmidt, Helmut
Naßforscher, sarkastischer, zuweilen sogar zynischer Verteidigungs- und Finanzminister („Weltökonom") unter Willy Brandt. Später selbst Kanzler. Wurde vom Ausland gern' in einem Atemzug mit Bismarck genannt. Seine spitze Zunge war bei Freund und Feind ein gefürchtetes Werkzeug. Am 25. Mai 1961 sagte Helmut Schmidt über Adenauer: „Der Alte soll seine Schnauze halten. Wenn er nicht so alt wäre, hätte ich ihn schon längst geohrfeigt!" Seitdem hatte er den Namen „Schmidt-Schnauze" weg.

Manche meinten, Schmidt besitze „das falsche Parteibuch". Mit der SPD jedenfalls hatte er so gut wie nichts am Hut. Er empfand die Partei sogar als Klotz am Bein.

Seine meistgehaßten politischen Wegbegleiter waren die Bonner Journalisten. Er nannte sie „Wegelagerer" und riet seiner Umgebung: „Laßt Euch nicht besoffen machen von dem Geschmeiß!" 1975 begrüßte Schmidt die mitgereisten Bonner Journalisten auf einer Pressekonferenz in Peking mit den Worten: „Da fliegt man um die halbe Welt und sieht dann die gleichen blöden Gesichter wie in Bonn!" Konterte Ernst-Dieter Lueg: „Herr Bundeskanzler, das sieht von hier unten ganz genauso aus ...!"

Solch negative Einstellung hinderte Schmidt jedoch nicht daran, sich 1962, während der „Spiegel-Affäre", vehement für das von einer ganzen Polizei-Streitmacht besetzte Nachrichtenmagazin zu verwenden. Entspannung suchte der Mann mit der Prinz Heinrich-Mütze in treudeutschem Kleingärtner-Milieu bei Ehefrau Loki, beim Segeln auf dem heimischen Brahmsee („Lago di Sozi"), vor allem aber beim Schach. Schmidt gewann vier Partien hintereinander gegen Weltmeister Kortschnoj und verbrauchte dabei ein ganzes Päckchen Schnupftabak.

***

Schröder, Gerhard
Seiner teuren Zigarren und seiner piekfeinen Kleidung wegen in den eigenen Reihen neidisch als „Lifestyle"-

und „Kaschmir"-Kanzler bezeichnet, erfand nach dem Debakel der 1999er Europa-Wahl das Eingeständnis „Wir haben verstanden!", stolperte aber weiter von Landtagswahl – zu Landtagswahl – Niederlage.

Ob er eines Tages als Macher oder als Blender in die Geschichte eingehen wird, kann nur die Berliner Zukunft erweisen. Zunächst einmal zeichnen ihn Vitalität, Macho-Gehabe und starke Sprüche aus: „Ich trinke nur Starkbier – Ich küsse ja auch nicht durch's Taschentuch ...!"

Andere über Schröder: „Dieser Mann ist unberechenbar ...!" (Björn Engholm)

Oskar Lafontaine hält Schröder für „halbstark", und die Tageszeitung „taz" urteilte schon nach wenigen Monaten Kanzlerschaft: „Die Art und Weise, wie Schröder mit Menschen umgeht, die ihm nicht mehr von Nutzen sind, macht frösteln!"

Immerhin berief Schröder aber zwei politisch „Andersgläubige" in sein Berater-Team: den früheren FDP-Vorsitzenden Otto Graf Lambsdorff zum Beauftragten für die Unternehmungsstiftung „Entschädigung für NS-Zwangsarbeiter", und den einstigen CDU-Schatzmeister Walther Leisler Kiep beauftragte er mit der schwierigen Aufgabe, die belasteten Beziehungen zur Türkei verbessern zu helfen. Leisler Kiep war 1939 auf eine Schule in Istanbul gegangen und gilt heute als persönlicher Freund zahlreicher führender türkischer Politiker.

***

Schumacher, Kurt
Eindrucksvollster Kopf der deutschen Sozialdemokratie seit den Tagen Bebels. SPD-Chef von 1895 bis zu seinem Tod am 20. August 1952. Verlor im Ersten Weltkrieg den rechten Arm, wurde 1948 ein weiteres Mal amputiert und seitdem von Annemarie Renger zu jedem seiner Auftritte gestützt und geführt.

War der erbittertste Kontrahent Konrad Adenauers, von dem er im übrigen nicht viel hielt: „Das ist und bleibt ein hypertrophierter Oberbürgermeister!" Prägte auch das böse Wort vom „Kanzler der Alliierten".

Entspannung vom vielen Leid, das er sein Leben lang erdulden mußte, fand Schumacher mit seinem geliebten Boxer-Hund Ajax.

***

Stücklen, Richard

Urvieh aus Franken, Vorsitzender der CSU-Landesgruppe im Bundestag, hatte Freunde in allen Fraktionen; Annemarie Renger und Wolfgang Mischnick zum Beispiel. Die Bonner Journalisten liebten den barocken Bayern geradezu. Stücklen, „Vater" der Postleitzahlen, zelebrierte alljährlich ein üppiges fränkisches Weihnachtsfest. Dort gab es nicht nur „Flüssiges" und „Festes" vom Allerfeinsten, sondern auch kostbare Gaben, mit denen Stücklen Meinungsmacher-Wohlwollen zu erkaufen versuchte; vor allem ein Album mit sämtlichen Briefmarken-Neuerscheinungen des Jahres. Stücklens Fest blieb niemand fern; die Einladungen dazu wurden regelrecht gehandelt.

Stücklen war Abgeordneten-„Weltmeister". 41 lange Jahre hatte er Sitz und gewaltige Stimme im Bundestag; zuletzt als Parlamentspräsident. Selbst gelernter Elektro-Handwerker, half er eine neue Handwerksordnung schaffen. Vergeblich allerdings forderte er für die Abgeordneten das „Politik-freie Wochenende", um intensiver seinen Hobbies nachgehen zu können: dem Skatspiel und dem Besuch der Fußballspiele „seines" FC Nürnberg.

Mit Schlitzohrigkeit, aber auch mit Milde waltete Stücklen seines schwierigen Präsidentenamtes. Als auf der Zuschauertribüne des Bundestages Besucher im Trachtenlook ihre Hüte auf dem Kopf behielten, sie dann auch noch zur Begrüßung „ihres Sir Richard" unter lauten Zurufen schwenkten, da bat Stücklen: „Halt, keine Ovationen da oben! ... Wenn ihr euren Trachtenhut heute ausnahmsweise einmal auf den Schoß legen würdet, dann könnten die hinter Euch sitzenden Besucher auch etwas sehen!" Die Männer in den „Krachledernen", Urbayern wie Stücklen selbst, verstanden den Wink mit dem Zaunpfahl. ...

***

Wehner, Herbert

Als er im Bundestag seine Kollegen-Anrede „Sie Düffel-Doffel da ...!" losschoß, da war sein „Humor" damit schon fast erschöpft ... Den langjährigen Bonner ARD-Studioleiter Ernst Dieter Lueg – die Sprechweise des Namens war ihm natürlich genau bekannt – mit „Herr Lüg!" anzureden, gehört in die prall gefüllte Schublade seiner Unverschämtheiten, mit denen er Kollegen, Journalisten und gelegentlich sogar persönliche Freunde traktierte.

Henrik Bonde-Henriksen, Begründer des berühmten Berliner Journalisten-Stammtisches, hätte ihn am liebsten Dutzende Male hinausgeworfen, wenn er wieder mal einen der renommiertesten Auslandskorrespondenten angeblafft hatte: „Sie haben ja keine Ahnung; Sie Schreiberling!" oder wenn sich Paul Wilhelm Wenger, angesehener Leitartikler beim „Rheinischen Merkur", anhören mußte: „Ha, da kann ich doch nur lachen ... Solch' dumme Frage habe ich ja überhaupt noch nicht gehört ...!" Später lud Wehner den so arg Gescholtenen zum „Wiedergutmachungsessen" in sein Heim, doch kam es dabei erneut zum Eklat.

Erschien Wehner bei Bondes Stammtisch, und das geschah recht häufig, dann drängelte sich die Journaille dort trotz allem in großer Zahl, denn der „Zuchtmeister" der SPD, der so manche politische Weiche gestellt hat, war einer der ganz wenigen Politiker gewesen, die sich bei solchen Gesprächen nicht hinter Andeutungen versteckten, sondern Roß und Reiter auch tatsächlich nannten.

Von Willy Brandt hielt Wehner rein gar nichts. Er intrigierte in der Partei nicht nur auf das Heftigste gegen ihn, sondern nannte ihn auch in Bondes Journalisten-Zirkel „unfähig", einen „Schönschwätzer" und machte sich über seine „Weiberaffären" mit obszönen Worten lustig.

Selbstherrlich pflegte Wehner während seiner letzten Jahre intensive „Sonderbeziehungen" zur östlichen Seite und ließ „seine" beiden Kanzler Brandt und Schmidt weitgehend darüber im unklaren. Dies trug ihm nach seinem Tod auch den allerdings unbewiesenen Vorwurf von DDR-Spionagechef Markus Wolf ein, Wehner habe Deutschland an der Nase herumgeführt und sei in Wahrheit bis zuletzt ein Agent Moskaus gewesen.

***

Weizsäcker, Richard von

Genannt „Ritchie", Sportskanone mit zahlreichen goldenen Ehrenzeichen und Asket unter den deutschen Präsidenten. Bezog in der Bonner Villa Hammerschmidt ein 25 Quadratmeter kleines Arbeitszimmer und drosselte die Heizkörper aus Sparsamkeitsgründen auch zu Winterzeiten auf kalte 17 Grad. Hielt bedeutende staatsmännische Reden im Inland, reiste aber weniger ins Ausland, als jeder andere Bundespräsident. Seine große Leidenschaft: Gediegen italienisch zu speisen und große toskanische Weine zu genießen. „Verirrte" sich beim Toiletten-Gang im Bonner Gourmet-Tempel „Kapellchen" in die Küche, band sich eine Schürze um und half Köchin Gisela Rauch beim Anrichten seines Menüs. Machte sich einen Spaß daraus, nach Einbruch der Dunkelheit Sicherheitsbeamten durch's Hintertürchen zum nahegelegenen Lieblings-Italiener zu entwischen. Haßte zuviel Protokoll und zuviel Sicherheit. Bestach Grenzschutz-Posten, damit sie wegschauten, wenn sich das Präsidenten-Paar ins italienische Schlemmerparadies davonschlich.

***

Wischnewski, Hans-Jürgen

Ostpreuße, Soldat, Metallarbeiter, Urgestein der SPD. Minister für wirtschaftliche Zusammenarbeit, Staatsminister im Auswärtigen Amt, Staatsminister beim Bundeskanzler. Allzugern' wäre, er auch noch Außenminister geworden, doch daraus wurde nichts. Aber immerhin machten ihn seine weitreichenden Kontakte in den Nahen Osten und nach Mittelamerika zum erfolgreichen Krisenmanager in vermeintlich ausweglosen Situationen.

Der „Mann für alle Fälle" trug 1986 zur Freilassung mehrerer junger Deutscher bei, die von Regierungsgegnern in Nicaragua gekidnappt worden waren.

Erfolgreich erhandelte er im Jahr davor die Freilassung der Staatspräsidenten-Tochter von El Salvador, die in die Hände von Guerilleros geraten war. Ben Wisch reiste in den Iran, um Bewegung in den Entführungsfall der beiden Deutschen Rudolf Cordes und Alfred Schmidt zu bringen.

Im Auftrag der Regierung von Nicaragua handelte er mit den rechtsgerichteten und von den USA unterstützten Rebellen einen Waffenstillstand aus. Über die Sozialistische Internationale vermittelte Wischnewski erste Kontakte zwischen PLO und israelischer Regierung.

Weltberühmtheit aber erlangte er im Oktober 1977, als eine GSG-Antiterror-Gruppe des Bundesgrenzschutzes im somalischen Mogadischu die von Terroristen entführte Lufthansa Maschine „Landshut" stürmte und die bundesdeutschen Geiseln befreite.

Wischnewski hatte von Kanzler Helmut Schmidt die politische Leitung der Befreiungsaktion übertragen bekommen und mit den Terroristen Scheinverhandlungen geführt. Wäre die Aktion damals gescheitert, wäre Schmidt zurückgetreten.

33. Kein Ende – nur Zukunft

20. Juni 1991. Wolfgang Schäuble hatte so leidenschaftlich für Berlin als neue Hauptstadt des wiedervereinigten Deutschland plädiert wie sonst kein anderer, und die Abgeordneten entschieden sich mit knapper Mehrheit für den mehr als zwei Milliarden teuren Umzug vom Rhein an die Spree.

Der Schock saß tief. Katerstimmung, Fassungslosigkeit, ja, ein Hauch von Endzeitstimmung kam auf: Bonn, so sagte man, dürfe jetzt nicht zum „Indianer-Reservat" verkommen ... Bonn dürfe keine Geisterstadt und nicht wieder doppelt so tot wie der New Yorker Zentralfriedhof werden. ...

Lange ist gerätselt worden, ob tatsächlich Wolfgang Schäuble den Ausschlag für den Berlin-Entscheid gegeben hatte oder ob es nicht vielleicht doch die aggressive Bonn-Lobby gewesen sein konnte, die manch einen Abgeordneten auf die „andere Seite" getrieben hatte. Einige waren auch der Faszination von Preußens Glanz und Gloria erlegen.

Die Bürgerproteste gegen die „Protz-Hauptstadt Berlin" dauerten sieben Jahre. Die Kabarettistin Karin Hempel-Soos reimte:

> „Der Bonner Tauben Dreck war nicht genug –
> von Preußens Adler wollen sie beschissen werden",

und FDP-MdB Ulrich Heinrich, von Herkunft Schwabe, hob auf die immensen Kosten ab, den der Berlin-Umzug verursachen werde, also reimte er:

> „So ein Umzug, der ist teuer
> Und da leer der Topf der Steuer
> Leuchtet es wohl jedem ein
> Berlin muß nicht gleich sein
> Billiger kommen wir davon
> Bleiben wir im schönen Bonn
> Jeder bleibt auf seinem Posten
> Wir erspar'n uns Ärger, Frust und Kosten
> Nur die Berliner sind nicht begeistert
> Die fühlen sich bescheibenkleistert
> Doch man kommt nicht drumherum:
> Wer kein Geld hat, zieht nicht um!"

133 Demos gegen den Umzug nach Berlin hat's gegeben, doch allmählich kehrte der rheinische Gleichmut zurück in die Bonner Seele und fand sich mit dem Unabänderlichen ab: „Et kütt eben doch wie et kütt ...!"

Eine neue Bonn-Berlin-Diskussion drehte sich nun plötzlich um die Frage, ob die „selbstbewußte Bescheidenheit" (Bärbel Dieckmann), mit der die Stadt Bonn der Politik 50 Jahre Asylrecht gewährt hatte, ob die „ausgeprägte Toleranzkultur" (Guido Westerwelle), ob die föderalistische „Bonner Republik" nun von einer „Berliner Republik" in Form eines preußisch-protestantischen Zentralstaates abgelöst werde.

Der US-amerikanische Politologe Daniel Hamilton hat das Wort von der „Berliner Republik" erfunden. Johannes Gross benutzt es weiter, Eberhard Diepgen auch, Helmut Kohl nennt solche Zukunftssorgen schlichtweg „Mumpitz". Walter Scheel befindet: „Es gibt keine Bonner und keine Berliner Republik. Aber immer, wenn man über die ersten 50 Jahre unseres Staates spricht, wird man in der ganzen Welt ‚Bonn' sagen!"

Dank der aktiven Oberbürgermeisterin Bärbel Dieckmann und einer sie in dieser Frage stützenden All-Parteien-Überzeugung, dank natürlich auch der Ausgleichsvereinbarung, nach der der Bund für seinen Wegzug an die Spree der Region Bonn bis zum Jahr 2004 insgesamt 2,81 Milliarden Mark zu zahlen hat, konnte die Neuprofilierung vom Politik- und Behördenstandort zum Wirtschafts- und Dienstleistungsstandort der Sonderklasse mit unerwarteter Schnelligkeit bewerkstelligt werden: Der Mega-Arbeitgeber Telekom und seine Tochter DeTeMobil mit derzeit mehr als 8.000 Arbeitsplätzen und einer Bürofläche, die größer ist als die der gesamten Bundesregierung, hat Synergieeffekte erheblichen Ausmaßes ausgelöst und mehr als 600 neue Unternehmen in die Region gezogen. Fast alle sind den Zukunfts-Branchen Logistik, Software, Telekommunikation und Multimedia zuzuordnen.

Bonn hat inzwischen 150 neue internationale Institutionen, vorwiegend aus dem Bereich der Entwicklungspolitik, sowie eine ganze Reihe wichtiger UN-Behörden angezogen. Zudem ist die Karawane nach Berlin kleiner als befürchtet ausgefallen. Nicht einmal die Hälfte aller in Bonn angesiedelten Verbände zieht es an die Spree.

Die Wissenschaft erhält mit CAESAR und seinen 300 Professoren ein weltweit einmaliges Flaggschiff, und auch die Bonner Rheintouristik, während der letzten Jahre zum Polit-Tourismus verkümmert, erhält neuen Auftrieb, so daß Bonn den Verlust der 15.000 „Bundesarbeitsplätze" längst verwunden hat und sich heute mit der geringsten Arbeitslosigkeit aller deutschen Städte präsentiert.

Bonn hofft inzwischen auch fest auf den Verbleib der sechs Ministerien
Bildung, Wissenschaft, Forschung und Technologie
Umwelt, Naturschutz und Reaktorsicherheit
Gesundheit
Ernährung, Landwirtschaft und Forsten
Wirtschaftliche Zusammenarbeit und Entwicklung
Verteidigung
bauen zu können.

Vom einst befürchteten „Rutschbahn-Effekt" – Übersiedeln auch dieser Ressorts an die Spree – ist kaum mehr die Rede. Bonn mit seinen internationalen Tagungsstätten in unmittelbarer Nähe der europäischen Entscheidungszentren Brüssel und Straßburg boomt auch in politischer Hinsicht wieder.

Was der früheré Bundesumwelt- und -bauminister Klaus Töpfer 1997 für das Jahr 2005 prognostiziert hatte, dürfte in Wahrheit schon viel früher Wirklichkeit werden, daß nämlich die Bundesstadt 2005 mit sehr viel Selbstbewußtsein ihre neue Aufgabe gefunden habe; daß die Deutsche Welle dann aus der einstigen Schürmann-Ruine sende, das neue Wahrzeichen „Postturm" fertiggestellt sei und große globale Konferenzen im einstigen Plenarbereich stattfänden ... Der Telekommunikations-Sektor sei dann eine tragende Säule der Stadt, und Bonn werde sich mit seiner neuen Rolle nicht nur abgefunden haben, sondern schon mittendrin sein, sie sehr engagiert und erfolgreich zu gestalten. ...

Ohne Brüssel geht auf den meisten Politik-Feldern schon heute überhaupt nichts mehr. Den nationalen Regierungen und Ministerien verbleibt immer häufiger nur noch die Ausgestaltung des von Brüssel vorgegebenen Rahmens.

Die Einführung des Barzahlungsmittels Euro wird diesen Vorgang zweifellos weiter beschleunigen, so daß durchaus ernstzunehmende Experten schon heute davon ausgehen, daß in zwei bis drei Jahrzehnten die klassischen Hauptstädte und ihre Regierungen in Westeuropa nur noch fossile Überreste der Nationalstaaten-Theorie einer verflossenen Epoche und damit überflüssig sein werden.

Sollte dies eines Tages auch auf die neue Hauptstadt Berlin zutreffen, so kann Gerhard Schröder dann getrost im ungeliebten Bonn Zuflucht nehmen. Der örtliche DGB-Chef Gottfried Schmitz glaubt zu wissen, daß der Kanzler dann in Bonn noch alles Wichtige vorfinden werde, was er zum Leben benötige: Gut sortierte Zigarrenläden, Kaschmirstoffe und Schneider, Currywurst-Buden und auch eine ausreichende Zahl von Standesämtern. ...

Literatur-Verzeichnis

Will McBride/Hans-Werner Graf v. Finckenstein: „Adenauer"

Hermann Otto Bolesch: „Typisch Brandt"

„Der Spiegel" (Sonderausgabe 1947–1997)

E. Gambsch: „Die 300 besten Beamten-Witze"

Kurt Gayer: „Die Schwaben in Bonn"

Walter Henkels: „Doktor Adenauers gesammelte Schwänke"

Walter Henkels: „Gar nicht so pingelig, meine Damen und Herren!"

Walter Henkels: „Der Kanzler hat die Stirn gerunzelt"

Otto Heß: „Gefragt: Theo Waigel"

Heli Ihlefeld: „Willy Brandt"

Heli Ihlefeld: „Gustav Heinemann – anekdotisch"

Hans Klein: „Ludwig Erhard"

Hans-Jürgen Mahnke: „Gefragt: Ignaz Kiechle"

Horst Osterheld: „Adenauer: Ich gehe nicht leichten Herzens"

Hans-Roderich Schneider: „Walter Scheel"

Hermann Schreiber/Sven Simon: „Willy Brandt"

Katharina Steiner: „Kleine Bettlektüre für echte und gelernte Bonner"

Rudolf Strauch: „Bonn macht's möglich"

Jakob Walkembach: „Adenauer und die kleinen Leute"

Ingelore M. Winter: „Bonn in Frack und Schärpe"

Ulrich Zimmermann: Franz-Josef Strauß: „Geliebt, verkannt und doch geachtet"